2015年 书评选粹

黄德海　郭君臣_主编

名作欣赏杂志　鼎力推荐

权威遴选　深度点评　中国最好年选

山西出版传媒集团　北岳文艺出版社

图书在版编目（CIP）数据

2015年书评选粹/黄德海主编.—太原：北岳文艺出版社，2016.1

ISBN 978-7-5378-4673-8

Ⅰ.①2… Ⅱ.①黄… Ⅲ.①书评—中国—现代—选集 Ⅳ.①G236

中国版本图书馆 CIP 数据核字（2015）第 304091 号

书　　名：2015年书评选粹
主　　编：黄德海　郭君臣
责任编辑：赵　勤
装帧设计：张永文

出版发行：山西出版传媒集团·北岳文艺出版社
地　　址：山西省太原市并州南路57号
邮　　编：030012
电　　话：0351-5628696（发行部）
　　　　　0351-5628688（总编室）
网　　址：http://www.bywy.com
E - mail：bywycbs@163.com
经 销 商：新华书店
印刷装订：三河市华东印刷有限公司

开　　本：710mm×1000mm　1/16
字　　数：298千字
印　　张：19.5
版　　次：2016年1月第1版
印　　次：2019年1月河北第2次印刷
书　　号：ISBN 978-7-5378-4673-8
定　　价：39.80元

请尝试一种略微艰难的阅读

/ 黄德海

"就如土壤需要其培育者,心灵也需要老师。但老师的产生可没有农夫那么容易,老师自己是学生且必须是学生。这种返回不能无限进行下去:最终必须有一些不再作为学生的老师。那些不再是学生的老师,是那些伟大的心灵,或者,为了避免在一件如此重要的事情上含糊其辞,可说是最伟大的心灵。这些人实乃凤毛麟角。我们不可能在课堂遇到他们任何一位,也不可能在任何其他地方遇到。一个时代有一位这样的人活着,就已经是一种幸运了。然而学生们为其实践目的,无论其熟练程度如何,都可以而接近这些老师,接近这些最伟大的心灵,只要他们阅读那些伟大的书(the Great Books)。因而自由教育由以特有的小心(with the proper care)研读那些最伟大心灵留下的杰作构成——在这种研读中,较有经验的学生帮助那些经验较少者,包括那些初学者。"只要把其中"较有经验的学生"换成"较有经验的阅读者",列奥·施特劳斯在《什么是自由教育》中的这段话,可以悬为所有好书评的志向,也作为我们选编这本小书的初衷。

我们早已无法回到未开化状态,因而只能"被迫与书一起生活。但生命太短暂了,以致我们只能选择和那些最伟大的书活在一起"。可那些伟大的书并不平易近人。金克木在《书读完了》中说,经典作品质量高,攻克难度大,又没有密码本,很难读,读了也未必懂。那怎么办?金克木认为，解决之道是新的阅读方式：结合当下情形，由过来人提供生动活泼、篇幅不长、能让人看懂并发生兴趣的解说。金先生推荐过曾运乾的《尚书正读》，说经曾先生梳理，连韩愈都觉得佶屈聱牙的《尚书》，也会变得文从字顺。他自己也写过不少这样的文章，处理的是《春秋》《尚书》《礼记》这类素称难读的书。这种方法，所谈之书虽出于古而实存于今，所有对过去的解说，都根植于现在，而且指向未来。如此古今贯通的阅读方式，可以消除阅读古典的畏难情绪，直接把古书读到今天。

伯纳德特《弓弦与竖琴》中译本前言里，刘小枫提到一件让他长期一筹莫展的事："如果心仪古典作品的话，该如何才能使自己的生活处境与这些作品建立起活生生的联系？"只把经典作品当成"他人的故事"，限于复述和考证，经典将长久外在于个人，进入不了活生生的当下经验。学习过去时代的经典作品，或许应该练习"尚友古人"，幸运的话，在反复涵泳的过程中，空间和时间的阻隔会慢慢破除，我们争取到了跟那些伟大心灵交流切磋的机会。沉潜往复、从容含玩之后，那些经典背后的人，面目和神态会慢慢清晰，他们处理和对待世界的方式，会有效地校正我们，甚至他们的讨论和思考方式，也不时参与我们的日常决断。这样一来，那些古旧之书方能一点点跟我们的生活处境建立联系，经典也才算读到了自己身上。

陈中梅先生《Mythos词源考》一文，细致辨析了Mythos（秘索思）一词的源流演变，把此词与西方思想史上的基本词汇"逻格斯"（logos）对举，展示了秘索思对于神话、艺术和文学的基质性作用，勾勒出此词与逻格斯互相争胜的过程，证明秘索思确实具备撑托一种源远流长的文明的能力，从而开辟出一条西方研究的新思路。这种直探根源的考索方式，不再是跟随在西方文化之后的亦步亦趋，而是一种竞争性选择，是当下中国文化可以与世界文化齐驱的独特出路。用陈先生自己的话说，"细察西方文明史，我们从它的深层结构里找到了秘索思以及与之配套的逻格斯这两个基质成分并进而设想出解释的方法，改变了以往对西方文化单极化理解的进路取向，初步建构起一种新的西学观"。

以上所说的困境和出路，让我们认识到，我们现在所处的，是一个特殊的时代。传统的经学研读方式，已在五四之后失去效力，西方的一切阅读和写作方式,也不可能笼罩或统驭中国当下的所有情势。新的阅读和写作方式将是,并一定是在"特有的小心"基础上的无中生有,创造出来了,此前一片昏昧的世界将被照亮。单纯的抱怨或直线式的应对,根本没有出路。文化上的上出之路,要"执今之道,以御今之有",从各类典籍中辨识出什么是有益的,什么是最有生机的,把古今中外的经典读到现在,跳出中西体用种种理论的干扰,直接开出一条新路。

这条路永远不会是现成的,是从洪荒中开辟出来的。走这条路的人,要有"先进于礼乐"的气魄,相信只有人走过,一条路才有了,所谓"道,行之而成"。或许只有这样,我们才不会被此前所有优秀的思想资源困住,不会对自己置身的文化环境牢骚不断,而是把这些资源有效地转化为自己的前行资粮,不解释,不抱怨,不因为困难而荒废自己的一生,始终开放而审慎地与那些世界上最好的头脑交谈,并生机勃勃地与其竞争——对我们来说,这就是最好的书评标准。

书中选出的文章,当然未必达到上述的理想,但起码对我们来说,这些文章,不管是介绍的书,还是讨论的人或事,都用文字标明了作者的努力,有一种诚恳的认真在其中,因而某些部分也就伴有不同程度的艰难。如此,先抱个歉——请开始尝试一种略微艰难的阅读,并由此开始,"发现一种高卓的乐趣"。

目 录

第一辑

3　斯威夫特与古今之争
　　——为新文化运动一百周年而作　　/ 刘小枫
16　有轨电车的道德分叉　　/ 赵汀阳
27　理想到生存：法的正义性演变　　/ 林国华
30　新春秋时代的秩序与"识时务者"的世界　　/ 刘仲敬
36　《潘雨廷先生谈话录》成书经过　　/ 张文江

第二辑

45　古旧文化土壤中新思想的萌动
　　——荷马史诗与希腊文明的观念基础　　/ 陈中梅
58　十字路口的佩耳塞斯
　　——《劳作与时日》的修辞与谋篇　　/ 吴雅凌
70　克塞诺芬尼的哲学与诗歌　　/ 娄林
81　"双面"托马斯·莫尔　　/ 杨晓雅

90 《大宪章》：强迫出来的自由基　　　／石恺蒂

第三辑

99 不许回望所多玛　　　／冯象
107 欢喜佛与双修法　　　／沈卫荣
123 奥姆真理教犯了思想罪？　　　／姜建强
132 一瞬的历史与摄影史的一页　　　／张承志
140 阿拉伯的梦幻宫殿　　　／秦隶

第四辑

151 革命与传统之间　　　／李炜　著　／于是　译
162 楼顶上的狐狸　　　／黄昱宁
169 从日本看中国
　　——吴汝纶东游小记　　　／陆建德
177 最后的巨人　　　／张经纬
182 沈从文的后半生：这是什么样的故事　　　／张新颖

第五辑

195 家族、宗族组织与乡村
　　——写作《家人父子》札记　　　／赵园
206 中国近代思想中的"未来"　　　／王汎森
223 夫子何为者，栖栖一代中
　　——纪念唐文治先生一百五十周年诞辰　　　／陈尚君
236 徘徊到纠结
　　——顾颉刚关于"中国"与"中华民族"的历史见解
　　　　　　／葛兆光

第六辑

247 王国维旧藏西方哲学书十种　　　／高山杉

252 王国维西方哲学藏书拾遗　　/ 高山杉

254 对科学来说,理解世界远比寻找答案重要　　/ 卢昌海

266 浪漫时代:科学之美丽与恐怖　　/ 马慧元

277 现代版蜜蜂的故事　　/ 熊秉元

285 朋友圈的邓巴数魔咒　　/ 辉格

290 美国KIPP:让穷孩子学会自控　　/ 万维钢

第一辑

斯威夫特与古今之争
——为新文化运动一百周年而作

/ 刘小枫

1690年，出身于伦敦的英国文人、资深政治家坦普尔爵士在伦敦发表了《论古今学问》一文，对崇今派发起主动攻击，引发了伦敦的古今之争。坦普尔眼力敏锐，他看到崇今派的内在冲动是欧洲新兴王国的崛起，力图摆脱欧洲古典传统和古典德性的规制。他在《论古今学问》中说，西欧的日耳曼诸王国仅仅在近两百年才开始出现自己的学问，与古希腊罗马学问相比——更不用说与东方其他古老文明国度的学问相比——只能算是学问上的幼儿："在过去的一个半世纪里，欧洲西部地区在学问和知识上取得了巨大进步，但这并不意味着，它们一定超过了过去那些在学问和知识上繁荣时间更长的国家；这只能证明，我们过去的水平有多低，而不能证明现在的水平有多高。"

从当时的语境来看，"繁荣时间更长的国家"这样的说法意味着，就政治制度的优劣而言，欧洲西部地区在自然科学知识方面取得的"巨大进步"未必等于英格兰新政制的"水平有多高"。1688年英国"光荣革命"之后，英国国会通过法案确立了君主立宪制——按孟德斯鸠的说法，这是披着君主制外衣的民主政制。对于坦普尔来说，英国的现代政制创新未必是"巨大进步"，民主政制相比于传统政制未必"水平有多高"。坦普尔在做比较时把我们中国也扯进了论争：

古代中国人就自然哲学写了大量著作；他们伟大而知名的孔子与苏格拉底差不多同时代，与苏格拉底一样，他也是开始改变人们对自然无休止、无意义的思考，让他们转到道德思考上来。然而，他们有一点不同，希腊人的重点似乎在于个人和家庭的幸福，中国人则重视王国或统治的良好状态和幸福，众所周知，这种统治已延续了数千年，完全可以称之为学士的统治，因为其他人无权管理国家。

与此相反，崇拜英国新政的崇今派必然会贬低中国的古代政制。1748年，崇英的孟德斯鸠在日内瓦出版了他一生中最重要、影响也最大的著作《论法的精神》——思想史家伯瑞称之为"启蒙时代"的真正标志。在比较共和政体、君主政体和专制政体三大政体类型时，《论法的精神》专门以古老的"中华帝国"作为专制政体的样板，一反当时的传教士和智识人把中华帝国视为君主政体的典范和对中国古代政体的赞美：

> 中国是一个以畏惧为原则的专制国家。在最初那些王朝统治时期，疆域没有现在那样辽阔，专制精神可能略微逊色。可是，如今已非昔日可比了。

一般认为，伏尔泰虽然是启蒙文人，但他对古代中国的态度显得较为肯定。其实，在涉及古今经典绎读之争时，伏尔泰仍然立场鲜明地贬低古代中国：

> 中国人在我们通俗纪元前两百多年就修筑了万里长城，这道城墙却也没有挡住鞑靼人的入侵。……万里长城是一座由恐惧和不安而产生的巨大建筑；（埃及的）金字塔是一些虚荣和迷信的遗迹。长城和金字塔都证明人民的巨大耐心，却并不说明任何高等的建筑艺术。无论是中国人也好，埃及人也好，都不会塑成一件像现今我们的雕塑家所塑造的人像。

在我国当今的诸多知识人中，伏尔泰和孟德斯鸠式的品评古代中国的姿态仍然时可见到——这仅仅表明，古今之争在我们这里还没有真正展开而已。

伦敦的古今之争刚刚展开，坦普尔就在1699年1月去世，接替他继续抵抗崇今派的是他年轻的秘书斯威夫特。三十岁的斯威夫特写下了题为《图书馆里的古今之战》的寓言小品（篇名全题《上周五发生在圣詹姆斯图书馆里的古书与现代书之战：一份完整的纪实》，通常简称《书籍之战》The Battle of the Books），采用伊索寓言笔法描绘发生在皇家图书馆里的古书与现代书的激烈战斗，隐射当时仍在持续的激烈论战。

不过，《图书馆里的古今之战》完成后并未随即出版。1699年1月坦普尔去世后，斯威夫特离开伦敦回到爱尔兰，在都柏林帕特里克教堂担任总司铎。1701年，斯威夫特匿名发表了小册子《论雅典和罗马贵族与民众的竞争与争执》。这篇论说文共五章，从讨论古希腊罗马的三种政体（君主制、贵族制、民主制）入手，过渡到集中讨论贵族与平民的冲突引发的政争，以及由此引出的僭政问题。在斯威夫特看来，贵族与平民的冲突在任何时代都难免，最好的政制是权力均衡的政制或者说混合政制。在总结古希腊罗马政争的历史经验时，斯威夫特认为首先应该吸取的经验教训是：

> 国家的权力均衡一旦正式确定，最为危险和愚蠢的做法是对于民众最初的夺权行为做出妥协。这样做通常是为了逃避无理取闹，以获得安宁，或者把妥协当作仅供买卖的商品。这等于拆掉整体去满足一时之需，是江湖庸医的止痛疗法，将带来意想不到的严重后果。迁就孩子，他会顺从满足；稍微迁就一下恋人，她就会满足，不再有其他要求，于是希望用小小的让步使民众满足。在整个历史长河中，无论是哪一个公民大会，假如能找出一条例证，说明它在起初夺权时得到了一点点满足就从此安于现状，假如能找出一条例证，说明公民大会曾经清楚、提出或宣布他们的权限，那么我们才有希望通过思考、讨论和辩论调整权力均衡。然而，既然所有事实显而易见均非如此，我认为，在稳定的国家里不必要采取其他措施，那些被托付重权之人应该持之以恒，坚定信念，永远不要让步于民众的无理取闹，不要使国

家有一丝的裂痕，否则无数的权力滥用和争夺迟早必定强行涌入。

这些话是针对近半个世纪以来的英格兰政争而言的。论文最后一章直接讨论到英国的当前政制问题，文中出现得最多的是"民众僭政"这个语词。在斯威夫特眼里，晚近半个世纪的英国政制变革证明的是一个古老的法则："先是迎来了民众的僭政，然后是单个人的僭政。"这篇论说文看起来与当时的"古今之争"没关系，其实不然。毋宁说，斯威夫特才真正看懂了坦普尔的《论古今学问》。事实上，这篇论说文彻底挑明了《论古今学问》所隐含的论题，而且通篇都在比较古希腊罗马的政争与现代英格兰的政争。议会民主制对西方人来说的确不是现代才有的，古代的雅典和罗马都有平民议会建制。对此斯威夫特的看法是："无论在古代还是现代，重大议事机构有时抛出无知、鲁莽、错误的决议，常常让我感到诧异。这使我意识到，民众的议会也会犯个人所能犯的所有问题、蠢事和邪恶。"与如今的我们喜欢用古代史例来论证民主政制的优越相反，这篇论说文用古代史例来论证民主政制的品质低劣，并进而证明英国的民主革命品质低劣。虽然这篇论说文以史带论，斯威夫特的论析实际上依傍的是柏拉图的观点：如果城邦不是由有卓越德性的人统治，那么，权力"必然成为你争我夺的东西，这种产生与自己人之间和城邦内部的战争必将毁灭这些人和其余的城邦"。在古希腊罗马经典文献中，今人的确找不到对民主政制的颂扬。因此，贬低古典作品，才能更顺当地为现代民主新政提供论证。

1704年，时年36岁的斯威夫特出版了长篇寓言体作品《木桶纪事》（又译《木桶的故事》），一同付梓的还有《图书馆里的古今之战》和《圣灵的机械作用》。作为坦普尔的学生，斯威夫特清楚意识到，眼下的古今论战涉及的根本问题是古今政制之争。在《木桶纪事》的"序言"中，斯威夫特把霍布斯称为"我们时代具有威胁性的才子"——第九节的标题《关于共富国中疯狂的起源、用途及其改进的离题话》，据说针对的就是霍布斯《利维坦》的书名。《木桶纪事》问世二十多年以后，斯威夫特又发表了篇幅更大、寓意更为深远的《格利佛游记》（1726）。这部传世的经典之作是斯威夫特对"古今之争"所做的更为透彻的思考，堪称"古今之争"时期最为深刻的政治哲学著作——对今天的我们来说，它则是最令我们尴尬的

"世界文学名著"之一。

我国教育部如今已把这部作品列入普通高中语文课程"义务教育部分"推荐书目，印数相当可观。由于这部"世界文学名著"采用的是寓言文体，要概述这部作品的思想内涵非常困难。一方面，寓言式的叙述使得这部作品据说看起来像是"深得孩子们喜爱的儿童读物"；另一方面，书中大量涉及的政治、宗教、哲学、历史知识，显然又不是"儿童"们感兴趣的东西。事实上，就内容而言，《格利佛游记》与比它晚出二十二年的孟德斯鸠的《论法的精神》属于同类性质，两者都是政制比较之书，差异在于，《论法的精神》推崇现代式民主政制，《格利佛游记》推崇古代式君主政制。不妨说，这两部书是崇今派智识人所推崇的现代式民主政制与崇古派所推崇的古代君主政制的品质对决。

《格利佛游记》中的主角格利佛是英格兰人，按书中所记叙的出海时间推算，他应该出生在"共和革命"之后、"光荣革命"之前，上过剑桥大学。《格利佛游记》以第一人称形式分四卷记叙了格利佛作为外科医生四次出海远行的奇遇。显然，格利佛作为英格兰现代知识人的身份是整个作品的支点，在他身后是被伏尔泰和孟德斯鸠视为人类理想政制的样本：英国式的自由民主政体。

格利佛第一次出海远航流落的地方是一个名叫Lilliputia（利立浦特）的"小人国"，因为那里的人渺小委琐，政体的品格也渺小委琐。无论是18世纪的读者还是今天的读者都能看出，这个"小人国"就是"光荣革命"之后的英国。如今我们所追慕的两党政制，在格利佛眼里不过是高跟鞋党与低跟鞋党之间委琐的争权夺利，各自都得靠扫街拜票获得自己的政治生命。在这种政体中，商业利益是唯一的政治动机，政治生活成了人的自然欲望的玩物。这种新式政体来自于基督教分裂导致的国家内战：为了摆脱宗教内战，英格兰最聪明的智识人（斯威夫特指的是霍布斯和洛克）设想出了一种以实现个人自由而非以实现美德为取向的政治制度，其目的是为了保存自然性命及其私有财产。斯威夫特用"小人国"来指代英国的君主立宪式代议制民主政体，十分切合现代自由主义政制观念的品质——灵魂的渺小委琐。当然，在一个比如说伏尔泰这样的崇今派眼里，情形并非如此。1733年，伏尔泰流亡英国期间（1726—1728）动笔写的《关于英格兰国族的书简》(*Letters concerning the English Nation*)在伦敦出版。此书仅比《格利佛游记》晚七年,由于伏尔泰是个崇今派(或者说由于他的灵魂类型),他对英国新政的见解与格利佛有天壤之别。

在第二卷里,格利佛记叙的出海流落地是一个名叫Brobdingnagia(布罗丁奈格)的"大人国",那里的人不仅身材高大,而且心性高尚,民风淳朴。这是一个尚未经历现代革命的古老的君主制王国,"属地之内没有宗教纷争或者战火连绵的历史。他们唯一的政治难题是古老而自然的君主、贵族与民人的冲突,这也已经在很早之前就通过建立一个均衡的政体解决掉了"。显然,格利佛笔下的"小人国"与"大人国"形成的对比,是现代民主政体与古代君主政体的对比。

奇怪的是,格利佛在"小人国"时是个高大的人,他看不惯"小人国"的方方面面,"小人国"中人也看不惯他,甚至他的家人和朋友们也会认为他的行为举止莫名其妙。与此相反,格利佛在"大人国"则是"小人国"的代表,"大人国"的国王把格利佛放在手掌心上与他谈话,询问他属于代表商人和金融贵族以及其他新生资产者上层的辉格党,还是属于代表大地主和门阀贵族利益的托利党。格利佛在书中的这种角色变换,与其说是同一个人在不同国度的身份不同,不如说表征的是同一个国家的知识人的分裂。如《图书馆里的古今之战》在一开始所说,如今,一个"智识国家"的读书人分裂成了崇今派和崇古派——格利佛表征英国知识人,但英国知识人分裂为两派。于是我们看到,来到"小人国"的格利佛通过描述利立浦特的古代政制向新的君主表明,古代的利立浦特并非"小人国"。这个国家变得渺小委琐,是"光荣革命"的结果。显然,这个格利佛是英国知识人中的崇古派。与此相应,我们在第二卷看到,格利佛向"大人国"的国王介绍自由民主新政(同样是在第六章)。听完格利佛叙说英格兰晚近一个世纪的大事记后,"大人国"的国王对格利佛说了一段话——这段话一再被人引用:

> 这些大事只不过是一大堆阴谋、叛乱、暗杀、屠戮、革命或流放。这都是贪婪、党争、伪善、无信、残暴、愤怒、疯狂、怨恨、嫉妒、淫欲、阴险和野心所能产生的最大恶果。

对于英国走向商化民主政制,"大人国"的国王得出的是这样的结论:

> 你的同胞中,大多数人都是大自然让它们在地面上爬行的最可憎的害虫中最有害的一类。

"大人国"的国王拒绝了"爱自己的国家"的格利佛提出的有利于"大人国"现代化的建议,理由很简单:"爱自己的国家"的含义是"爱"现代式的自由民主政制,不爱这种政制等于不爱国。那样的话,"大人国"就会跟着英国变成唯利是图的"小人国"。让我们会感到惊讶的是,这个格利佛已经描述了如今我们称之为导弹甚至原子弹一类的新式武器,以此证明英格兰的新政制何等先进。但是,这个格利佛清楚地知道,他所代表的新国家与"大人国"的差异最终在于"好品德与坏品德的观念"。他认为,"大人国"的国王闭关自守,满脑子偏见和狭隘的想法,"而这种想法在我国以及欧洲的文明国家却根本不可能产生",因此他说:"如果把住在这样遥远的地方的一位君王的好品德与坏品德的观念当作全人类的标准,当然很难令人接受。"对我们中国读者来说,斯威夫特笔下的"大人国"很像我们的古代,因为,卷二中的格利佛针对"大人国"说的那些话,与我们如今的一些知识人对自己的国家说的话一模一样。而且,他们也像这个格利佛向"大人国"讲述英格兰近代大事记那样,通过翻译更为详备的英国史向自己的国家推荐英国模式。在把民主视为"普世价值"的今天,《格利佛游记》的确不能算作一部极端反动的书。毕竟,第二卷中的格利佛提出了新的"全人类的标准"或者说新的"普世价值":一个人相信自由和民主就是好品德,不相信这种价值就是坏品德。

如果说《图书馆里的古今之战》突显的是读书人的灵魂品质的优劣,那么,《格利佛游记》突显的就是政治制度的品质优劣——如布鲁姆所说,在斯威夫特看来,古代政体具有"对秩序的远见"。按柏拉图笔下的苏格拉底在《斐德若》中的说法,灵魂品质的优劣就像大人高过小孩。因此,"小人国"与"大人国"的对比,首先是灵魂品质优劣的对比。何况,读书人个体灵魂的品质与国家政制的品质是联系在一起的,如柏拉图笔下的苏格拉底在《理想国》中所说，有多少灵魂的类型就有多少类型的政体。苏格拉底区分了五种灵魂类型，与此相应也就区分了五种政体。即便不能说《格利佛游记》是柏拉图《理想国》的仿作，也得说《格利佛游记》延续了《理想国》中的问题。与此相反，无论伏尔泰的《关于英格兰国族的书简》还是孟德斯鸠的《论法的精神》，都抛弃了《理想国》中的问题。

格利佛记叙的第三次出海是在1706年动身的，这次到的地方不止一个，而是五个。首先到的是一个叫作Laputa（拉普塔）的岛屿，由于这个岛屿"似乎能随意升降，或者向前移动"，格利佛称之为"飞岛或者浮岛"。格利佛发现，这个岛的国王是个精通数学的天文学家，国家的主要阶层也是这类人。这个飞岛国的国王对格利佛所到过的国家的法律、政府、历史、宗教和习俗没有丝毫兴趣，因为，在他看来，政治的事情很简单，如果哪个城邦发生动乱或叛乱或剧烈政争，用天文学方式处理易如反掌——"只要国王能说服他的内阁和他合作，他就可以成为宇宙间最专制的君主"。显然，这个飞岛的政制基于现代天文学原理，它表征的是新理性科学废除传统生活方式的雄心和自信。

格利佛随后发现，飞岛其实是一个庞大的帝国，支配好些岛国（都是飞岛），首都是"拉格多"（Lagado，据说隐射伦敦）。格利佛乘坐飞行的拉普塔岛来到首都拉格多的所在地巴尔尼巴比，下降到岛上以后，格利佛在首都停留期间受到殷勤款待。这个城市是设计家的家园，最重要的地方是科学院。当格利佛走进科学院时，发现全是搞各种试验的实验室——其中一间挂满了蜘蛛网，带领格利佛参观的人高声尖叫，要格利佛千万小心别碰乱蜘蛛网，因为科学家们正在试验用蜘蛛代替蚕抽丝这一古老传统。如果我们事先读过《图书馆里的古今之战》就会知道，这一试验所具有的现代含义是什么。由此来看，通常把斯威夫特笔下的飞岛理解为"乌托邦"是错的，毋宁说，格利佛所到的飞岛是崇今派头脑中的王国，它并非乌有之乡，而是崇今派的智性之乡——培根笔下的"新大西岛"。看来，斯威夫特的笔法是，通过卷一和卷二比较"小人国"（民主政体）与"大人国"（君主政体）的品质之后，《格利佛游记》进一步探究这样一个问题：现代商化民主国这种理想政制是由什么样的头脑设计出来的。换言之，卷三的飞岛之行深化了民主政体与君主政体的比较：如果说"大人国"政体追求的是常识性的道德德性，那么，"小人国"政体追求的就是技术知识所带来的舒适和快乐。

格利佛还发现，飞岛上的科学家对政治和时事非常关心，讨论国家大事或一个政党的主张时，非常激烈，寸步不让。显然，飞岛上的科学家们认为自己才真正懂政治，而且有特殊权力去改造所有传统的政治，因为他们有新的数学、物理学、化学知识——尤其重要的是，他们通过实验理性原则确立了新史学。不用说，对于摧毁"大人国"来说，这门学问比数学、物理学、化学的火力大得多、管用得多。

参观过飞岛京城的科学院后，格利佛本来要去另一个飞岛拉格奈格，在马尔当纳达港转船时，由于一时没有班船，当地一位高贵的绅士建议格利佛去附近一个名叫格勒大锥（Gludubdribb，其含义是"巫人岛"）的小岛看看。到了那里以后，格利佛发觉自己到了一个极为古怪的地方，因为那里经常出没许多古人的魂。原来，这里是现代式的新史学专门处理古人英魂的地方。格利佛用了第七、八两章篇幅来讲述在"巫人岛"的经历和见闻。他首先要求见荷马和亚里士多德，并希望也见见给他们做评注的后人。这种人一来就是好几百，由于惭愧自己对荷马和亚里士多德胡说八道，他们都躲得远远的。荷马和亚里士多德对这些后人大发雷霆，说他们的灵魂缺乏理解高贵精神的品质。格利佛特地还让他们请来笛卡尔和伽桑迪，这两位当着亚里士多德的面承认自己"在自然哲学方面"犯了错。

最让格利佛感到惊讶的是，这里的现代式新史学家人数太多，他们"像娼妓一样哄骗世人"，颠倒黑白地把历史上的英雄人物写成"最卑鄙的流氓和卖国贼"——反之亦然，把历史上"最卑鄙的流氓和卖国贼"写成了不起的诗人政治家。如今好些学人都惊讶，斯威夫特笔下的格利佛能够准确预见到辉格党式史学的出现。甚至我们中国学人也难免惊讶斯威夫特预见到了当今的新史学笔法。不过，最让人觉得斯威夫特的飞岛记具有历史预见性的是，格利佛后来发现，各个飞岛虽然有海洋隔开，从地理上讲其实是一个大陆，它"向东一直延伸到美洲加利福尼亚以西的无名地带"，通过拉格奈格岛，这个大陆还与日本"结成了亲密的同盟"。在今天的我们看来，这个飞岛大陆有如"英美"世界，如今的《美日安保条约》就像是拉格奈格岛与日本结成的"亲密同盟"的进一步巩固。

有论者认为，卷三的飞岛记显得松散，故事性不如前两卷。其实，这一卷的古今之争色彩最为明晰。不过，相比之下，格利佛在卷三中的身份比较模糊。一方面，格利佛对飞岛相当鄙视，尤其对飞岛首都的科学院十分厌恶，显得像个崇古派。毕竟，无论1635年成立的法兰西王国学院，还是1668年成立的英国皇家学会，都是崇今派知识人的摇篮。可是，格利佛在飞岛时与岛上的大贵族（大数学家）也相处很好，甚至愉快且秘密地相互交流政见。格利佛对岛上的语文考据家的科研提出意见时，马上被承认有原创性，答应给他署名权。凡此表明，卷三中的格利佛又是个崇今派。即便在"巫人岛"时，格利佛让亚里士多德反驳了笛卡尔，却没有反驳培根。格利佛有可能与同时代的伏尔泰一样，信奉的是培根而非笛卡尔的新科学方法。也许我们可以说，作为英格兰知识人，格利佛有两类：崇古的和崇今的。如果是崇古的，他来到飞岛必然心生厌恶，如果是崇今的，就会在飞岛感到十分愉快，并参与岛上的实验。

这个双重的格利佛形象在卷四得到进一步证明。卷四虽然题为"慧骃国游记"，其实，这次格利佛所流落的地方并没有名字——与此相反，前三卷的标题中都没有出现country（国）这个语词，这次却出现了。还有一个差异值得注意：格利佛记叙的前三次出海，他的身份是外科医生，这次是船长。不过，故事一开始，格利佛就遇到船员造反，他被囚禁起来，然后被扔到一个不知名的岛上——显然，这比喻的是国家政变。我们可以肯定，这段情节是苏格拉底在柏拉图的《理想国》中所讲的"国家航船喻"的改写。

格利佛流落这个无名岛国后首先遇到的不是人，而是一群奇怪的动物。然后出现了两匹不同的马，一匹名叫"慧骃"，会说话，善良、高贵、有理性，另一匹名叫Yahoo（雅虎）（张健译本译作"耶胡"），贪婪、凶恶、损人利己。整个卷四的故事仅有四个角色，除了格利佛和无名的马主人外，就是慧骃和雅虎。故事的中心情节来自这样一个问题：格利佛的样子究竟像慧骃还是像雅虎。因此，与前三卷不同，在这一卷里，格利佛谈到了自己，在此之前，他学习马的语言并认识慧骃和雅虎的天性。在无名的马主人要求下，格利佛谈过自己之后又谈到了自己的新国家——尤其是英国的宪政。于是，格利佛的样子究竟像慧骃还是像雅虎就变成了这样的问题：英国宪政究竟像慧骃还是像雅虎？如果我们记得《理想国》中的苏格拉底在讲过"国家航船"故事后说,这个故事"与城邦和真正的哲人的关系相像",那么,我们有理由说,斯威夫特的故事要探究的是英国宪政与现代哲人的关系。

通过马主人对英国宪政的评价我们得知,英国宪政属于雅虎一类。可以说,揭示英国宪政的样子像雅虎而非慧骃,是《格利佛游记》的基本意图,否则,斯威夫特不会在《格利佛游记》的前言("格利佛船长给他的亲戚辛蒲生的一封信")中大谈雅虎和慧骃。然而,尽管自由民主宪政的样子像雅虎而非慧骃,却并非与慧骃没有关系。飞岛人更像是超级慧骃,除了缺乏高贵,他们并不缺乏善良和理性。在卷四接下来的记叙中,除了辨识慧骃和雅虎这两类马的关系,更重要的是辨识不同的慧骃(因此这一卷题为"慧骃国游记")。毕竟,当格利佛对马主人说到自己国家的贵族时,这位马主人就断定英国宪政其实更像出自慧骃的头脑。于是,问题的关键在于,我们需要区分和辨识不同天性的慧骃。斯威夫特要读者注意:

> "慧骃"中的白马、栗色马、铁青马跟火红马、灰斑马、黑马的样子并不完全相同,它们的才能天生就不一样,也没有变好的可能。所以,白马、栗色马和铁青马永远处在仆人的地位,休想超过自己的同类,如果妄想出人头地,这在这个国家就要被认为是一件可怕而反常的事。

这里列举的各色慧骃其实分为两大类,一类以白马为代表,一类以黑马为代表。读到这里,我们应该想起柏拉图笔下的苏格拉底在《斐德若》中剖析有爱欲的灵魂时说到的"白马""黑马"比喻:"白马"要拉着灵魂奔向天上,"黑马"要拉着灵魂冲到地上。布鲁姆认为,"慧骃是从柏拉图刻画的人中推演出来的,而雅虎则是从霍布斯刻画的人中推演出来的"。但斯威夫特把"白马""黑马"比喻用于区分两类慧骃,而非区分慧骃和雅虎。这可能意味着,英国宪政的确属于雅虎(霍布斯刻画的人)一类,但这种宪政却出自慧骃中的"黑马"一类的聪明设计。于是,问题的复杂性就在于,雅虎式的宪政是黑色慧骃式的灵魂设计出来的——英国宪政是黑色慧骃与雅虎联手让白色慧骃由主人变成仆人的结果。可以肯定,黑色慧骃式灵魂寓意的是崇今派知识人，白色慧骃式灵魂寓意的是崇古派知识人，尽管挑明了这样的寓意会让如今的我们心里很不舒服。

《格利佛游记》以出海探险为基本叙事框架，有人说，这是刻意模仿笛福——顺便说一句，他是英国宪政的鼓吹手——的《鲁滨孙漂流记》。即便这种说法有道理，难道我们不也可以说是在刻意模仿培根的《新大西岛》？要说文学写作的航海经历这一主题类型，鼻祖当然非荷马莫属。读过荷马的我们都知道，奥德修斯的航海经历也是认识自己的灵魂的过程。就此而言，《格利佛游记》模仿的既非培根更非笛福，毕竟，无论在《新大西岛》还是《鲁滨孙漂流记》中，都没有涉及灵魂的自我认识。整个来讲，《格利佛游记》的第四卷就是格利佛对自身灵魂的认识过程，而这个过程基于前三卷的游历多方。只不过，格利佛对自身灵魂的认识在这里聚焦于一个时代的选择：古今之争的选择。所以，格利佛出海探险时"身边总有许多书籍"，一有空闲"就阅读古代的和现代的最好作品"。

已经有悉心的读者注意到，《格利佛游记》寓意的是一个有极高智力热情的人的自我认识过程。格利佛的自我认识从认识自己所在的小人国开始，通过认识小人国，格利佛发现自己有非常强烈甚至极高的智性热情。为了找到让自己的智性热情得以实现的地方，格利佛着手探究过去和现在的最佳政体。接下来他去往大人国。与大人国国王的交谈让格利佛慢慢觉得，自己对家庭和祖国的眷念之情越来越淡薄——这正是我们后来在黑色慧骃身上可以看到的情形。在飞岛的经历让格利佛对自己的智性欲求的性质有了成熟的认识，他从此不再迷恋新科学理性。接下来与慧骃的相遇是格利佛的自我认识最为关键的一课——格利佛发现，慧骃族不仅在好奇心方面与他旗鼓相当，而且追求智性知识的献身精神比他还要强烈。慧骃族献身智性知识的热情受一个伟大的理想支配：打造一个完美的"理性社会"。由于这个理想，慧骃族自己先组成了一个社会，这个社会的美德是友谊和仁爱——然而，这两种美德的根基却在自然理性。

按伯柔的识读，小人国人、大人国人和慧骃族的差异让格利佛懂得了人性的差异，这种认识使得格利佛对慧骃族的理想产生了怀疑：自然理性的哲学取代常识非常危险。慧骃族的理想让格利佛深感震撼，认识到这一点后，格利佛就不再看重自己特有的智性热情。斯威夫特笔下的格利佛是否得出了伯柔所说的这种自我认识，恐怕见仁见智。毕竟，文本叙事错综复杂，事情远没有这么简单。但笔者可以肯定，伯柔看轻了智识人认识自身灵魂的艰难，他与布鲁姆一样，没有注意到黑色慧骃与白色慧骃的差异。毕竟，格利佛最后回到故土后，他已经不能忍受人味，受不了与妻子和孩子一同生活，"一闻到他们的气味就恶心得受不了"。

可以确定的仅仅是，如《格利佛游记》的"出版者致读者"所言，刊布这篇游记为的是给"青年贵族"提供一部"有趣读物"，免得他们受那些谈论政治和政党的"烂书"毒害。可以断定，这里的所谓"青年贵族"指的是从古至今都会有的慧骃族灵魂。斯威夫特能指望的仅仅是，每个时代凭自然而生的慧骃族灵魂应该好好认清自己，尤其要注意两类慧骃——即便这两类慧骃也还有多种不同颜色：这是灵魂的颜色。毕竟，对于慧骃族灵魂来说，首要的危险是缺乏自我认识。如果没有自知之明，无论慧骃有多高的智性、多奇妙的才华，都有可能沦为雅虎。当然，斯威夫特清楚地知道，不必引导所有人都走向这种自我认识，或者说让雅虎通过自我认识而改变自己不可能。为了让"一般读者广泛接受"，或者说为了掩盖这种灵魂的自我认识，他采用了寓言形式。就此而言，坊间认为此书是"儿童读物"并非不正确。

最后还需提到《格利佛游记》的另一大基本特征——讽刺，这一已经见于《图书馆里的古今之战》和《木桶纪事》的特征显然是模仿伊索。我们知道，《伊索寓言》善于通过短小的动物之间的故事来讽刺人性的弱点，甚至邪恶，讽刺对象是人性品格等级中低劣和败坏的东西。在雅典时期的阿里斯托芬和古代晚期的路吉阿诺斯那里，这种讽刺诗艺得到极大的提升。他们不仅善于描绘人与人之间、人与动物之间（比如阿里斯托芬的《鸟》）的故事，而且讽刺对象除了人性的弱点和邪恶，还尤其讽刺了慧骃族中的某类灵魂以及民主政制。可以说，《格利佛游记》是阿里斯托芬和路吉阿诺斯作品的现代翻版。坦普尔在《论古今学问》中说，崇今派文人学士渴望嘲笑所有严肃美好的东西，由于自身的灵魂品性像雅虎，他们的作品只能靠嘲笑古传德性为生。斯威夫特参与古今之争的主要作品师法阿里斯托芬和路吉阿诺斯的笔法，使得讽刺叙事这门诗艺本身也陷入了古今之争。

选自《江汉论坛》2015年第5期

有轨电车的道德分叉

/ 赵汀阳

一、共同生活

伦理两难困境常见于各种忠义或忠孝"不能两全"的传统故事。伦理两难也反复成为哲学的争论焦点,许多哲学家试图解决这个难题而至今未果,更多的哲学家把它当成难以破解的存档疑案。在此重审此案的目的却不是破案(有些疑案永远破不了),而是通过重新分析此案去说明,伦理学到了现代是如何作茧自缚的。伦理学试图思考"与他人共同生活"的问题,共同生活这个既定事实已经注定了伦理行为的互动性。可是现代伦理学又把个人看作是价值自决的主体,即康德推崇的具有自觉自决性(autonomy)的道德立法主体。于是,个人不仅要对私人生活做出价值判断,而且还要借助理性而为共同生活做出价值判断。可问题是,理性至多能够消除思想分歧,却不可能消除精神分歧,而道德困惑正是精神分歧所导致的。这就形成了伦理学的精神障碍。

伦理学的全部意义在于其存在论前提:共同生活或者说共在状态。这一点决定了伦理学问题的性质。在私人生活中,如果一个人说"我认为我的生活方式是好的",无论他的生活方式看起来多么奇怪,他的自决判断都不是精神障碍。但如果一个人说"我的生活方式必须成为普遍的生活方式",就很有问题了。严格地说,私人生活里的自由意志不构成伦理问题,私人生活的选择不需要他人同意,也不涉及他人的命运。其中,个人意见与生活选择完全一致,自由意志与行为完全一致。就是说,"我意愿如此"与"如此是好的"在私人生活里是一致的。所有伦理问题都出现在共同生活中,都是关于如何共在的问题。即使我的伦理信念是理性的,试图从"我立意应该如此"推论出"人人都应该如此"也是非理性的,落实在实践上就是伦理专制主义。

我们不难认出,以"我"推论"人人"的伦理专制主义正是康德式启蒙哲学的普遍主义理想。如果这一点并不令人吃惊的话,我愿意再进一步说,这种启蒙伦理学是人的神学。启蒙并没有推翻神学,而是以人的神学替换了上帝的神学。就是说,人的神学是上帝神学的后裔,虽然相貌不同,却都同样有着一神论和普遍主义的基因。我们人人都喜欢人的神学,每个人都成为价值的全权主体,这可是一件皆大欢喜的事情。但问题是,每个人的精神有所不同,信念有所不同,每个人的信念都是一种神学,每种神学都与另一种神学同样神圣,那么,我们应该听谁的呢?他人的信念和行为选择是个坏消息,但还有更坏的消息。个人拥有自决的价值选择,这个神圣的权利很快就变成精神负担。生活所需之诸种善在某些情况下会形成冲突,这是伦理两难的根源。在传统的伦理语境里,两难选择虽然痛苦但尚有共识,而在现代的伦理语境里,两难选择不仅痛苦而且茫然,甚至连善在概念上都不再有共识。

既然生活失去了共识,任何伦理观点就成为需要被审问的对象,而不再是用来判断的依据。或者说,正是分歧的伦理观点导致了伦理问题,所以,在伦理问题上反而不能使用伦理观点,而要将其悬隔。

共同生活首先是一个存在论问题:只有能够满足人的共在需要的理性原则,才能够成为共同生活的价值原则。因此,道德的依据只能来自存在论的行为语法(the grammar of facio)。当意识到我们的行为是在选择共同的命运,就必须追问:这样做,行吗?这样做,别人同意吗?其中的存在论语法是,正如我在《第一哲学的支点》中论证的,如果存在的意义是"分析地"蕴含在存在本身之中,那么,存在就是为了继续存在(to be is to be for good),因此,为了继续存在,存在就必须是善在(to be is to be good),而存在总是与他人共在,因此,善在就只能与他人一起善在。这意味着,共在是存在的条件。由此可以推知：如果一种伦理选择能够成为一个普遍原则，它必须有利于共同生活；假如一个伦理选择包含不得已的错误，至少必须保证它在维护共同生活的作用大于破坏共同生活的副作用。于是，在分析伦理两难时，必须考虑的不仅仅是个人的不得已选择给自己造成的道德感创伤，还必须考虑一个不得已的选择对于共同生活的预后效果，特别是一个不得已的选择对共同生活原则的信任是否造成严重创伤。

二、伦理两难

关于伦理两难，我曾在《论可能生活》中论证说：只要生活需要两个以上的道德原则，而生活的可能情景无穷多，那么必定存在足以导致道德无法两全的可能性。也可以更准确地说，生活所需之诸多道德原则中，只要至少有两个原则无法形成价值排序而是并列重要的，伦理两难就难以避免。伦理两难对道德原则的挑战，在于它说明道德原则难以自洽解释生活。正如伊格尔顿所言："在某些情形下，人不可能全身而退。只要情况足够极端，每一种道德原则都将在接缝处解体。"道德原则真的会因此解体吗？这一点有些可疑，也与事实不符。尽管生活的恶劣情景不断质疑道德原则，但人类仍然信任千疮百孔的道德原则，这个顽强事实才更需要解释。

"足够极端"的情况确实是道德处理不了的问题，但存在着道德对付不了的情况并不必然导致道德原则的崩溃。虽然道德系统包含内在矛盾，可生活同样充满冲突，两者之间反而有着呼应。正是因为道德系统内部存在着道德分叉而具有弹性，才反而得以应付多变的生活。

道德的分叉首先是因为时间分叉。每个"此时"的前面都是分叉的时间，是由多种可能性构成的未来，人在每个时间单位里只能选择一种可能性，而无法同时选择两种以上的可能性，因此，选择未来，或者说，对可能性的取舍，就成为存在论的根本问题。在共同生活的存在状态里，每个人的选择都直接或间接地干涉他人的未来。在此，时间的分叉成为道德的分叉。如果遇到极端情况，伦理两难就不可避免，而当事人必须选择，必须有一个不得已的"解决"。为了分析伦理两难的解决方式，我们明确以下条件：

（1）对于伦理两难，不做选择也是一种选择，听天由命不是有效遁词；

（2）不存在奇迹（文学作品在解决伦理两难时往往让奇迹发生而消除了两难处境，这等于取消了问题，所以不考虑奇迹）；

（3）至少涉及两个在价值上几乎不相上下的道德原则而形成价值排序的明显困难；

（4）当事人没有条件以自我牺牲为伦理两难解困。在自己和他人生命之间选择是极端难题，却不是两难。舍生取义是极致高尚，比两难的任何选择都高尚得多，但它不是伦理两难的答案。

可以先分析一个非标准的伦理两难案例：赵氏孤儿故事。晋大夫屠岸贾杀戮赵氏一门，赵氏门客公孙杵臼与赵氏挚友程婴合谋拯救赵氏孤儿，公孙杵臼牺牲自己的生命，程婴以调包计牺牲了自己的儿子。这个高尚故事没有构成标准的伦理两难，是因为，在古代社会里，自己的儿子至少也被看作是半属自己生命的概念，也就半属自我牺牲。只有一个两难处境涉及的都是与己情感无关的他人，才是完全标准的伦理两难。

这里准备讨论一个流行的伦理两难：有轨电车困境（The Trolley Problem）。

这个难题的最早版本来自富特，后来汤姆森、桑德尔等又增加了大同小异的变种版本。这里采用原始版本：一辆有轨电车刹车失灵，直行轨道上有五个不知情的工人，岔道上有一个工人，那么，司机应该如何选择？是听天由命直行压死五个工人，还是改道压死一个工人？争议焦点是，改道压死一个人以拯救五个人的功利主义选择是否真的更好？所谓功利主义选择其实也是多数人的自然选择，甚至是不假思索的本能反应，并非听说了功利主义之后才习得的准则。记不清何时何地，曾有过类似情景的新闻报道：失控的汽车选择了撞向道路人少的一边，诸如此类。这似乎意味着，在伦理两难面前，更多的人会采取功利主义的"算法"去做不得已的选择。

除了数量比较的数学算法，还有另一些与文化观念有关的比较算法。比如说，让妇女儿童优先生存。泰坦尼克事件采用了这个标准；在一个重男轻女的社会里也可能优先男孩。电影《唐山大地震》中对伦理两难做出如此选择；但也有违背数量算法的选择，电影《拯救大兵瑞恩》就选择了战死许多人去拯救一个人。在道德无法两全的情况下，人们就会去想象某种算法，寻找伦理之外的某种加分理由：政治的理由，宗教的理由，或者美学的理由，尽管这些理由未必经得起推敲和质问，但在真实情景里，人们没有时间也没有必要去层层追问什么是无懈可击的理由，而仅仅需要一个在特定文化语境里相对合理的理由。

这个有缺陷的事实并不意味着道德失效；相反，人们永远保持着对道德的敬意。人做出不得已的选择，只是因为不选择往往是一个更差的选择。

在存在论意义上，每个人都是具体的存在，因此，人的具体性才是人对之做出判断和选择的首先理由，只有当屏蔽了人的具体性，才只好抽象算计。有轨电车困境屏蔽了人的具体性，不知男女老少，不知远近亲疏，只剩下抽象人，也就没有理由可以抱怨"一般人"会采用功利主义的数目比较算法。假如司机选择牺牲一人而拯救五人，恐怕仅仅是想到这个"功利的"选择比较合算，因为实在没有别的指标可以参考。

当然，问题没完。

三、算法问题与哲学的矫情

哲学的追问并非没有道理，但在进行哲学分析之前，我们最好注意到两个对哲学不利的情况：

（1）即使哲学成功地论证了哪个理由在道德上更有道理，而且人们也知道了这个论证，但人们在实际选择的时候，有时并不听从伦理学论证，因为生活的理由远远不只是伦理的理由，那些政治的、宗教的、美学的理由同样强劲有力，即使在理论上，哲学也难以证明伦理的理由总是高于其他理由。事实上，一个选择就是整个生活全部选择的缩影，选择一个行为意味着选择一种生活，因此必定是一个复合理由，而很少是单纯伦理的理由。

（2）即使单就伦理而言，哲学的彻底追问也未必能够找到无懈可击的最终理由。人们在每个哲学问题上争论不休，这个事实证明了至少尚未找到真正普遍必然的理由。笔者深深地疑心，伦理两难困境是一种哲学的矫情，是哲学生造出来的问题。生活中有许多痛苦的选择，但恐怕很少是严格的两难，而且，即便存在着严格的两难，对此的争论也未必有意义。

没有算法就无以选择，这本来是个生活事实，但哲学有多种办法搞乱思维算法。仅就伦理两难的问题而言，搞乱算法的主要表现是取消事物之间的不等式。任何选择都基于不等式，如果不存在不等式，就无法比较、衡量和取舍。在这个意义上，有轨电车困境并非一个严格的伦理两难（这个案例能够成为争论焦点很是奇怪，它既不动人，也不符合严格两难的标准）。真正无法抉择的两难选项必须具有对等性，但不是相同性，不是让布里丹之驴不知所措的两堆草料，而是鱼和熊掌那样的对等性。假如有轨电车困境里两条轨道上各有一人，就变成严格两难了。有轨电车困境被设计成一个缺乏对等性的状态，必定另有深意，也许它试图说明，有些不等式并不能构成抉择的理由。这倒是一个有趣的问题。

事物越具体，可比较的不等式就越多。

假如有轨电车困境的人物是具体的，比如岔道上的那个人是儿童或年轻姑娘，而直行道上的五个人都是老男人，有些人的选择就会变得较为犹豫；假如岔道上是自己的亲友，恐怕多数人就亲情为上了；数量比例对选择也并非没有影响，假如直行轨道上不是五人而是十五人，多数人恐怕就义无反顾了。人的选择总是具体地综合计算了方方面面的不等式，即使没有一个选择是好的，但仍然存在着某种权宜算法，这与正当性无关。对功利主义的"经济学"选择，有一种批评认为，拯救五人的正当性不能证明牺牲一人的正当性。这个观点虽然正确，却文不对题，因为功利主义不可能认为牺牲一个人比牺牲五个人更为正当，而是认为，尽管无论牺牲五人还是一人都是不正当的，但牺牲一人去拯救五人是合算的，也就是"两害相权取其轻"的算法。问题是，虽然经济学的选择缺乏道德价值，但假如排斥经济学的选择，其结果非常可能是一个伦理学灾难。当哲学实验取消了事物的具体性，所有人都是无面目、无关系的抽象人，人被还原为数目，只剩下经济学情景，也就只剩下数目算法一途了，数目不等式就是唯一的参考指标。在这种给定条件下，去批评功利主义的经济学算法就是哲学的矫情。显然，既然数目不等式是唯一的参考，那就不存在两难了，除非有一种离奇的算术能够证明 $5=1$。

令人吃惊的是，确实有一种算法能够证明 $5=1$。只要引入无条件的人权概念就可以创造 $5=1$。假定每个人的生命都绝对至上，超过一切其他价值而且不可比较，个人的价值大于或等于集体和国家，甚至大于或等于社会和世界，这个现代人的神学就能够创造 $5=1$。至上的绝对性在"算法"里约等于无穷大，于是，5乘以无穷大等于1乘以无穷大，两难被制造出来了。人权的本意是肯定人的尊严和人的价值，开始时并非神学，但被绝对化的人权被赋予了超出人的概念的神格，人权就变成了人的神学。无限性、绝对性和至上性的位格只属于一个与之相配的存在，如果一个有限的存在觊觎无限的位格，就是僭越和幻觉。显然，个人的有限性事实配不上无限性的存在论概念，因此，人的神学是一个存在论谬误。只有神的存在才是绝对至上而超越一切的，而人的存在不得不依存于他人，因此，人的价值无法超越与他人的关系而被定义，个人的价值里必定包含着与他人相关的价值。更准确地说，个人的价值至少部分地属于人类的概念而不单纯属于个体。人的神学不仅不能解决现实困境，反而平添许多思想困境。比如说，一旦相信5=1，思想的算法就陷入不可救药的混乱。哲学的矫情就是试图回避人的真实性或者说回避人的存在论事实。

有轨电车问题里还有一个被忽视的事情，哲学家通常更关心司机是怎么想的，却相对忽视可能遇难的工人会怎么想。假定工人被恐怖分子绑在铁轨上无法脱身（有的改写版是这样设想的），但司机与工人之间能够沟通（有手机或者心有灵犀，请允许这种不太现实的假设），那么会遇到什么问题？最好我们还假定司机不是一个功利主义者，并不情愿把功利主义算法作为第一选择，但也不排斥在不得已的情况下采取功利主义选择，于是他想知道工人是怎么想的，那么，他们的互动沟通会产生什么结果？

岔道的一个工人有两个选择：

（1）自愿提出把希望留给五人。高尚选择；
（2）要求救自己。求生本能，并非不道德，而是中性无辜。

假定直行道的五个工人心思一致，那么同样有两个选择：

（1）一致自愿把希望留给一人。这似乎过度高尚，反而不适合成为普遍榜样，因为它蕴含不平等；
（2）要求救自己。求生本能，中性无辜，外加功利主义的多数原则。

可以想象有这样的互动结果：

（1）假如两边工人都自愿把生存机会留给对方，那么，司机只能选择拯救五人，因为除了多数原则，别无理由；

（2）假如两边工人都要求救自己，那么司机也只能选择救五人，理由同上；

（3）一人要求救自己，五人自愿牺牲，那么，五人的高尚加上多数原则足以使司机义无反顾地选择救五人，因为，至少大多数人都默认一条道德元规则：道德选择不能用来损害更为高尚的人，否则违背道德的意义；

（4）五人要求被救，而1人愿意牺牲自己。这是唯一可能令人纠结的情况，我愿意相信司机到最后关头还是会选择拯救五人。多数原则是一个理由，但还不是充分理由，使天平倾斜的最后理由应该是另一条多数人默认的道德元规则：没有理由牺牲较多无辜的人以保护高尚的人。显然，假如可以牺牲较多无辜的人去保护高尚的人，这种选择本身反而变成不道德的，也违反了道德的本意，甚至违背高尚牺牲者的道德意愿。

根据以上分析，以牺牲一人而拯救五人，这对有轨电车司机而言是唯一相对合理的选择，也是唯一有可能获得这个事件所有相关人一致同意的选择。但必须强调，这个不得已的选择的主要根据并非功利主义的最大福利算法，而是根据道德的"最少伤害"原则。因此，这个结果不能用来证明功利主义的正当性，只能反过来说，在这个特定情境里，功利主义的最大福利选择"碰巧"与最少伤害原则相吻合。

四、道德语法

伦理困局貌似难以决断，往往是因为我们只关注伦理规范之间的冲突状况，而没有进一步注意到在伦理规范背后还存在着道德语法，也就是前面所说的道德元规则。也就是说，在伦理的"规范性"规则（normative rules）下面还有着作为深层结构的"语法性"规则（grammatical rules），那些语法性的规则就是解释如何恰当使用伦理规范的元规则。比如说，不许说谎、不许偷窃、不许杀人，等等，是伦理规范，可是这些规范本身无法说明在什么条件下可以运用或者不可运用，而如何运用伦理规范显然是有条件的。比如说，可以对杀人犯说谎以拯救无辜者的生命，可以偷窃杀人犯的枪使其无法杀人，可以打死杀人犯而阻止他的屠杀行为。如果在这些情景下仍然坚持无条件地使用伦理规范，就反而是反道德的。

显然，伦理规范本身无法自证，而必须由道德语法去灵活解释。

伦理规范与道德语法的关系类似于法律的具体内容（条文）与法律元规则的关系，法律内容因时而变，而法律无论如何不可违背作为元规则的正义原则。德沃金曾经深入讨论了构成法律本体的元规则问题，并且举出了一条堪称典范的元规则：任何人都不得从其错误行为中获得利益。法律只涉及与犯罪有关的问题，而道德的涉及面是人类的整个共同生活画面，因此，道德语法必定包含着与人类复杂多样的生活同样复杂多样的元规则。也许难以罗列出构成完整道德语法的众多元规则（这需要大量的研究），但有一些元规则几乎众所周知，例如孔子的两个纲领原则（"己所不欲，勿施于人"；"己欲立而立人，己欲达而达人"）、圣经的金规则、康德的绝对命令，等等。这些元规则并非绝无漏洞，但不属于这里要讨论的问题（笔者在别处讨论过这些元规则的某些漏洞，在此不论）。需要明确的是：伦理规范不是普遍有效的，它是否有效取决于情境，而一条规范具体适用于什么情况，是由道德语法去确定的。这意味着，道德语法必须是普遍有效的。在道德语法中，也许最重要的是它的"构成性"规则，这种构成性规则可以判别任何一条道德元规则是否普遍有效。我曾经论证过一条构成性规则：普遍模仿测试。简单地说，如果一种行为被人们普遍模仿而获得正面回报，那么意味着这是普遍有效的道德行为；如果一种行为被人们普遍模仿而获得负面报复，那么意味着这是反道德行为。

当引入道德语法去分析伦理学问题，就可以看出，那些发生在伦理规范层面上的两难其实是可解的（但假如某个伦理两难发生在道德语法层面上，则很可能无法化解，这个问题有待研究）。发生在伦理规范层面的两难之所以貌似无解，只是因为刻板地把每一条伦理规范都理解为无条件和普遍的，因而拒绝了灵活运用，结果是自入其瓮。墨守规范本身就是一个道德语法谬误（fallacy），它把仅仅属于元规则的普遍性错位地赋予每一条规范，而每条规范却不可能无条件地与其他规范形成相容关系，势必导致无数两难而使生活寸步难行。深层的道德语法并非新问题，无论苏格拉底还是孔子都早已发现隐藏在规范背后的道德语法问题。

就有轨电车困境而言，如果把救人和不许杀人这两条规范看成是无条件的，当然就是无解的。但这种拒绝灵活性的理解反而会导致人类生活的整体性灾难，将导致无数两难困惑，进而导致精神和生活秩序的崩溃。假如真的把任何伦理规范看成是绝对的和无条件的，那么，几乎所有的政治生活、经济制度、情感关系、美学观点都将变得不可接受。哪怕是正义的战争也会被规范主义者看成是罪行。也许战争的问题过于复杂和严重，那么还可以考虑日常例子。比如说，把"说真话"的规范理解为绝对的和无条件的，那么，真话就变成恐怖行为，你将经常听到别人对你说你的智商多么低或者你长得可有多丑，而如果此种行为得到普遍模仿，每个人的生活都将变成灾难。还比如说，如果伦理规范被无条件地滥用，即使被现代人视为政治正当的民主也会被视为伦理不正当，因为民主所决定的许多利益分配方案都是"损人利己"而不是普惠的。

五、为什么有轨电车困境毫无动人之处？

有轨电车困境剥夺了人的具体性，因而无法构成一个反思命运的悲剧，而只是悲惨故事而已，它没有增进我们对命运的理解，对生活和精神毫无教益。为什么赵氏孤儿故事或者泰坦尼克故事永远让人感叹？也许我们无法证明这些故事中的道德选择是最合理的，但它们给出了一种悲剧性的教益，包含着值得思考的命运问题和生活意义。伦理学并不是要成为面目可憎、政治正确的虚伪教条，伦理学真正追问的并不是"应该的"答案，而是去追问什么问题是对生活有意义的问题。一个行为不仅仅是在遵循一种伦理原则，而是在选择一种完整的生活，这才是问题的关键所在。

决定一个人的行为选择的价值理由未必是伦理的，生活还需要其他价值，因为生活不仅仅是个伦理事实，同时也是美学、政治、经济、宗教、情感的事实，也就同时还有美学、政治、经济、宗教和情感标准。以泰坦尼克事件为例，男人们把生存的机会让给妇女儿童，很可能考虑到做人的美学形象，可能考虑到妇女是母亲，儿童有更多的未来，可能考虑到男性的道德责任，等等，所以它不是一个单纯的悲惨故事，而是一个具有精神性的悲剧。

孔子是知道道德谜底的。孔子深知，道德是基于普遍人情的普遍秩序。就是说，道德以人情为本，而把可以普遍化的人情化成普遍秩序（《礼记·礼运》："圣人以人情为田而耕之"）。孔子坚持"父为子隐，子为父隐"（《论语·子路》）的典故向有争议，但此类争议恐因误读。孔子并非支持以私废公，而是指出普遍人情是最大的公义。表面上看，普遍人情和法律都是公义，因此，两者的冲突似乎形成两难。孔子显然不认为这是两难，他的解决说明了道德语法的深意：

父子之情是普遍人情，若父子互相背叛，不仅破坏了具体关系的可信性，也同时破坏了普遍人情的可信性。如以父子互相背叛为公例而人皆模仿之，整个社会将失去信任。信任是社会的第一基石，信任的崩溃意味着生活秩序和生活意义的崩溃。假如以法律之名激励亲人反目为仇，就是以一种公义去反对另一种公义，道德就变成了反道德。而如果父子相隐，这种行为却不至于颠覆法律的权威性和可信性，而只是说明父子之间的证词不可信。就是说，父子互相背叛可能颠覆道德，而父子相隐不可能颠覆法律；父子互相背叛是元规则层面的根本错误，而父子相隐只是规范层面的具体情境问题。两害相权取其轻，这就是孔子的选择。由父子相隐的主张并不能推出孔子支持违背法律。孔子没有直接说出的完整意思应该是：父子互相揭发罪行是不正当的（估计孔子会把不可背叛的关系从至亲推到朋友），而父或子自觉其错误而自首则是正当的，外人揭发其罪行也是正当的，并且，罪行被侦破就必须接受法律的处罚。

假如让孔子来解决有轨电车两难困境，我猜想，孔子会认为：既然困境中人皆为没有情感关系的陌生人，那么，拯救五人明显胜过拯救一人。孔子或可能补充说，有轨电车困境根本不是一个伦理两难，而是伪装成伦理两难的技术灾难，因此，这个问题缺乏伦理学意义。

选自《哲学研究》2015年第5期

理想到生存：法的正义性演变

/ 林国华

所有人都幸福地生活在世俗化、中立化、和平的、去魅的、去激情的秩序中，只有"利维坦"独自处在原始神秘的战争状态。要想理解"利维坦"的独特本性和处境，采用诸如"中立化""世俗化""去魅"这种流行语言是远远不够的，甚至具有高度的误导性。"利维坦"仍然是一个高度神圣的、高度宗教性的存在物。

"主权者"的出现，无疑是近代政法理论史上的最大事件，对这个"怪物"的解释构成近代政治—法律—哲学史的主要章节，但始终没有定论。有一种意见在很大程度上主导着西方学界，并影响到中国，即认为主权者是对圣战思维的排斥，它把战争的理由认定及其发动权与解释权从冲突教派手中没收，并完全垄断在自己的手上。霍布斯对"自然状态"的深刻理解似乎可作为这种解释的强大佐证：宗教战争无异于自然状态，能终结自然状态的唯有利维坦。这就产生了近代国家体系，它取代了教会—帝国的中古体制，不仅使战争丧失了神圣性，也削弱了战争的正义性，不管其正义性是多么模棱两可。在主权者庇护下的战争目的不再具有高度的神圣道德化考量，而仅仅是和平、秩序和人身的保全，对战争理由的辨析与认定也失去了超越的维度。

近代国家强化对正义战争的诉求

对上述意见，笔者不太认同。近代主权国家与宗教战争之间的关系并非针锋相对，反而可能是继承与递进——主权国家是在宗教战争形成的历史格局基础上出现的，不存在根本颠覆关系，相反，二者联手颠覆了"上帝国"。信仰私人化、小教派化，其政治逻辑的必然结局正是国家主权化，二者其实是一回事，只不过后者把战争权收归国有，把宗教良知权留在私人手里，战争与信仰从此分离，宗教战争才得以暂停。不过，主权国家并没有一劳永逸地终结宗教战争，它只是把分崩离析的"战争状态"转化成四分五裂的"政治状态"。从教派之间的血腥纷争到主权国家之间的冷战敌对，很难看到本质差异。主权国家取代宗教战争，引发的变化并不是正义被生存取代，而是正义的基础发生了变化——从此前的宗教道德降格到纯粹的生存自保。

正义的基础从宗教理想演变到生存自保，是古代自然法向近代自然权利演变的一个方面。自我保存也是一种道德，霍布斯那一代人苦心营建的东西，可能不太崇高，但对底线保持敬畏和守护。正义战争的基础从圣战理想降落到自我保存，不仅不会导致正义战争的消泯，而且能强化正义战争的生命力，因为这个新基础切实可触，因而更加稳靠了。古代政治文献也有类似于"自我保存"的论说，但只有在现代主权国家这里，它才获得至高地位。霍布斯设想的"利维坦"原来是圣经中上帝的造物，到霍布斯的主权国家这里，它变成了人的造物，或者说人造的神，霍布斯赋予它的神圣性远远高于它在圣经中得到的神圣性。近代主权国家是一种高度神圣的政治体制：它承担了所有公民个体以及所有大小教派的全部神圣诉求，在它治下的所有人都被"去神圣化"，唯有它自己不得不保留神圣的存在状态。用霍布斯的语言就是，所有人都被解除武装，走出自然状态，进入政治状态，唯有利维坦仍然全副武装，独自留在危险的自然状态中，随时向入侵它所在的领域（自然状态）的敌人宣战。

利维坦取代教会—帝国

在这里，我们遇到了"利维坦"最迷人的一面：国家理由对正义战争（尤其是圣战）的"消解"。笔者认为其中的关键问题不是正义战争被消解了，而是正义战争的主持者发生了重大位移，人们习惯了大一统的教会—帝国做战争的主持者，但是它瓦解了，被主权国家（利维坦）取代了。正如霍布斯清楚论述的，国家存续的时候，个人的自然权利被收归国有，国家一旦崩解，则自然权利又自动回到个人手中，政治状态解体，自然状态重归，公民再度变成凶狠而悲惨的狼。这个逻辑同样可以解释正义战争的不可消亡的特性：中古教会—帝国大一统体制的消失并没有促成正义战争诉求本身的消失，它现在由"利维坦"们承担起来了。"利维坦"的处境因此是极度危险的——所有人都幸福地生活在世俗化、中立化、和平的、去魅的、去激情的秩序中，只有"利维坦"独自处在原始神秘的战争状态。要想理解"利维坦"的独特本性和处境，采用诸如"中立化""世俗化""去魅"这种流行语言是远远不够的，甚至具有高度的误导性。"利维坦"仍然是一个高度神圣的、高度宗教性的存在物，它酷似共和罗马时期的独裁官，专断地把战争状态中的全部罪恶与痛苦承担起来了——"利维坦"可谓古代"十字架事件"的近代变体。这就不难理解，为什么利维坦颁布的第一条"神圣实在法"（自然法）就是和平或者说自我保存。

重新识别近代国家的中古遗产

主权国家用一种特殊的状态延续了宗教战争的分裂状态，这种状态类似人们熟悉的冷战状态，更接近霍布斯描述的"自然状态"（即战争状态）。"利维坦"之间的冷战遏制，隐约有"上帝国"与"敌基督"之间对峙的影子，双方对彼此来说都是绝对的异己、他者，甚至死敌，用来界定彼此间关系的普遍敌意类似中古基督教政治道德主导下弥漫在世界历史中的普遍敌意。继"主权国家"之后兴起的"民族国家"格局之下，这种敌对态势及其神圣化被进一步激化。所以，主权国家与宗教战争的关系是同一条道路上的修补和强化关系。宗教的小教派化、国家的主权化以及19世纪国家的民族化，都是政治体建构模式的"多神教化""封建化""避难所化"，这类离心模式无疑背叛、挑战并解构了中古教会—帝国的大一统体制，但是，这并非单一的或此或彼的过程，因为中古传统中的某些重要元素、精神原则和道德气氛不仅没有被抛弃，而且实质性地参与了这一近代进程。

选自《中国社会科学报》2015年8月19日

新春秋时代的秩序与"识时务者"的世界

/ 刘仲敬

巴黎和会是顾维钧外交生涯的高峰,塑造了他以后的外交风格。他越过国际惯例和外交官俱乐部的默契,诉诸舆论和群众情绪。事实上,他将总体战的原则引入了外交领域,将绅士的交涉变成了群众的斗争,对此后国际体系的崩溃负有极大责任。

从拿破仑战争到第一次世界大战,大英帝国统治的世界秩序处于最佳竞技状态。威斯敏斯特不喜欢正规帝国及其统治成本,更愿意建立以私有财产和自由贸易为基础的世界体系。皇家海军只需要对极少数秩序破坏者实施重点打击,就能廉价地保障文明和进步。新春秋时代的霸政体现封建遗风,霸主不是唯一和独断的。欧洲维持势力均衡,英国独霸海外。在此期间,挑战者不断涌现。第一次世界大战将军国主义和总体战的恐怖撒向全世界,结束了欧洲的春秋时代。当欧洲导师似乎自身难保的时候,很难指望亚洲学徒持之以恒。中国和日本这两个半心半意的追随者相继抛弃了立宪政体和国际协调的原则,迎接东亚的战国时代。随着民国法统和条约体系的瓦解,旧日的风云人物必须做出选择。有些名士以节操自诩,像章太炎一样自居"中华民国遗民"。识时务者则迅速摇身一变,协助新时代的弄潮儿破坏旧秩序。顾维钧属于后一种人,他的《外交演讲集》就是识时务的证明。

顾维钧是哥伦比亚大学的法学博士，属于那种原本能够融入西方的极少数精英，在中国的地位相当于波罗的海贵族在俄罗斯。如果他的祖国是爱沙尼亚式的边缘小邦，他的努力早已将祖国纳入西方民主大家庭了。在这种情况下，后来的宪法制定者和外交家除了萧规曹随以外，基本上无事可做。然而作为内陆大国的外交家，他的工作注定不会有结果。这不是个人才能的问题，而是形势比人强。他自己并不为此感到遗憾，因为他没有执着地追求目标和坚定的原则性。世界变了，他也会随波逐流。沧浪之水清兮，可以濯吾缨。沧浪之水浊兮，可以濯吾足。

1912年，他从哥伦比亚大学毕业。这时，奠定民国宪制的南北和谈刚刚以妥协收场。老外交家唐绍仪组织举国一致内阁，邀请顾维钧回国。顾维钧下车伊始，就出任袁世凯的英文秘书。如果民初的公府秘书长是小内阁总理，大总统英文秘书就是小外交总长了。袁世凯信任内廷，通常是超过信任阁臣的。顾维钧本来很可能感于知遇之恩，变成袁世凯的私党，然而私人关系改变了这一切。他娶了唐绍仪的女儿，就变成了唐绍仪的党羽，而唐绍仪和袁世凯很快就闹翻了。唐绍仪和袁世凯的冲突与其说是利益问题，不如说是预期错位的心理问题。袁世凯觉得唐绍仪是北洋自己人，应该不分彼此。唐绍仪觉得自己是唯一能够协调全国的人，请示大总统只是形式。双方都觉得对方不仅跋扈，而且不可理喻。多年好友一旦反目，仇恨比原来的敌人更深。在以后的南北和谈中，北洋系宁愿接受伍廷芳主持举国一致内阁，也不愿意唐绍仪复职，因为伍廷芳一直是南方的人，无所谓背叛不背叛，唐绍仪却是自己人，吃里扒外实在难以忍受。顾维钧为人审慎，在回忆录中没有明言自己当时的立场；他的岳父和国民党正在密谋反对袁世凯，而他自己至少在表面上仍然忠于袁大总统。

民国取代大清，主要意义就是抹去庚子之乱和《辛丑条约》造成的恶果，逐步恢复它在文明国家俱乐部内的正常地位。顾维钧和北京的外交官团体都很清楚，日本已经先走了几步，占据了有利地位。甲午战争到日俄战争构成远东体系的第一个窗口期，确定了２０世纪初叶的东亚格局。基本格局具备亚稳态的性质，在下一次大动乱的窗口期来临前，无法通过强度一般的冲击打破。远东体系取代了李鸿章时代的内亚体系，扮演世界体系在东亚的分支。日本在远东体系内扮演大清的核心角色，将大清降低到类似蒙藏在内亚体系中的地位。庚子战争是一次演习，日本向欧洲列强证明自己的文明资格。英日同盟是优等生的奖品，大英帝国认证了日本的东亚盟主资格。日俄战争是一张委任状，因为东亚盟主在当时的使命就是堵死俄国南下的道路。只要大英帝国继续主宰世界，日本就会继续担任英国在远东的代理人，条约体系就会安如磐石。在这种情况下，中国没有行险侥幸的机会。它只能指望日本采取过火行动，激怒大多数列强。在《二十一条》的交涉中，这样的机会似乎出现了。

北京政府内外充满了密谋团体和投机分子，谁都不知道当时的阴谋小道上到底发生了什么。后人只知道顾维钧卷入了泄漏《二十一条》的活动，然而此事并不足以表明他在当时政治斗争中的角色。各方都有可能泄漏谈判内容。唐绍仪和国民党可能希望密约泄漏，促使日本和袁世凯决裂，支持他们讨袁。袁世凯也可能希望密约泄漏，促使列强反对日本。老谋深算的英使朱尔典深知中国人阳奉阴违的手腕和美国人理想主义的冲动，并非不可能不着痕迹地鼓励中国人泄密，刺激美国人跳出来维护中国主权和领土完整。这其实是中国人和英国人都想做，却都不愿意公开得罪日本人而不能做的事情，在顾维钧泄密后不久果然就发生了。接下来的事情即使在弥漫魔幻色彩的东亚，也属于荒腔走板的范围。中国宣布接受《二十一条》的前四部分，美国急忙发表声明：如果中日签署有损于中国合法权益的条款，美国政府一概不予承认。顾维钧不久就奉命出使美国。显然，北京的实力人物认为：他做的事情无论有没有让其他方面满意，至少已经足以让美国人高兴。

巴黎和会是顾维钧外交生涯的高峰，塑造了他以后的外交风格。这种风格与其说体现了他个人的性格，不如说体现了他所代表的国家。他越过国际惯例和外交官俱乐部的默契，诉诸舆论和群众情绪。事实上，他将总体战的原则引入外交领域，将绅士的交涉变成了群众的斗争，对此后国际体系的崩溃负有极大责任。根据契约和产权至上的19世纪外交原则，他的要求纯属无理取闹。中国没有能力对德国太平洋舰队构成任何威胁，后者只要高兴就能夷平大沽口。英日联军歼灭了德国舰队，否则后者可能会切断智利硝石的海运线。日军攻陷了青岛，英国人的支持是象征性的。协约国在1915年承诺，战后将青岛和德属太平洋各岛划归日本。中国最后参战时，并没有取得协约国的任何承诺，而且也没有任何值得一打的战争了。日本提供贷款，为中国训练参战军。结果中国既没有出兵，也没有还钱。

如果协约国是一家私人企业，中日两国是企业的员工，太平洋战争是绩效指标，青岛是年终奖，那么董事会的裁决是没有任何悬念的。19世纪的外交俱乐部差不多就是奉行这种原则，日本就是从这家学校毕业的。《马关条约》和《辛丑条约》是日本的毕业证书，第一次世界大战是加入董事会的最后考验。在日本看来，威尔逊总统的世界大同和集体安全理论等于要求公司改组为施粥站，将按劳分配改为按需分配。欧洲列强其实也是这么以为的，但他们没有列宁那种公然赖债的勇气，不敢得罪美国债权人，至少在口头上不敢反对。

对于顾维钧来说，这就足够了。他抓住国民外交和民族自决的新学说，将外交家变成了宣传干事，绕过他的西方和日本同侪，诉诸全世界国民和媒体。他的鼓动虽然成事不足，至少败事有余。他没能迫使日本交出青岛，但至少已经将山东问题从铁案弄成了悬案。这其实就是中国的胜利和日本的失败，因为中国在1915年是连要求的资格都没有的，而日本根本没有谈判的必要。我们不要忘记：在第一次世界大战以前，条约根本不存在监督问题。外交官要么不做承诺，否则就必须维持信用。19世纪国家的契约精神如果跟一战后的中华民国相同，债权人的舰队就会打进门。埃及和摩洛哥之所以丧失主权，就是因为他们的君主喜欢借债不还。然而因为最大债权人美国反对，这种做法突然行不通了。几百年来，债务人的地位第一次比债权人有利。

威尔逊主义产生了一项长期后果，大概是威尔逊和顾维钧都始料不及的。在二战以后的国际交涉中，监督问题比谈判内容更难解决。原因其实很简单，抵赖比守信更有利。顾维钧的成功给中日两国发出了错误信息，埋下了卢沟桥、珍珠港和板门店的伏笔。日本人读到的信息是：西方背叛了游戏规则。无论日本如何努力，如何遵守规则，他们都不会允许日本加入董事会。日本如果想要争取平等地位，只能武力推翻整个游戏规则。中国人读到的信息是：公理战胜的时代开始了。如果这些设想都没有实现，那就说明威尔逊主义和殖民主义一样虚伪。中国如果想要争取平等地位，只能武力推翻整个游戏规则。这些解释将日本驱向二战，将中国驱向二战和冷战。

蒋介石在北伐以后的主要成绩，就是将上述认知付诸实施。顾维钧在北伐以后的主要成绩，就是为蒋介石收拾残局。革命外交的初衷就是不付代价地废除条约体系，证明北洋政府的审慎是卖国和愚蠢的，证明北伐的合理性，结果却付出了更加惨重的代价。章炳麟以中华民国遗民自居，拒绝承认黎元洪大总统以后的历届政府，称孙文为魏忠贤，视北伐的成功为民国的灭亡，幸灾乐祸地表示国民党一定不会有好下场。因为建设和改革都需要时间，而国民党已经没有时间了。如果退守内地，恐怕再也没有机会回来。汪精卫承认他的正确性，表示中国自强至少需要三十年时间，然而，他在这里陷入了国民党人不可避免的自相矛盾。如果三十年的和平必不可少，那么打倒帝国主义的革命外交就是错误的，北洋政府的审慎根本不是卖国。北伐本身就是导致远东势力均衡体系瓦解的根源，取消了西方列强在亚洲大陆的条约权利，也就消除了列强干涉远东事务的动机，将东亚留给苏联和日本逐鹿。国民政府破坏了条约体系，也就丧失了条约体系的保护。北洋政府之所以没有遭到侵略，主要不是因为自己强大，而是因为列强的干涉和条约体系的保护。国民党撕毁条约所得的利益，就像违背法院和警察意志而吞没的赃物，随时可以被其他违法者黑吃黑，因为后者知道警察不会保护他。

顾维钧在国联和西方的游说活动大体上重演了巴黎和会的故事，产生了很大的舆论宣传效果，在国内造成了零成本收回利权的幻想，结果最后完全落空。他的演讲和文件清楚地表明，他在这段时间的工作重点根本不是对外。他积极迎合北伐以后的国族构建主张，打击所有恢复民初五族宪法主体的企图，实际上排除了以和平方式恢复条约体系的一切可能性。以他的才具，不可能不知道自己在做什么。最合理的解释就是：他认为国民党对北洋遗老不大信任，有必要表现尽可能坚定的立场。至于外交，无论怎样都会失败的。中日双方都不愿恢复条约体系，都想牺牲对方而获得条约体系没有给予的利益。列强不想为秩序破坏者火中取栗，苏联则迫切希望促成中日开战。在这种情况下，任何外交手腕都没有成功希望。只要失败的责任不会落到自己头上，他就满意了。随着抗战的爆发和中苏实质联盟的形成，他的外交活动基本上丧失了意义。他完全清楚这样一来，苏联就占据了有利地位，着手跟共产党代表邓发秘密接触，但没有达成任何实质性协议。他审慎地删除了密谈的记录，却忘记了留在哥伦比亚大学的档案。他明显像胡适、汪精卫、章太炎、宋庆龄、储安平、罗隆基一样，看清了抗战会给蒋介石带来怎样的下场；同时也看清了胡适和汪精卫明白、储安平和罗隆基却不明白的事情，接近胜利者比接近失败者更危险。

汪精卫觉得和谈可以成功，然而蒋介石并不像汪精卫想象的那样蠢，他知道这样的和平意味着东北的永久丧失。东北亚的经济发展中心在东北，华北只是外围原材料和劳动力基地。时间对蒋介石不利，随着东北的迅速发展，东北的向心力没有增加，华北的离心力反而增加。他只能在东北产生特殊共同体意识以前，抓住最后的机会窗口孤注一掷。他不能指望胜利，只能指望两败俱伤。两败俱伤就是苏联外交的胜利，渔翁得利的第三者继承亚洲大陆。每个人都看清了形势，得到了自己应该得到的，失去了自己不该奢望的。汪精卫这样的性格，自然不愿意活到亲眼看到结局来临的时刻。然而顾维钧不是汪精卫，并不在意国民党本身的存亡。他最终决定留在蒋介石一方，只是因为其他的选择对他个人都更危险。

冷战开始后，顾维钧继续为蒋介石政府从事对美交涉。然而，他的黄金时代实际上已经结束了。技术和通讯条约的进步大大削减了外交官的自由裁量权。民主的简单化倾向和冷战的十字军精神剥夺了外交官的大部分政策影响力，日益将他们降格为办事人员。顾维钧主要依靠长期积累的资历和声望，实际负责的工作已经没有什么回旋余地，其实由一般业务人员经办也没有多大区别。他亲身经历了这种变化，早年的成功本身就是促成这种变化的力量之一；但他有足够的明智和审慎，知道怎样区分力所能及的事情和无法抗拒的事情。他很少做出错误的选择，善于掌握必要的分寸，不仅限于外交方面，因而得以享受尊荣体面的晚年。他留下的回忆录犹如他本人：绝少说错什么，却从没有说出他知道的全部真相。

选自《上海书评》2015年1月25日

《潘雨廷先生谈话录》成书经过

/ 张文江

我是华东师范大学的校友，就是一般人传说中的77、78级。77、78级入学在同一年，77级在春天，78级在夏天。当时的学生热爱读书，又遇到思想解放运动，这方面的记载很多，对我来说还都是小事。

我在华东师大读书七年，所遇到的最幸运之事，首先是本科将近毕业的时候，遇到了中文系的施蛰存先生，后来就成为他的研究生。其次是研究生将近毕业的时候，遇到了古籍所的潘雨廷先生，后来就跟随他读《易》。尤其是遇到后者，对我的生命产生了转折性的影响。事后想来，我所遇到的这两位老师，差不多是华东师大人文学科中最好的，遇到他们是我一生的幸运，但当时却朦胧未知。

在当时学生中，我勉强可以算读书比较多的人，也常常因此而骄傲。比如说，现在钱锺书好像是家喻户晓吧，然而在我们当年，据说整个中文系只有两个人知道钱锺书：一个是教俄苏文学的老师王智量，他翻译狄更斯《我们共同的朋友》，还翻译普希金《叶甫盖尼·奥涅金》。另外还有一个学生知道钱锺书，那个人应该就是我。

然而就是这样的我，到潘先生那里听课，感受居然是闻所未闻、见所未见——很多书连书名都没听到过。读书达到一定程度的人，没有读过的书当然有，但没听到过的书，那几乎是很少的。但在潘先生那儿，却有很多书当真是我闻所未闻，见所未见。

我到潘先生那里听课，在1984年11月前后。以后跟着读书，听到的东西是崭新的，每天也都是崭新的。当时记不下来，也不懂，朦朦胧胧，只有一些零碎的笔记。直到1986年年初，我有一个觉悟，潘先生讲的这些都是民族文化的瑰宝，这是中国最古老的学问，也是中国最新鲜的学问。

当时流行有一本《歌德谈话录》，我读了以后的感觉跟其他人不一样：这些内容哪里值得记？歌德当然是世界级的大文豪，但他谈的那些几乎都不重要。我不知道是记的人的问题，还是谈的人的问题，要隔开很长一段，才能看到一点关键性思想。我禁不住私下想，我听见的东西才好呢。于是我开始自觉地、有意识地把潘先生的谈话记下来，这是我自己当年的日记，也就是这本书的原型。

我刚才提到的《歌德谈话录》，不是对这本书的客观评价，而是我当时的真实想法，这个想法可能完全是错误的。

我的日记有时疏，有时密，断断续续地写，一直写到潘先生去世。日记主要记录学术性的内容，其中的主角就是潘雨廷先生。记的时候虽然很认真，但是并没有考虑出版，记下来就放在旁边，连自己也不去看。一直到好多年以后，也就是2004年，由于我自己生命中遭遇的困难，产生了一个特殊的感发，于是下决心整理这份日记。在朋友的帮助下把它打印下来，初稿前后打印了一年，然后反复修改、校订，差不多有二十多遍，才以今天的面貌呈现在大家面前，这就是大家手上拿着的《潘雨廷先生谈话录》。当年参与打字、校订的朋友，有一些今天也在座。

现在回过头来看，这本书记录的时间，前后差不多是七年，1986—1991年，《补遗》中还加上1985年。记录结束到下决心整理，前后相隔差不多十二年，一直扔着在旁边，除了少数朋友以外，也没有什么人看。下决心把它整理出来，到现在放在大家面前，前后是八年。其中有很多特殊的机缘，有很多特殊的故事，这些机缘和故事，对我个人来说刻骨铭心，但是对其他人来说也许不值一提，所以不说也罢。

《潘雨廷先生谈话录》，我为什么向大家推荐呢？这本书特殊的地方，是潘先生本人写不出来，我自己也写不出来，这是在特殊机缘下，天造地设形成的。这本书近乎包罗万象，好像并不容易读。它可以作为一面镜子，从中可以看出读者自己——其实任何书都是这样，这本书尤其如此——无论你喜欢或者不喜欢，喜欢其中什么，不喜欢其中什么，都是你自己的写照，是你的心性状况的写照。当然不可否认，这本书依然有其缺点和不足，希望将来有讨论这方面内容的人出现。

这本书内容很多，可以有多种读法。我初步考虑一下，至少可以列出九种，甚至还可以更多：

第一种，可以看成类似于《管锥编》的资料集。这里有形形色色的内容，初看起来杂乱无章，细心捡拾，可以各取所需。

第二种，可以作为20世纪80年代的思想剪影。此书的内容是实录，涉及比较精深的学术内容，可以据此研究80年代的思想状况。

第三种，可以看成多少带有日记体性质的小说，连续起来读，有着隐隐约约的故事线索。我在其中有控制地运用了一些写作技术，尤其是节奏、音韵、气息，不经意中或许会闪现出来。

第四种，可以看成语录体的现代试验，和微博体也有所相似。语录是很早很早的文体，《论语》由师生谈学而形成。中国传统的教学方法是精要处点到为止，并不主张长篇大论。今日流行一百四十字的微博，也有着极强的表现力。前一句话和后一句话可以有联系，也可以没有联系，看似断断续续，却说明了大问题。

第五种，可以看成读潘先生著作的入口。由于潘雨廷先生的学问深度，社会至今还不太认识这位大学者。他的书已经出版了十二种以上，但是很少有人能全部读完。理解潘先生的学术，此书可以作为入口之一。

读潘先生的著作，在我看来，可以有五个入口：

第一个入口，《周易表解》。这是从《周易》经文入手，理解八卦、六十四卦、元亨利贞之类卦爻辞，这是传统易学的角度。

第二个入口，《易学史发微》。这是不受传统经学束缚的，潘先生所发展的新型易学。此书是潘先生晚年思想的精华，可以从现代学术的角度来读，内容比较艰深。

第三个入口，从基本概念、基本术语、基本史实入手，可以读《易学史入门》。这本书由我搜拾残稿编集而成，复旦大学出版社即将出版。

第四个入口，潘先生学术思想的总结，可以读《潘雨廷学术文集》。这本书是选集，概括了潘先生学术的主要方面，上海人民出版社2011年出版。

第五个入口，从日常生活和解说学问入手，就是现在这本《潘雨廷先生谈话录》。此书亲切可读，点缀了很多日常琐事，提供了不少关键性背景。当然这个入门还是有一定难度，对人的智力形成挑战。

潘师母读过我的八本日记，她一直希望我早些把它拿出来，当时书名还没确定。现在此书终于出版了，多少完成了她的心愿。《潘雨廷先生谈话录》和《潘雨廷学术文集》结合起来，能基本了解潘先生的形象，至少是我心目中的潘先生形象。

第六种，这本书可以看成在世界竞争格局下比较纯粹的中华学术的入口。我们身处国际关系学院，就跟世界竞争的大格局有关系。现在一般讨论的国学或者儒家之类，都还是偏向于抵抗外来文化的保守层面，谈不到世界竞争的大格局。而《周易》是自强不息的中华学术的代表，它是中华民族内在的核心价值观，应对的就是竞争的场面，而不是单单提倡仁义道德之类。在世界竞争格局下，比较纯粹的中华学术——也不是文学，也不是历史，也不是哲学——就是有这个强悍的东西。中华民族可以在智力上、学术上屹立于世界民族之林，绝不逊色于任何外来民族，可以吸收其他文化的精华，彼此取长补短，互相交流。

第七种，作为研究从古到今文化传承的文献。我们现在讲古代学术，往往都是根据课本猜的，没有真实的传承。读《潘雨廷先生谈话录》，你就知道，它和古代传下来真实可考的学术之间有千丝万缕的联系。潘先生和唐文治、熊十力、马一浮、薛学潜、杨践形等人都有深切的交往，他和很多派别、很多人物有关系。比如说，当年潘先生讲课的时候，顾毓琇也到家里来参与听，参与讲。当时的大知识分子文理兼通，理科的学者也能写中国禅宗史。潘先生完全是一个纯粹的学术人，他和很多大家有来往，和他们讨论过学问，甚至受到学问的托付。

第八种，可以作为有一定纯粹度的人休闲的励志读物，可以在睡觉前读，东翻翻，西翻翻，受到真实的启发，甚至可以安神。

第九种，也可以作为比较有大志向的人的修行参考，甚至可以作为一个攻错的标的。此书包容甚广，涉及天地人、儒释道，但是也不一定要完全相信，甚至可以用来挑挑错：第一，材料的错。尽管潘先生的程度很高，我也认真校对过二十多遍——但是涉及面实在太宽，难免没有用错的材料，事实上现在已有所发现，相信将来会更多。第二，义理的错。我刚才还跟一个朋友讨论其中的谈话方式，此时此地讲的话，不能移到彼时彼地中去。所以说攻错也要当心，非常有可能是自己的错。本书讲的不一定是教科书常识，或者是辞典定义，而是和真实人的对话，在当时起有益的作用。每一次谈话旁边都有具体的人，有一个程度并不高的人在听，这个人就是我。第三，最好是在理解这本书后，另外走出更高的向上之路，那么这本书的责任就尽到了——这不是轻易可以讲的，但是希望有这样的人出现。

这本书当然还可以有其他读法，以上的提示仅仅是初步，并且自身也可能存在错误。如果感到完全看不下去，那就是这本书不适合你，你应该另外寻找适合自己的读物。如果看得下去，又不完全看得懂，那就可以尝试跳着看。

潘先生活着的时候，没有出过任何一本书。他生前在华东师大不太知名，身后也不太知名，这几年才多多少少有些学术界认真读书的人知道他。在2000年前后，我遇到华东师大一些有名的人，问他们是否知道潘先生，回答只是说好像有过一个这样的教师。我自己在华东师大读书七年，也不知道潘先生，他当时默默无闻，甚至是甘于默默无闻。我们1984年跟随潘先生念书的时候，他的职称还是副教授，但他的学问真是最好的。

我在大学念书的时候，和朋友经常讨论一些类似于人生的问题，其实是非常无知的。当时连叔本华《作为意志和表象的世界》的出版，我们也会欣喜若狂地去买。我有个朋友叫宋捷，在这本书里经常出现，他现在的职业是律师。我们随时会交流一些书，喜欢讨论自己不懂的，像政治、人生、社会这些大问题，尽管实际上层次很低，但是年少轻狂，心无遮拦，自己觉得很了不起。我们很纯粹，讨论问题很认真。我们自以为想出的最精彩观点，遇到另外一个朋友，他说这个不稀奇，如此这般，轻而易举地就破解了。我们很惊讶，我们费尽心血、读了好多书想出的观点，对这个朋友来说都不值一提，就像现在的网上掐架，我们拼命读书还不如他。

直到改革开放中的那一年，他要去深圳闯天下——他是个非常好的画家，画的动画片都得过奖。在离开的时候，我和宋捷去送行，大家在一起谈话，我把自己最好的书——徐梵澄译的《五十奥义书》——都送给了他。当晚在分手的时候，我记得大概在晚上十一点左右，他说别烦了，我给你们介绍吧，我讲的东西不是我自己想出来的，而是从老师那里听来的。那个人叫潘雨廷，原来就在学校里边，过去从来也没有注意到。听了他的介绍，我和宋捷就到潘先生那里去，看到那里已经有一群人听，其中大部分人后来出国了，一些人在社会上很有名。然后就是相见恨晚，每天都是新的，连笔记上都打着感叹号。

把笔记保存下来的想法很晚才产生，其实也不算太晚，在一年多以后。早在此之前，我已经开始协助潘先生做事情，我觉得这种一般人不懂的绝学，对我们民族非常重要。潘先生把当时所有看得到的学问，不仅仅是某一家某一派，都贯通了——过了二十年，我重新整理这本书，也没有觉得它落后多少。从传统文化讲，有一种类似于感应的事情，你内心真正想的东西，假以时日终究会实现，至少对我而言是这样。我们当时是完完全全不懂的，冥冥之中就是有类似于这样的巧合。我们是纯粹的，没有其他的杂念，然而这件事，我相信它改变了我的生命。

我整理潘先生的稿子，做了二十年。潘先生的书到现在出了差不多十二本，但是学术界没有几个人读下来。这并不要紧，我把它保存下来，让想看的人看得到，自己的责任就尽到了。

这八本日记原来就是学术性的，整理时有节制地删去了一些私人的事情。中国的学术和日常生活并不脱离，我有意保留了一点其他内容。比如写到上海音乐学院大火，如果该院的院史有记载的话，那一天真的有大火，这就是所谓的实录。

（2012年3月14日下午在华东师范大学国际关系学院座谈会上的发言，根据速记稿整理而成）

选自《新国学研究》第13辑

第二辑

古旧文化土壤中新思想的萌动
——荷马史诗与希腊文明的观念基础

/ 陈中梅

　　西方文学以气势磅礴然而含蓄度却明显不足的史诗开源。一种文化是以史诗还是相对优雅的抒情诗揭开自己童年时代历史的扉页，对于相关民族日后的人文走向关系重大。在古希腊，诗通常合乐而唱，题材厚重、篇幅宏大的史诗自然也不例外。史诗面向听众，是唱出来的"话"（epos），荷马称之为"歌"（aoidē）。作为诗人或歌手（aoidos），荷马接受缪斯的感召，描述勇士亦即战场上人与人之间的搏杀。英雄们前赴后继，殊死拼搏，浴血疆场。然而，诗不同于现实。在某些上下文里，即便是凶残程度很高的战况描述，也能使当时的听众和今天的读者感触至深，产生美感。很明显，诗人没有忘记他的作品是当众吟唱的歌（aoidē），所以不仅应该具备内在的涉美因素，而且还必须体现史诗受制于文本性质的审美诉求。然而，对于荷马，如果说英雄们的豪情可歌可泣，战争却既不能囊括决定人类生存质量的全部价值要素，也不可能得体展现生活的全部内涵。"悲苦的"战争绝非人的第一选择，它经常显得过于残酷，有时甚至令人讨厌。荷马是一位史诗诗人，同时也是一位古代的人文主义者。即便在描写大规模阵战的《伊利亚特》里，我们也能读到经典的温情场面，感受到从英雄心灵深处流溢出来的对亲人和家庭的炽烈情感。赫克托耳绝非一介只会冲冲杀杀的武夫。他对幼小儿子的喜爱令人感动，整个场面闪烁着人性美的光辉，既逼真体现了生活的多姿多彩，又以某种间接的方式，恰如其分地宣示了诗的瑰美。父亲疼爱儿子，此乃人之常情。无论国别，也无论种族、职业和贫富，普天下的父亲对待儿女都有为父之人的慈爱情感。所以，诗人在《伊利亚特》里展示的既是英雄赫克托耳的舐犊之情，也是一位父亲对儿子基于血缘和本能的由衷喜爱。对普遍性的高度重视，经常是产生公允意识的认知前提。我们注意到，在这里，诗人是通过对赫克托耳行为的描述来体现他的人文情操的。荷马是一位希腊诗人，却能无所顾忌地颂扬一位杀戮过众多希腊将士的特洛伊王子的慈父情感，以他的方式由衷地赞美敌人。细读原文，我们从中感悟到的不仅有诗人古朴而博大的普世情怀，而且还有他的很能体现希腊人文精神之精髓的公允意识。具备体悟共性的认知自觉，使得他在表现赫克托耳的情感时采取了不带偏见的持中立场，像欣赏一位阿开亚（即希腊）英雄一样，赞颂一位特洛伊将领的言行。对普遍性的重视和对人类本性的理解，在此达成了高度的统一，构成了荷马人文观深厚而隽永的认知底蕴。

　　史诗英雄亦有普通人的七情六欲，其言行受经济利益的驱动，也受史诗社会里通行的价值观念的深度制约。观念的产生和改变与社会生产力的发展程度相联系，也与人的心理状态、认知自觉以及对"理论"的感悟能力的成熟程度相关联。公元前9世纪，铁器的使用在希腊本土得到逐步推广；有证据表明，铁器时代的到来在小亚细亚还要更早一些。荷马史诗里多次提到铁和铁制器具，相信诗人应该知道，铁制农具的使用会大幅度促进生产力的发展。公元前8世纪，伊奥尼亚地区物产丰富、商贸发达，来自埃及、美索不达米亚和其他地方的信息连同商品一起在该地聚散。此外，希腊城镇的自治程度很高，公元前625年以前，地域政治的大环境亦没有对其形成太强的外来压迫。所有这一切都为有才华的诗人编制长篇史诗创造了有利条件，使他们有可能借助"长了翅膀的话语"（epea pteroenta）讴歌古时英雄们的业绩，尽情展示希腊民族的人文情怀。希腊人的成功当然也得益于其优良的民众素质，他们的求知欲之旺盛在其他古老民族中罕见。不应忽略的还有早期希腊思想的"移民"特征。移居客地的人们不仅比希腊本土的同胞们较少遭受伴随迈锡尼王朝的覆灭而来的"黑暗时期"（the Dark Ages）的负面影响，而且也比后者较少受到传统与陈规陋习的羁绊，更容易接受新思想的浸润。荷马史诗和与之对立的希腊哲学的产生地都在伊奥尼亚,而非希腊本土,这一点乍看起来有些令人费解,其实却是一种由多种原因合力造成因而可以用因果关系来解释的人文现象。移民是可以创造奇迹的。17世纪移居美洲大陆的英国人为我们提供了又一个生动的事例,这些人没有与英国传统实行决裂,却在许多方面做得比本土的同胞们远为出色。希腊人并非出于某种刻意的安排,有计划地"借鸡生蛋"。应该说,这一切都是在"无意"中发生的,与人为的整体规划无关。哲学可以与神话和宗教形成对抗,也可以和平共处。在西方,美国是科技最发达的国家,也是国民宗教感最强烈的国家。柏拉图谈到过诗与哲学的抗争,却不一定明晰知晓荷马史诗与哲学除了相生相克,还有相辅相成的一面,有着属性上近似的精神与价值观诉求。秘索思(mythos)和逻格斯(logos)并非总是势不两立的对手。德国希腊哲学史家爱德华·策勒尔既看到了荷马史诗和希腊哲学共享的伊奥尼亚品质,又指出了荷马史诗的"先行"效应,从中看出了产生哲学的必然性。荷马史诗开启了从一个新的起点上模塑希腊文化的进程,它的稳步推进和成效显示深深切入到希腊社会之中,时而酣畅淋漓、时而潜移默化地导致了希腊民族的文化品质,亦即希腊性(the Greekness)的形成。

　　诗比哲学古老,也比政治和经济等学科样式更早进入人类的精神与社会生活。荷马站立在希腊、也是西方文学长河的源头上。考虑到他的智性品格以及百科全书般广博的知识容量(美国古典学家E.A.Havelock称其为古代的百科全书),也考虑到当时尚无作为独立学科门类的哲学和历史,荷马史诗堪称是最权威的知识载体,荷马其实也站立在广义上的西方学术的源头上。荷马开启了一种甚至比当今有些国内学者提倡的"大文学"的包容面更为广阔的文学传统,他的史诗涵盖当时的人们所知道的几乎所有知识门类,覆盖人文知识的方方面面。透过由脍炙人口的美妙故事构筑的表象,细心的读者会发现某种隐藏在情节之中并决定后世希腊乃至西方文明走向的基本质素,领略到它所倡扬的一种也许并不非常符合诗歌抒情意向的发展,但却肯定有利于他种研究性学问样式出现的方法论的精华。奥德修斯旺盛的求知热情既在希罗多德的探究(historiē)中得到了更加符合科学规范的升华,也在早期自然哲学家们的探索中得到了更为"本质"和客观性更强的抒发。奥德修斯的出现预示着希腊哲学日后的兴盛。有了他的探索实践以及强烈的求证意识，哲学即便还不是呼之欲出，也已是蓄势待发，泰勒斯和其他米利都自然哲学家们的出现只是个时间问题。需要引起我们重视的还有另一位著名的史诗人物，那就是《伊利亚特》里的第一主角阿喀琉斯。世人多以为此人只是一个性格倔强、心胸狭窄、脾气暴躁的草莽武夫，其实不然。阿喀琉斯受过史诗社会里贵族精英们所能受到的最好的教育，是一位古代的"知识分子"，谙熟修辞，擅用明喻，能弹琴唱诗。此人具备优雅的审美情趣和强烈的悲剧情怀，他对来世和心魂的认识典范地展示了史诗人物的思力，其智性锋芒甚至可以在一些方面与后世学者的深湛思考相对接。对于阿喀琉斯，我们不能满足于只知其一，不知其二，否则便可能顾此失彼，不能全面把握这位著名史诗人物的全部性格特征。

荷马是"希腊的教育者"。柏拉图也许的确有心取代他的位置，但事实表明这一点根本无法做到。荷马是全希腊（pan-Hellenic）不可替代的良师益友。希腊人无论迁徙到哪里，都会把荷马史诗以及由它所代表的传统文化带到哪里，史诗的影响力几乎覆盖所有的希腊城邦。

荷马模塑了希腊文化最初的表现样式，堪称"希腊生活和希腊性格的第一位，也是最伟大的创造者和塑造者"。荷马使希腊人认知世界与人生的方式具备了自己的品质，希腊性（the Greekness）的形成得益于他的影响力，"荷马史诗孕育了希腊"。有鉴于此，我们似乎可以断言，荷马对共性的青睐，连同他的"创作"理念，亦即上文所谈到的客观和无偏见的叙事风范，即便不是直截了当，也会潜移默化地影响后世自然哲学家们的思考。谈到发生在公元前6世纪的"伊奥尼亚革命"以及知识精英们"回答"问题的方式特征时，M.I.芬利采用了"不偏颇"（impersonal）一词。J.D.伯纳尔谈到过希腊思想家们崇尚的"客观性"（objectivity），尽管他的推论方式也许值得商榷。F.科普勒斯顿认为，诸多古老民族中，希腊人率先开始了对知识的非功利性追求（sought knowledge for its own sake），并且在求知的过程中体现出一种"科学、自由和不带偏见的（unprejudiced）精神"。我国学者亦对古希腊哲学的知识论特征以及较强的客观性有着明晰的认识，做出过公允的评述。论及"哲学作为'自由的知识'"时，叶秀山指出：

"在人类历史上,古代希腊人使得一种科学性的思想方式得到了自觉的运用和发展。"叶先生紧接着解释道:"这种思想方式,并不完全受眼前的实用功利所支配,在形式上采取了客观的态度……相对于那种狭隘的功利态度而言,它是'自由'的态度,'静观—客观'的态度。"这里所说的"古代希腊人",主要当指公元前6世纪以降的希腊哲学家。但是,荷马也是一位希腊人,具备属于那个民族的禀赋和素质。当然,得益于时代的进步,自然哲学家们一定程度上改变了"客观"的内涵,逐渐把客观描述提升到了学术的层面,这是荷马所无法企及的。荷马史诗对后世希腊思想家的影响不仅限于它的"无偏见"或叙事的"中性色彩";我们在此强调其认知取向上的客观性是出于立论的考虑,为了突出本书的叙事主旨,有必要指出的还有,对于荷马史诗与哲学,我们在看到二者在某些方面一脉相承的同时,也应注意其间的范式区别。荷马的秘索思里有预示认知范式转变的逻格斯精神的萌动,但总的说来史诗本身就是秘索思,会对科学思想的形成构成刚性的范式上的阻碍。科学的产生其实并不符合史诗的根本利益。

中国正统史记文学的发展有自己的路数,它似乎跨越了史诗时期而直接进入了散文体正史写作的阶段。当然,这么说并非旨在暗示中国人没有或无法理解诗史合一的写作理念。国人称荷马的《伊利亚特》和《奥德赛》为史诗。顾名思义,史诗含"诗"和"史"两种叙事成分,是包含史实的长诗。"史诗"一词契合作品的类型定位,体现它的内容构成和文体诉求,因此不仅看起来比与之相对应的希腊词epos和由此"派生"的英语词epic(史诗)更显贴切,也因为它的书写方式和"象形"作用而显得比后二者远为传神。希腊人创编了脍炙人口的英雄史诗,但崇尚抒情诗的中国人却给了它一个最贴切的名称,跨文化研究有时会给人带来意想不到的收获,这里指出的只是一个小小的例证。荷马史诗是"诗"与"史"的结合,因此不是严格意义上的历史。但是,既然包含"史"的成分,那么史诗中就必然会有史实的存在。有关神和英雄的传说是希腊民族最初的历史,"没有一个希腊人会怀疑这一点",尽管他们也知道传说中掺杂着一些"不可信和互相矛盾的事情"。不应忽略的是,荷马史诗不仅在形式和内容上带有历史的特点,而且还在精神实质上具备与后者形成对接的一面。诗可以兼具史的功能,对于熟悉中国古代文化的读者来说这一点不难理解。

从学理的角度看问题，荷马的无偏见叙事精神其实也是后世许多历史学家治学的指南，若能对其进行适应时代观念和需要的改造，将其从有神论的认知背景中剥离出来，这一点便完全可以转而成为修史的原则。历史是一个介于诗与哲学之间的学科，受范式的制约，加上求知欲和责任感的驱使，史家对叙事真实性的重视程度不仅应该，而且必然超过诗人。

从认知的层面来分析，我们可以把文化的智性展现归结为观念的集成。无论是一个民族，还是一种文化，若要显得深沉（但又不能矫揉造作），就必须尽可能的公道，必须在它的底层架构里给客观和公允保留一席之地。学术"中间地带"的建立事关各种形式的表述与评估的公信度，是确立良好国家形象的机制保证。必须相信，在这个问题上的不作为或敷衍了事无异于文化自残，因此是一种极不明智的短视行为。伤害一个国家公共形象的最佳手段，就是让人觉得它是没有且极度反感于建立"中间地带"的。普通民众可以狭隘一些，政治家们也可以、有时甚至还需要相对"利己"一些，但社会的知识精英们却应该更为豁达，具备更为宽阔的人文视野，不能把学者的作用简单和不容变通地理解为同向深化部分民众对事物或事态有偏颇的理解。当然，这么说并不意味着民众总是错的，而知识分子（换一个角度来看他们亦是民众）也不应该认同、赞赏并从理论上强化民众的正确见解。知识分子乃是对是非问题更为全面和更为透彻的阐述者，是阻止价值判断沦为感情用事和狭隘的社团主义情绪泛滥的最后一道防线。从这个意义上来说，荷马史诗不是"通俗"的。荷马很可能意识到自己作品的"纠偏"作用，在这一点上正确体现了一位古代知识分子的责任感。

除了上文论及的对哲学的影响（指对自然哲学的产生所起的未必被哲学家们所明晰意识到的潜移默化的推动作用），荷马史诗还"正面"推动了作为一种新型叙事样式的历史的形成。我们刚刚提到过奥德修斯的求知热情与希罗多德探索精神的相似。如果说荷马对"哲学之父"泰勒斯的影响也许不那么过于直接（但和所有的希腊青少年一样，泰勒斯儿时接受的教育不可能与荷马史诗无关），他对同样出生在小亚细亚的"历史之父"希罗多德的观念引领和学观塑造无疑要更为直接，也更加显而易见。希罗多德倡导的无偏见叙事风格，在稍晚于他的另一位历史学家修昔底德的著述中得到了进一步的优化。两位希腊学者的史家风范，连同他们的作品与修史理念一起流芳后世，程度不等地影响了以后各个时代西方乃至非西方历史学家们的写作。如同恺撒的契友、曾经出任非洲总督的罗马历史学家萨卢斯特能够难能可贵地在其历史著作《喀提林战争》中公允对待恺撒的宿敌小加图并对恺撒的过错未加掩饰，作为一名虔诚的路德派教徒，德国史学家列奥波尔德·冯·兰克竟能在自己的名著《教皇史》中客观评述当年残酷迫害新教徒的历代天主教首脑们的功过，其"秉笔直书"的职业精神受到了包括约翰·阿克顿在内的一批近当代史学家的推崇。不过，兰克的做法其实容易理解，因为他所景仰的先师是希腊史学家修昔底德，而修氏最为看重的便是细致的考察与核实，是史学家的持中立场。人们有理由感到惊讶的倒是公允意识所包含的巨大能量，它使反对秘索思的修昔底德实际上与荷马走到了一起，让我们看到了范式转变的断裂带下，由荷马开创的重视实证（sēma，"塞玛"）的认知传统在文史哲三大板块中的藕断丝连。20世纪30年代，尽管兰克治学理念中的某些内容在德国已经受到包括海因里希·冯·西贝尔和海因里希·冯·特莱奇克在内的一些新一代民族主义史学家们的质疑，胡适的高足傅斯年还是继承了他的遗风，提出了"史料即史学"的主张。如同荷马一样，兰克也不可能做到完全中立，而在实际生活中，任何人其实都很难真正做到这一点。但是，正因为难以百分之百的做到，人们才需要标准，需要观念力量的引导。此外，我们还应看到偶尔的偏离和故意不公正的本质区别。公正是原则。即便是强调"一切历史都是思想史"的R.G.柯林伍德大概也不会赞同，历史学家只有反对客观记事才能使自己与自然科学家划清界限。

　　重视事物的普遍性既是一种正确的哲学立场，也是一种极为明智的方法论举措。对于一些重要的人文概念，如果自愿放弃从"属"的高度而不甚明智地选择从"种"的角度加以理解，那么选择者就很可能已经输在了起跑线上，注定了难以在激烈的观念竞争中战胜对手。不过，我们说重视普遍性会导致公允意识的产生，却无意强调二者之间必然存在着这样一种不可变异的因果关系。一方面，有普遍意识的人也可能不公正，遇事偏袒亲友，侵害对手或关系相对疏远的人的利益。另一方面，有的人可能比较公正，处理事情比较公道，不那么特别顾及自己和亲友的利益，但他们的政治和道德视野却比较狭窄，缺少追求、接受和赏析共性的自觉。然而，荷马却难能可贵的同时初步具备了寻索普遍事理的哲智和习惯于公允议事的客观态度，所以即便凭这一点，他的智性品位就已经足以令人称道，他在西方认知史上所处的地位就不应被后人所忽略。如果说重视事物的普遍性是思辨哲学赖以生成的学理基础，那么对于学术研究这支兵马而言，中允识事取向的初步确立，便是它的先行粮草。学术可以服务于政治和宗教，但它的立身之本却在于自己的独立品格，在于坚守取决于自身属性的客观与公允的认知取向。荷马仍在由衷称颂扶友损敌或"敌敌友友"的古旧做法，这是他远不及苏格拉底的地方。然而，这位诗人的身上有落后与先进认知观的混合，贯穿在整部《伊利亚特》里的无偏见叙事主线，足以表明坚持公允持中的价值取向与构诗理念，才是他新旧观点斑驳混杂的认知图谱中最出彩的思想精华。荷马以自己所擅长的诗化方式，一定程度上为后世自然哲学的产生指明了方向，程度不等地清除了一些曾经严重阻碍其他古老民族发展科学理性和弘扬探索精神的认知障碍，为希腊人艰难经受东西方文化交汇与碰撞的洗礼，最终得以在重要的认识论领域里后来居上奠定了观念基础。有必要澄清的是，希腊人先于其他古老民族抢占的第一个科学制高点其实是在认识论领域，而不是在——像许多中外学者已经习惯于认定的那样——由泰勒斯开启的自然哲学领域。

弘扬理性精神，提倡独立思考，维护探索的"自由"品质，承认科学的中性价值和知识与知识论的本体意义，这些是构成希腊文化之思想底蕴的要素。荷马史诗并不整体地反对思想的进步，与其说它会不可逆转地阻碍理性精神的勃发，倒不如说它在等待时机，以便以自己的方式迎合希腊文化基本结构的形成。荷马的秘索思里有预示认知范式转变的逻格斯精神的隐约萌动。伊奥尼亚是希腊人的"福地"。希腊思想在伊奥尼亚完成了激励理性精神萌发的诗化表述，又在公元前6世纪启动了以认知转向为特征的范式变革。荷马站立在新旧时代交替的门槛上。细读他的史诗，我们可以从中感悟到英雄社会的古旧土壤中蕴含着某种市民生活的盎然生机，体悟到诗人对传统的维护中透溢出对可能出现的社会和体制变革的含蓄而有分寸的嘉许。荷马史诗的成篇，使得日后"希腊奇迹"（the Greek miracle）的出现成为可能。在《荷马时代的日常生活》一书的结尾处，法国学者埃米尔·密罗写道:"我们在之前章节中勾勒出来的情形,应该被看作是一块由两部经典著作照亮的画景幕布,在它的前面上演着一段日后将在希腊奇迹(the Greek miracle)中达到顶点的雄奇历史的开端场次。"密罗没有言过其实。他的形象化表述生动图解了一个西方认知史上的事实,有助于我们加深对荷马史诗思想史意义的解读。

希腊文明不是无源之水,无本之木。如同它的文学和艺术一样,"古希腊的科学和哲学是一系列事关根本的创新,却并非出自空无"。古埃及文明和古代美索不达米亚文明灿烂辉煌,古希腊人受益于东方人的智慧,大量引进并吸收了东方文明的成果。鉴于希腊文明的后继者地位,称古希腊人为东方文明的学生并不过分。如果说否定古代北非和西亚文明对希腊文明的形成与发展产生过重大影响在19世纪下半叶还只是一个不很妥当的学术观点,在今天的文化氛围下,这一点已经是一个可以被看作是与不良政治倾向乃至种族偏见相挂钩的严重错误。有鉴于此,也基于正反两方面的事实,我们认为比较稳妥的做法应该是既反对过度夸大希腊人的天分和才智,同时也要尽可能客观和公正地评价希腊文明的历史功绩,避免矫枉过正。全盘否定古希腊文明的原创意义,一笔抹杀它对人类文明所做出的卓越贡献,将会导致另一种形式的不公。东方文明的影响不可小觑,但希腊人自身受益于荷马史诗的熏陶所形成的文化传统,他们的政治素质、认知取向以及甄别、吸收外来文化并在改造的基础上进行原创性层级提升的能力,也是促使"希腊奇迹"出现的重要原因。外因是动力,内因才是导致智识革命的关键,内、外两因相较,内因的作用可能还要更大一些。

在希腊人之前,人们并不严格区分神话与科学。在古埃及人和古巴比伦人的头脑里,浓郁的迷信思想和难以实现独立运作的理性判断经常彼此不分,互为依存,混沌交织。凭借个人的兴趣、意愿和才智,撇开宗教传统与政治权威,运用科学的方法并依从理论的指导,单纯为了求知而向未知的领域进军,持续地展开不计功利的探索,这样的做法整体上既不为古代东方的僧侣知识分子所熟悉,也肯定不为他们所赖以生存的政教体制和社会环境所容忍。在人类历史上,是希腊人第一次初步完成了神话与哲学,亦即秘索思与逻格斯的分离,展示了强烈的进取精神和较为明晰的范畴意识,从而不仅使本民族的人文素养有了质的提高,而且还为欧洲文明奠定了认知基础，使其具备了一些区别于东方文明的质素。希腊人在人类思想史上迈出了极为关键的一步，推开了通向科学理性之宏伟殿堂的大门。他们的最大贡献也许就在于此，他们能够彪炳史册的，除了其他方面的成就，最值得提及且最具希腊本色因而难以被古今质疑之声抹杀的，也是在这一点上所取得的突破。古老的北非和西亚文明并非不讲理性，但是它们从未把理性从神话和神权的全面压制中解脱出来。希腊思想家们"破天荒"（unprecedented）地做到了这一点。他们使理性改变了原来"只是在非理性的环境下传播散布，只是用于具体的实用目的"的从属地位，使其成为一种无须向其他强势社会力量卑躬屈膝的独立的人类精神。对地中海地区的文化史以及近东文化的研究，"确实减弱了（希腊文明的）奇迹成分"（the miraculous element），但希腊科学和哲学在公元前600至前400年间所取得的成就，依然应该得到世人"足够多的赞慕"。"借口说希腊曾从东方接受了很大一部分知识材料，如宗教的神话、实践的知识、技术的方法等，而放弃'希腊的奇迹'这个说法，恐怕是不公平的。"尽管方法论和技术应用在现代有了希腊人难以想象的进步，但伊奥尼亚的探索精神没有丢失，而是存活在今天的科学之中。"当代科学是伊奥尼亚科技进程合乎逻辑的扩展，是它的与时俱进的延伸"。

希腊人善于将具体的事物提升到"普遍"的高度来审察。他们知道火能烤熟面饼，火能烧制砖块，火能烘干衣服，但他们最希望自己能够回答的问题，却是"火是什么"以及与之相关的"为什么火是什么"。人们每天都在与各种形状的器物打交道，但希腊人却试图凭借心智的能量，从"形状"中归纳出几何原理。这种对抽象原理的关注热情，加之使用了有效的思维方法，使得他们逐步摆脱了"具体"与"烦琐"的纠缠，养成了对"清澄"与"条理分明"的喜好。正因为如此，希腊智慧突破了时空的局限，能够较好地体现规划人类事务的"共同尺度"，具备普适的内在科学性。"今天我们已经看到，希腊人在世界历史上的作用是使科学及其特殊清晰的洞察力成为人类文化的基础。"希腊人给了人类理性以最大的活动空间，只要可能，只要有能力做到，思想成熟时期的他们，就不会轻易允许科学的逻格斯中有秘索思不合时宜的掺和。神话与宗教有自己区别于科学与哲学的领地。希腊人奉献给世界最宝贵的单笔财富，是突出了人的自主精神，确立了理性在规范人类社会与文化生活中不可动摇的主导地位。做事要合乎规范，而规范是人的理性思维与合理规划的产物。诸如哲学、宗教和政治这样的知识门类之间或多或少都会有一些联系，但每一个知识门类和与之相关的运作体系又都有各自明确的独立性，都有它的倘若要把事情做好就必须严格依循的规范。希腊人由此把生活带入到一种讲究规范和范式作用的评审标准之中，从而为自然哲学的发展争得了一席之地，使其与宗教和政治大致上划清界限，得以没有太多顾忌地精湛展示学术的魅力，彰显思想的自由。哲学的独立并没有使宗教和政治失去什么；相反，它们也和哲学一样，是范式化过程的受益者。由于哲学的自立门户，宗教获得了完全属于自己的领地（哲学若再想参与其中，就只能以奴婢的身份），而政治也因为实现了与宗教和哲学"清谈"的分离而能够遵从自己的范式旨归，奉行民主的原则，逐步推进尽可能合理且符合大多数民众意愿的行政与司法体制的建设。

  希腊人为科学精神的萌生扫除了障碍。诚然，过多偏重于演绎思维的哲学后来也严重阻碍过科学技术的发展，但那是一个复杂的问题，三言两语很难说清。科学的发展有自己的规律，讲究内在的系统性，反对人为或非科学因素的不恰当操控。在科学尚未获得独立性因而必然会受到宗教与政治势力粗暴干涉的地方，它的符合范式要求的极致发展将很难成为可能。埃及人曾在数学领域独领风骚。但是，作为一门科学，数学却在希腊人生活的土地上完成了自己的理论化改造，结出了能够体现古代人类心智最高成就的硕果。"印度在数学领域也有突出的贡献。但是，只要人的思想活动在某个方面受到限制，那么它即使在不受限制的方面迟早也将无以为继。"汉密尔顿的此番评价发人深省，值得我们认真思考。如果我们的小学生有意无意地被告知在哪些场合见义勇为是对的，而在哪些场合它又是不对的或不宜为之的（否则便会自找麻烦），在哪些时候应该维护制度，而在哪些时候则要操控制度以便为我所用，那么我们就不是在培养未来具有顶级原创能力的科学家和思想家，而是在造就无数深谙"世事洞明皆学问"的聪明人。在一个应该远离功利与势利的年龄段里没有培养起来的人文素质，以后很难真正得到弥补。科学不是神学的婢女，原则上也不应该是政治或道德的婢女。我们知道，要想真正做到这一点有多么困难。哈佛大学创建于1636年，但直到两个世纪后才最终得以摆脱教会的宗教约束与政府的行政干预。现代科学在克隆技术和人工智能研究等领域正受到"道德合法性"的质疑，但科学在个别领域是否应该不受节制地发展，和从原则上否定科学精神不是同样性质的议题。具备一般意义上的创新精神是一回事，具备在科技发展的最高点上进行原创性思考和开发的能力则是另一回事。一般而言，是否具备这种能力与一厢情愿和行政命令无关，也与人们通常所说的资金投入、团队精神和体制优势没有必然的内在关联——它的动力之源在于人对知识的态度，在于独立思考不是作为一个因时或因地而异的策略，而是作为一项培育民众素质的基本原则得到社会的肯定。在那些把科学当作原则而不仅是手段来尊重的社会，它的极致或领先发展，比在不认同这一做法的社会里更有可能得以实现。基于以上认识，我们是否可以说，科学自身具备某种内置的道义属性，通过与人的科学观形成"投入"与"产出"相对应的互动，一定程度上可以保证使自己最佳和最核心的高科技成果，不致率先被视科学为权宜之计或在其他方面还明显做得不够科学的社会团体所获取。除了重视系统性，需要引起我们高度重视的，还有希腊思想涵盖范围的宏阔。以为中国文明与西方文明虽有"质"的不同但在"量"（即在优势点）上均等的观点，值得商榷。今天的中国人对希腊和西方的了解已经远远超过了郭嵩焘时代的同胞们。但是，我们依然需要知己知彼，在这两个方面都还有很多事情可做。

　　作为一种文化现象，古希腊文明在西方文明的发展脉络中得到了时而清晰可辨、时而若隐若现的延续，从未彻底退出历史舞台。文艺复兴以后，理性精神再度大放异彩，希腊文明的基质优势经过整理和修复，得到了与时俱进的展现。环顾当今之世界，我们仍然可以看到希腊人在两千五百年前觉察到的那些严重阻碍古老的东方民族占据认知制高点的消极势态。传统是遗产，也是包袱，只有处理好了，才能成为前进的动力。我们应该效仿希腊人当年努力从东方文明中汲取教益的好学精神，认真审视希腊人留给后世的丰厚的思想遗产，看看其中是否还有哪些值得我们虚心学习的东西。如果以为既然"希腊奇迹"已经不复存在，所以我们大可不必多此一举，细致研究它的深湛，那么我们将为之追悔莫及。"跨越式"发展可以尝试，但肯定不是在这里。其实，即便在"希腊奇迹"或类似的提法盛行之时，20世纪初年以来的中国知识分子和官员中，能够足够认真且比较系统地思量过希腊思想中究竟存在着哪些"可以为错"的"他山之石"的人，恐怕为数也不是很多。

如同宣扬拒绝接受知识审视的激进的民族主义一样，鼓动狭隘或不"规范"的爱国主义并不符合我们的根本利益。智力平平的竞争对手会大张旗鼓、极力挑唆我们放弃某些习惯的做法，但他们中最聪明的少数人却会在内心深处默默祈祷，希望我们如同过去的帝王和所谓的忠臣们恪守祖制那样墨守他们为我们制定的成规。从某种意义上来说，中国人面对的有可能是有史以来最大的战略欺骗。真正的民族主义者和爱国主义者们也许有必要看到这一点。承认自己有需要改进的地方并不丢脸，如何竭尽全力，争取把自家的事情做好，这才是问题的关键。有些做法短期内或可收效，但从长远来看则可能极为有害。华夏文明源远流长，博大精深，我们有理由为之感到骄傲。然而，中国文化的基本结构并不稳固，还远没有好到不需要从根基上进行调整和修缮的地步。我们每天都置身其中的学术体制，经常会以它所拥有的各种弊端提醒我们，以上判断绝非杞人忧天。评判一种文化战略竞争力的强弱，标准之一是细致审察它的学术体制能够在多大程度上有效抵御黑社会风气的侵袭。比发展经济和军事能力远为困难的，是决定各种次级体制稳妥建立的文化基本结构的建设，是如何使其中的质素配置尽可能地趋于合理，形成最佳的搭配模式。向古希腊人学习，自然是学习他们的优点。在经过"希腊文明东来说"的大浪淘沙之后，我们仍然能够发现并承认希腊文明的精湛之处并且愿意借鉴它的成功经验，这件事本身就表明它的非同寻常，尽管我们已经没有那样的激情，事实上，也不再需要把它当作某种横空出世的奇迹。

选自《江苏师范大学学报》2015年1月号

十字路口的佩耳塞斯
——《劳作与时日》的修辞与谋篇

/ 吴雅凌

公元前8世纪的某一天，忒斯庇亚城邦会场挤满了人，王爷们也来了，肃然围坐在里圈的石凳，传令官努力让喧哗的人群安静下来。本地诗人赫西俄德今儿要当众吟诵新作。听说他在优卑亚岛上的卡尔基斯城凭《神谱》诗歌得过头奖，平日是个低调安隐的人，常住阿斯克拉乡下，极少来城里。他祖上原在伊奥尼亚的库莫，其父以行船为生，后转务农，定居波奥提亚乡间，白手起家，辛苦留下几分薄产。赫西俄德尚有一弟，名叫佩耳塞斯（Perses），常进城来，成日凑热闹听讲诉讼，和王爷们混得熟脸。早些时候，他们兄弟分家产还闹过纠纷，王爷们也掺和进去。这会子，佩耳塞斯站在看热闹的人堆里头，脸带轻笑，心中好奇，却装出一副满不在乎的样子。

这一天，赫西俄德当众吟诵一首长达八百二十八行的诗篇，也就是流传后世的《劳作与时日》。在简洁的开场白中，赫西俄德先依循传统礼法，祷告过宙斯王和缪斯神，随即宣称要对弟弟佩耳塞斯"述说真相"（行10）。"佩耳塞斯"这个名儿像极英雄诗唱中的神或英雄，提坦神克利俄斯之子、女神赫卡忒之父便叫这名儿；最早的英雄珀尔塞斯，也就是砍下墨杜萨脑袋的那个半神，有个儿子也叫佩耳塞斯。总之，诗人的这个弟弟真的存在，还是纯属虚构（出于规训意图而设计的角色），历代注家争论不休。大约两百年后，希腊另一位诗家忒奥格尼斯（Theognis）在贵族会饮场合发表千行诗体讲辞，也就是同样带有教诲意味的《忒奥格尼斯集》（*Theognidea*），诗里头同样频频出现某个叫居尔诺斯（Kurnos）的青年。教诲青年作为哲学介入城邦的路径，自古以来就是古典语境的哲人们不能绕过的关口。在赫西俄德和忒奥格尼斯之后，我们至少还能数出柏拉图和色诺芬的苏格拉底（虽说是学生反过来写老师，但无伤根本），亚里士多德笔下的尼各马可、马基雅维利笔下的君主、卢梭笔下的爱弥儿等一连串闪亮的名字。

这样看来，赫西俄德有没有这个弟弟不是重点所在。因为，即便没有这个佩耳塞斯，也会有别的佩耳塞斯跻身于城邦会场的人丛中，充当诗人心目中的理想读者。还有一个问题也许更值得关注，那就是佩耳塞斯作为理想读者的戏剧性角色设计。表面看来，《劳作与时日》是一首单人吟诵的长诗，犹如诗人的一次公开讲辞，在场的听者一言不发。但细细读来，这首诗的行文谋篇中竟藏有纷繁的戏剧场景。在偌大的城邦会场里，不止赫西俄德和佩耳塞斯俩人。全邦人都在听。王公贵族们在听，不同意见的人们在听，聪明的人们在听，一知半解的人们在听。整场诗唱会，看似只有一个声音，却要应对来自四方的诸种表情反应，随时变幻修辞和角色，演绎戏中之戏。在诗人的身教言传中，有一个人时刻在悄然转变，正如人不能两次踏入同一河水，终场时分的佩耳塞斯也不再是起初那个佩耳塞斯。

赫西俄德要对佩耳塞斯诉说真相，自然是因为佩耳塞斯不明真相。在人生旅途中，事关一个人的最根本的真相，莫如德尔斐的神谕启示，"认识你自己"，或自知之明。唯有自知，才能分辨周遭时局，规定个人的身份和姿态。流浪中的奥德修斯先要弄清楚自己是谁，才能真正走上还乡之路，也才会每到一处陌生的土地，无论费埃克斯人的城邦，还是圆眼巨人的荒岛，乃至他没认出的故乡伊塔卡，问出那个根本性的问题："这里的居民是无度蛮横，不明正义，还是热情好客，心中虔诚敬神明？"（《奥德赛》，卷六，行120—121；卷九，行175—176；卷十三，行201—202）有了自知，再明辨城邦与个人的张力，正是古典政治哲学教诲的出发点。佩耳塞斯不明真相，首先在于他不知道自己是谁，更不知道自己在城邦中的身份位置。

从开场交代的兄弟纠纷（行 26—41）中，我们知道佩耳塞斯很穷，家里连粮食也不够吃。之所以入不敷出，是因为他不劳作。之所以疏于劳作，是因为他天天在城邦会场混日子，凑热闹看纠纷。之所以过着这样的生活，是因为他不明公正法则，为抢别人的财产不惜滋生纠纷。短短几行诗间，一个在人生的十字路口迷失方向的青年形象跃然纸上。

青年天性活泼轻浮，善感好学。大多数时候，在他身处的环境里，什么看上去最美最好，就有样学样。佩耳塞斯看轻父亲和兄长的生活方式，做一个老实的乡下农夫没有前途，辛苦没好报。他天天往外头跑，向城里有能力吃得开的聪明人学习钻营。他尝到这种聪明的甜头。先前和兄长分家产，他学着去贿赂王公贵族，果然占了不少便宜。佩耳塞斯不是没有想法。他（他们）怀有模糊而美好的理想，因为瞥见真相的某个面具而自信认识了真相本身。他（他们）站在人生道路的起点，学习如何在现有社会共同认知中生存，尽可能让自己轻松又过得好。还有什么比这更正当的呢？所有人不都是这么想的吗？

一开始，赫西俄德的言说对象就是这样不明真相却又理直气壮的青年。他们天真，纯洁，满带希望。但越是干净的东西，越容易沾惹尘埃，无益的习气几乎总在不知不觉中蔓延。佩耳塞斯喜欢滋生纠纷。从前分家产惹出纠纷，如今又要挑起新的诉讼。名目何出，不得而知，想是日子过不下去，向兄长求援又遭拒绝，干脆再挑事端。在同一段落短短六七行里，"纠纷"（neikos）一词重复出现四次（行 29—30，行 33，行 35）。佩耳塞斯相信，聪明人利用纠纷能为自己争取权益。他天天混在城邦会场的人堆里头，想来不只是玩乐，而是为了观摩聪明人的争辩技巧。

佩耳塞斯不明劳作的根本，又沾染上纠纷趣味，不是没有缘故。我们说过，他有一个与古风英雄相仿的名字，自小听惯了荷马的英雄诗唱，崇尚诗中那些个贵族英雄的生活方式。就拿纠纷来说吧。英雄事迹的传唱多以纠纷为肇端。《伊利亚特》缘起于阿伽门农与阿喀琉斯分配战利品的纠纷，《奥德赛》从某种程度上归因于神王三兄弟的权限纠纷，乃至奥德修斯还乡同样避不开与求婚人的纠纷。就连今已佚失的循环史诗《忒拜伊德》（*Thébaide*），也是起源于俄狄浦斯对两个儿子的诅咒，他们为抢夺祖产同归于尽，其中一个儿子带外邦军队回来攻打忒拜城，名叫波吕涅刻斯（Polyneikes），字面意思即是"许多"（Poly-）—"纠纷"（-neikes）。在这些传统诗唱中，英雄挑起纠纷冲突是为了争取自身的正当权利。佩耳塞斯为了生存权益而挑起诉讼纠纷，难道不是在仿效英雄行为吗？这么做有错吗？

这就是赫西俄德面临的根本挑战。如何用恰当的方式让青年意识到自己可能错了？换言之，如何引导青年从自信转为困惑，重新站到两难的十字路口？作为教诲技艺的辩证术稍后在柏拉图对话中得到充分发展。在这里，我们见识了最早的一次示范。

佩耳塞斯崇拜诗人荷马。事实上，在场的听者谁不是呢？但凡听到有别于荷马的诗唱，他们会意外不安，不能理解，无趣退场，乃至发怒叫嚣。赫西俄德不得不频频向这位万人崇拜的诗人致敬，无数次援引他的言说，并无数次移转内中乾坤。为了让佩耳塞斯看清荷马诗中的真相，他采取再怎么审慎的姿态也不为过。何况，青年不可能凭空独自生成那么些想法，而是受到聪明的过来人的影响。我们说过，全邦人都在听。这一天，诗人在城邦中近乎四面楚歌。他并不知道，很多年过后，雅典有个苏格拉底也像他这样，特特地洗过澡，穿上鞋，站在诗人阿伽通家门前，犹豫很长时间，才走进坐满智术师和修辞家的夜饮（柏拉图，《会饮》）。他们心里都清楚，这是要只身闯敌营，这是要做不可能的事，并且只准成功不能失败。

正是在这样充满微妙的政治张力的城邦舞台上，赫西俄德拟定了必要的修辞手法，并首先讲起了故事。很久以后，基于同样的顾虑，卢梭在发表书信体小说《朱丽，或新爱洛伊丝》时说道："大城市需要戏剧，败坏的民族需要小说。我看见了我的时代的风尚，于是发表了这些书信。但愿我能活在非烧掉这些书信不可的另一个世纪！"从某种程度而言，只有在败坏的时代或城邦才有必要运用隐微叙事。正如卢梭将自己的时代判定为需求戏剧小说，赫西俄德也不幸生逢不得不求助隐喻的败坏城邦。

赫西俄德一连讲了三个故事。第一个故事（行42—105）讲宙斯王受普罗米修斯反叛，于是造最初的女人潘多拉送往人间，由此奠定人类的现有生存状态：劳作、繁衍和死亡。在某个消逝不再的年代，人类也许过着如神一般的生活，远离死亡恐惧，也无须劳作。但那样的好日子不会再有了。佩耳塞斯必须明白，人类注定要"终身辛劳，才能从地里得吃的，必汗流满面才得糊口"（《创世记》）。

第二个故事（行106-201）延续同样的思路，讲人类先后经过黄金、白银、青铜、英雄和黑铁五个世代，从起初的美好年代渐次沦落，一代不如一代。有关英雄世代的叙事尤其值得关注，因为，我们说过，赫西俄德费尽心思讲故事，用隐喻，是要教化佩耳塞斯，让崇拜荷马诗唱的青年明白英雄的真相。赫西俄德仿佛将荷马诗中的特洛亚战争重新搬上舞台，但充满创意地起用两组演员来扮演同样那群主人公，将负面的批评悉数转嫁给青铜种族，而对英雄种族保持某种恰当的敬意。听完故事的佩耳塞斯隐约明白了，原来阿喀琉斯不仅是正义的英雄种族，也从另一角度对应无度的青铜种族，英雄的原样比自己先前的想象要纷繁多了。在讲到当下的黑铁社会时，诗人形容说"劳累和悲哀没个消停"（行177）。傻乎乎的佩耳塞斯原以为进步是时代的真相，没想到真相却是正义的沦落："人们不感激信守盟誓的人、义人和好人，倒给使坏的人和无度之徒荣誉，力量即正义，羞耻不复返。"（行190-193）黑夜的所有那些象征折磨人类种种不幸的子女，乃至从潘多拉的瓶子逃出的各种不幸，全在黑铁时代大行其道。诗人影射当下，又预言未来，诸神终将抛弃人间，乃至亲手毁灭人类这个族群。

在对青年接连讲过两个故事之后，赫西俄德突然掉转头为王公贵族讲起第三个故事（行202-212）。"王爷们"一直在场，密切关注青年乃至其他城邦成员听故事的反应。第一个故事讲到某个挑衅王权的人的下场，反叛者终将受到惩罚，青年还顺带被教育必须劳作，顺应命运的安排。王爷们听得颇为满意。第二个故事却很不同。有关黑铁种族的末世或现世的种种影射却让他们沉不住气，开始暗自琢磨，为了维护城邦的安全秩序，是不是该叫停这场危险的公开言说。正是在这个特定的时刻，赫西俄德出其不意地直接对他们说话，"现在，我给心知肚明的王爷们讲个寓言"（行202）。

鹞鹰与夜莺的寓言从第二个故事结束的地方开始，继续探讨城邦的正义问题。但赫西俄德的讲法相当出人意料。鹞鹰抓住了夜莺。这一回，没有英雄来营救弱者，也没有神灵来教训坏蛋，反倒是鹞鹰对夜莺恶狠狠地训了一通话。借助强大的鹞鹰的言说，赫西俄德看似在宣扬贵族王公的绝对权威，细究之下却似乎又有别的隐喻。聪明的王爷们是不是真的心知肚明，不得而知。无论如何，诗人的三个故事讲得滴水不漏，并自然转入规训部分。

在全邦人面前，赫西俄德的第一次规训（行213—285）围绕正义女神狄刻展开。狄刻是时序女神之一，宙斯和忒弥斯的女儿。在败坏的忒斯庇阿城邦里，狄刻的处境很坏。不要说祭礼，连起码的尊敬也没有。人们在城邦会场上做出不公正的审判（先前兄弟分家产便是一例），当众践踏她，强拖她（行220），百般羞辱她，随后又"撵走她，不公正地错待她"（行224）。狄刻在遭到侵犯后悲愤地哭泣（行222）。身为女神却沦落到这种境况，真是凄惨不过，意气风发的王爷们更不会把她放在眼里。但狄刻真的只是宙斯的不被待见的女儿吗？赫西俄德着意纠正王爷们的短见。原来她不但没在宙斯王面前失宠，反而得到奥林波斯神族的广泛尊敬（行256—261），只有人间的傻瓜不明就里，无知无畏，胆敢冒犯在神王面前如此吃得开的女神。

在为狄刻平反身份之后，赫西俄德进一步对比两种城邦（行227—247）：敬畏狄刻的城邦与不敬狄刻的城邦（行237—247）。前者近似黄金时代，后者则与黑铁种族十分相近——再明显不过，眼前的忒斯庇阿正是一个不义城邦。王者是否敬畏狄刻，直接影响城邦的命运。在这段规训里，赫西俄德两次直接呼唤王爷们（行248，行263），提醒对方重新认识狄刻，遵从正义法则，履行自己在城邦的职责。从某种程度而言，鹞鹰抓住夜莺并百般凌辱并非第三个故事的结局，"城邦因王者不义而遭报应"（行260—261）才是真正的结局，当宙斯王重新伸张正义时，那则讲了一半的寓言才算正式画上句号。

在赫西俄德严词大战贵族王公的过程中，青年佩耳塞斯始终站在一旁，带着好奇表情，努力看懂眼前的这出戏。王公们的真相一经揭穿，让佩耳塞斯意识到，他所崇拜的荷马英雄与眼前的贵族老爷相去太远，荷马诗中的世界也与眼前的忒斯庇阿城邦相去太远。青年若有所思，不觉看清人生的十字路口，究竟该继续痴迷古风英雄的神话，还是该倾听教诲面对现实？在这个叫人为难的路口上，仿佛贴着两个路标，一个叫让人神往的荷马，另一个叫迫人清醒的赫西俄德。佩耳塞斯头一回明白两难的真谛。是时候了断年少轻狂，清醒审慎地迈出成熟人生的第一步。

> 至善的人亲自思考一切，
> 看清随后和最后什么较好。
> 善人也能听取他人的良言。
> 既不思考又不把他人忠告
> 记在心上，就是无益的人。（行293—297）

这五行诗文堪称全诗的教诲核心，在关键时刻提出，再恰当不过。为了帮助佩耳塞斯认清自己在城邦中的身份位置，赫西俄德区分了最好的、好的和不好的三种人。少数人有能力亲自思考一切，也就是有全局思考的智慧，能够站在城邦整体的角度思考，预先看清楚什么样的言说在随后和最后对个人和城邦有益，这样的人"至善"，也就是"在所有人中最好"（panaristos）。这样的人显然不会是城邦中的普通一员，而更像是那些有能力决定城邦兴衰的贵族王公们本应扮演的角色，但很可惜，诗人已当着全邦人的面说过，现实中的王爷们只是一些"傻瓜"，"吃了苦头才明白"（行218），无力承担做少数人的重任。除此以外的多数人不具有这种能力，也不需要亲自思考城邦的命运，不必做"专家"。在这些人中又有区分。一种能够听取他人忠告，这样的人是"善人"（esthlos），或明智的人。另一种不分是非好坏，没有"认清什么较好"就擅自言行，这样的人就是"无益的人"（achreios），无用之外，乃至有害。愚妄的人不明智，恰恰在于他们自以为聪明，有能力影响他人，没有什么比这个更危险。

少数人与多数人的区分据说是古典政治哲学的重要议题。在公元前8世纪的诗人笔下，我们俨然经历了最早版本的教诲。无疑，赫西俄德自视为至善的少数人。这不仅因为他在诗中是给出良言的人，还因为他确乎如先知一般对黑铁现世做出了预言。问题在于，青年佩耳塞斯应该成为哪一种人？当他挤在城邦会场中看热闹出风头大放厥词时，他几乎和第三种人看齐。但所幸他还有兄长的规训。尚无智慧的青年需要良言忠告。他应努力做第二种人，而避免沦落为有害自己进而有害他人的第三种人。贵族王公本该是第一种人，但倘若事实上他们没有这个能力，那就至少应该做第二种人，而避免成为有害城邦以至有害自己的第三种人。在场的全邦人，聪明的或不聪明的，都面临类似的选择。

在这里，我们至少有两个意外的发现。首先，第三种人不算多数人，只有第二种人才是多数人。换言之，只有智慧的人（第一种人）和明智的人（第二种人）构成古典政治哲学语境中的少数人与多数人的张力。其次，在赫西俄德的教诲中，尽管有三种人，但所有人面临的依然是两种选择，依然是相似的十字路口。真正的选择之所以两难，很多时候又有另一个说法，即困境，就在于没有第三个可能。对于青年佩耳塞斯而言，困惑不在于究竟要做少数人还是多数人，而在于有没有资格首先成为多数人。这个发现至关重要。

希腊古人热爱十字路口的譬喻，并且十字路口总似与青年有关。苏格拉底对追随他的青年讲过一个故事。年青的赫拉克勒斯在孤独之中思考未来的生活道路，忽遇两个女子，一个叫美德，一个叫恶习，她们分别劝说赫拉克勒斯追随自己，最终这个希腊的孩子摆脱恶习的诱人承诺，选择美德的艰难道路（色诺芬，《回忆苏格拉底》）。仔细想来，这个被古代圣贤判定为符合正义的选择，归根到底是一个让人意外乃至背离人心的选择。因为，喜欢走轻松近路是人的自然天性，而所谓正确的道路却往往辛劳。在《劳作与时日》里，赫西俄德两次提到两条路的譬喻，一次在正义规训中（行213—217），一次在劳作规训中（行286—292），两处说法彼此呼应，反复强调的是同样的道理。摆在佩耳塞斯面前有两条路。一条路平坦邻近，能轻松走到，另一条路却艰难险陡，要汗水不断。在前一种说法里，两条路分别通往无度与正义。在后一种说法里，两条路分别通往困败与繁荣。正义的路和劳作的路就此重叠在一起，不妨说，正义的路其实也就是辛劳的路。

正因为这样，在做出城邦三种人的区分之后，诗人随即要求佩耳塞斯时刻记住一个"告诫"（ephetmes，行298）。这个用法在荷马诗中一律指神的告诫，除了一处例外，忒提斯没有忘记儿子阿喀琉斯的呼告（《伊利亚特》卷一，行495）。但荷马诗中不乏将神的用语用在阿喀琉斯身上，阿喀琉斯的呼告也确乎影响了宙斯王的"神义"的实现，比其他神还要灵验。赫西俄德把自己的言说称作ephetmes，犹如赋予自己某种能够给出属神的告诫的特殊能力。换言之，这个告诫具有绝对的有效性，不会轻易受时代和场合的影响。这个告诫说来简单，就是劳作。

选择正确的生活道路，意味着活得艰难。活着就是辛苦。明白辛苦就是人生的真相，也就不肯再对各种虚妄妥协。在解决这个根本思想问题之后，赫西俄德作为有能力思考一切的少数人，还要给佩耳塞斯和在场的全邦多数人一系列良言忠告。礼法初训（行320—380）的中心思想是如何在城邦中符合正义法则地获得财富和保管财富，也就是如何过一种正直又富足的生活。我们说过，大多数人不需要费神思考城邦的命运，只要能够听取智者的忠告，过正直良善、自食其力的生活，就是明智的第二种人。佩耳塞斯只要遵守正义礼法，加上辛勤劳作，就有机会获得众人想望的幸福生活。

这样，赫西俄德当众讲完故事又讲道理，终于让青年佩耳塞斯明白自己先前确乎错了。在辛劳变成必然的人生中，只能信靠宙斯王的正义。天天待在城邦会场混日子不是办法，老老实实干活谋生才是明智的人生。佩耳塞斯想是想通了，但教诲还远远没有结束，他还必须掌握各种生存的技艺，学会如何依靠自身努力过上好日子。赫西俄德还要耐心地告诉他如何度过一年的农夫生涯，观察星辰鸟虫花草的变迁，掌握最佳的农事时机（行381—617），适时出海买卖添补家用（行618—694）。这个部分占全诗大半篇幅，就连诗篇也以之为标题主旨，只是，倘若没有前头艰难的循循善诱，佩耳塞斯如何肯静下心来学习农时技艺？世人常误以为赫西俄德单写"劳作与时日"，开创了农事诗先河，是了不起的诗人，殊不知他还运用辩证术，教诲城邦青年，无愧哲人的尊名。

在赫西俄德的言说中，不知不觉，佩耳塞斯抛下先前仰慕的荷马英雄，在心里树立起新的偶像。这个新的英雄不是别人，就是赫西俄德。怎么！在青年的心中发生了怎样翻天覆地的变化！他原先看不起这个兄长，这个在诉讼中输给他的人，这个想法过时不谙进步的人，这个被新城邦时代所淘汰的人，他也许还恨过这个兄长，这个拒绝接济自己却喋喋不休讲道理的人。但突然之间，他重新认识了这个兄长的真相，英雄原来远在天边近在眼前，英雄就是这个被他轻视又敌视的兄长，这个看上去平常不过的乡下农夫。青年佩耳塞斯的人生就从顿悟的那一刻起发生了转变。

这样，佩耳塞斯从既不能思考又不分是非的第三种人，正式转变成明智听取忠告的第二种人，也就是城邦中的多数人。赫西俄德给他的最后忠告与娶妻有关（行695—705）。卢梭后来谈教育，同样以引导爱弥儿娶妻生子收尾——《爱弥儿》第五章以爱弥儿的未来妻子"苏菲"命名，也是"论教育"的最后一章。受教的青年必须娶妻生子，生养后代，才能把自己收获的教诲传给后世，形成循环不息的教育传统。

给出最后的忠告，本该大功告成。但诗歌出人意料地继续进行下去，做出礼法再训（行706—764）和以月份为单位的时日说明（行765—828）。比较前后两次礼法训话，好些说法彼此不同，甚而有出入。我们已经说过，初训是为了引导佩耳塞斯成为明智的人，成为城邦中的好公民。只要他懂得听取忠告，就有机会过上幸福生活。相比之下，再训却繁复难懂，隐晦不清。诸如娶妻要避免成为远近笑柄，交友要有理有节，言辞要谨慎有分寸，日常行为要谨守禁忌，尤其要避免触怒神灵（行697—706），种种教诲均与城邦人群里头的个体姿态有关。掌握言辞分寸是关键（行719—720）。切忌表里不一，或让人以为交友不善，或轻易责辱他人的贫穷，或说人坏话，或在众人集会上显得乖张（行714—723），这些禁忌旨在于如何在城邦中树立和保持好名声，也就是如何在公众面前掌握言说的限度。什么样的人尤其需要在公众面前树立好名声并掌握言说技巧呢？显然不是听从忠告的人，而是给出忠告的人，也就是城邦中的第一种人。我们注意到，自再训起，诗中再没有提起佩耳塞斯的名字，转向某个模棱两可的第二人称的"你"说话。种种细节似乎在暗示，此时的听者已非彼时的听者。

在最后的教诲中，赫西俄德的对话人不再是开始追求正直富足生活的多数人佩耳塞斯，而是少数"深明事理的敬神的（theios）人"（行731）。在荷马诗中，theios专指英雄、先知和歌人，也就是和神具有特殊联系的人，比一般人看见更多东西的人。他们不像多数人那样满足于"想望财富"（行381），把一己的幸福看成最高追求，而关心什么样的言说对城邦有益。是的，从某种程度而言，他们要担当起王公贵族本该在城邦中担当的职能。诗中最后提到一个新神，传言女神（Pheme，行761—764），显得意味深长。传言可好可坏，坏的传言就是谣言，好的传言则有助于个人在城邦中持守名望并发挥影响。接受礼法再训的人因而要认知和供奉传言神，提防恶言，促进善言（也就是神意在人间的启示和传说），向城邦中人提供忠告和引导。这是他们在城邦中的使命。他们可能是继赫西俄德之后的先知、歌人乃至王者。

在传授农时技艺的诗章中，有两个重要段落不讲农作，而讲农歇，耐人寻味。第一段讲冬日里，动物冷得哆嗦，老人缩成一团，只有少女躲在家中，待在母亲身旁，并不怕寒（行504—546）。第二段讲夏日里，男子坐在石下荫处，没有家人陪伴，面对西风山泉，独享美酒佳肴（行582—596）。这两个生活场景反映了人生的两种不同时刻。在多数时候，一个人辛勤劳作，生活在老人、妻子和女儿身边，勉力照顾家人，履行在家庭和社会中的义务——父亲保护女儿，正是文明社会的表现，充分体现了一个人的城邦时刻。但在某些特殊时刻，比如在炎热的夏天，他也需要离群独处，倾听蝉鸣的秘密，冥想诸神透过花开水流所传递的消息，正如在许多年后的某个正午，苏格拉底也曾带着青年斐德若，悄悄走出雅典城邦，在蝉鸣的梧桐树下度过短暂然而永恒的哲人时刻。

在诗歌言说的尽头，青年佩耳塞斯经历了第二次根本性转变。如果说第一次转变发生在第二与第三种人所形成的十字路口，那么，这一回，少数（而不是全部）青年从第二种人变成第一种人。按如今时髦的话说，赫西俄德设计了一个性格跨度极大的角色，将城邦中的三种人竟先后扮演了一遍。《劳作与时日》的理想读者因而不止一种，而有两种。赫西俄德的教诲意图相应的也不止一个，而有两个。城邦要有多数能听忠告的明智的人，也要有少数能给忠告的智慧的人，纠结于哪个问题更根本并没有多少意义，正如少数人与多数人的对峙并不能与另一个问题混淆，也就是如何争取尽可能多的多数人从而减少无益有害的第三种人。

话说回来，躺在夏日荫凉处，美美睡个午觉，岂非理直气壮的人生乐事？却有人偏偏选择在正午时刻保持清醒，艰难地努力着，不被蝉们如塞壬女妖般的歌唱所催眠。无论如何，两难之所以是困境，就在于它如影随形，无时不在，青年佩耳塞斯不可能一劳永逸，一生只遭遇一次十字路口……

选自《上海文化》2015年1月号

克塞诺芬尼的哲学与诗歌

/ 娄林

我们通常以为，哲学与诗歌品性迥异，尤其就文体而言，哲学多以严格的论文，或稍不严格的散文形式写成；诗歌作为一种文体，讲究格律与形式，或长于抒情，或富于情节，甚或二者兼而有之。但是，这样的分类标准在柏拉图和尼采面前会突然失效——我们难以设想，柏拉图和尼采的思想不够深刻，更可能的情形或许是，这样的分类着实不妥。实际上，作为文体，诗歌是老字辈，论文体只是后生。尤其是，落诸笔端的各种文字，其文体本身并不仅仅如王国维所言，"凡一代有一代之文学"，更是与政制有着莫大的关联，根据柏拉图的说法，这就是一个政治共同体的政制对共同体中人的灵魂的熏染。除了文明早期的传统礼法（甚至包括传统礼法本身），后世的任何一种文体或者政制的确立，背后都有一种哲学的权力意志之手在起作用。

如今，我们所面对的论文和诗体的严格分野，首先来自现代的学科界限，尤其是各种现代哲学的通俗形式，更加彻底破坏了人的生活感觉——论文取代了诗歌在人的教育过程中的角色。但这并非现代启蒙独有的现象。在西方哲学产生的早期，也就是更早的启蒙时代，哲学的非诗体创作就已经和诗歌体裁形成了最早的争执，甚至早于柏拉图笔下诗歌与哲学之间"古已有之的纷争"，我们或可称之为散文体与诗体之争。

公元前6世纪，便是这一场争端出现的最早时刻，散文体在西方诗文史上第一次登上历史舞台，在此之前，一切严肃的创作均采用诗体。这个时代恰恰是希腊社会从贵族政制向民主政制变化的时期，而泰勒斯开启的希腊哲学已经登上历史舞台，与此对应，非韵文的散文体出现在越来越多的场合，并逐渐成为思想的传达形式。对于希腊的传统社会来说，诗歌是最习常的思想载体，诗歌中的诸神是活生生的生活现象，同时，传统诗歌还具有诗教的作用，对城邦的年轻人施行教化。传统的诗歌，总是以对神（尤其是缪斯女神）的吁请开篇，比如荷马、赫西俄德，但是，散文体出现之后，诸神隐退，与传统诗歌不同，它们不再吁请缪斯，这首先体现出的是作为人的写作者对自己智性能力的信任：人的位置不再需要神来确立，人通过自己的哲学和智性，能够为自己代言——换言之，不再需要诸神和传统的束缚。可是，正是在这样的潮流滚滚之下，还有三位逆流而动的哲人：克塞诺芬尼、帕默尼德和恩培多克勒。这三位哲人在希腊哲学史上都是重要的人物，可是他们依旧采取传统的韵文诗歌写作，而不是新派哲人惯用的散文形式，这就成为解释他们思想时无法绕过的难题，莫斯特甚至称其为"早期希腊哲学的奇耻大辱"。拙作暂且以克塞诺芬尼为例，试图对这个问题有所深入。

克塞诺芬尼在希腊哲学史上留有盛名，史称第一位埃利亚哲人，还是帕默尼德的老师。西方思想中念念在兹的"理念"之说，其发端就是克塞诺芬尼，同样，所谓一神教的最早说法，他也可谓开其端绪，因此两点，他得到后世无数的赞誉，但同时又得到无数的指责：原因在于，据说他对这两点的思考毫无深度。克塞诺芬尼诞生于公元前565年的克洛丰。二十五岁时，哈尔帕格率领米底人占领了这座城邦，克塞诺芬尼由此开始了漫长的流浪生涯。对于他此前的生活经历，我们知之甚少。在此期间，他曾居住在西方的臧克和卡塔拉，据说还参与了埃利亚城邦的建立。诗人相当长寿，他曾在公元前473年，也就是自己九十二岁高龄时，用下面这四行诗总结自己的人生：

  我曾用六十七年的时间
  反反复复地为希腊这片土地思索。

> 而我生命的头二十五年
> 我真不知该从何说起。

这位大哲人就这样一直用诗歌写作。由于克塞诺芬尼采取诗歌的写作方式，后来学者对他的研究无外乎两类，要么出于对其哲学的理解而忽视其诗歌形式，认为这只是一种从众做法，殊无深意；或者因其诗歌形式而对其哲学加以贬抑，认为克塞诺芬尼的哲学虽在哲学史上有着一席之地，但其实并不足道，开启这一说法的就是亚里士多德——有意思的是，亚里士多德从不写诗，相反，柏拉图年轻时最早写的，恰恰是诗歌。那么，我们首先必须明确一个根本的身份认知：克塞诺芬尼可以称得上哲人吗？

什么是哲人？哲人自然是进行哲学思考的人。那么，什么是哲学？希腊语叫爱智慧，哲人就是追求智慧者，但是这不过是泛泛之言。所谓哲人，就其本质而言，关注最为根本的存在问题。理解这一点，我们才会明白为什么后人一直会说，哲学诞生于希腊。我们不妨列举三个最具代表性的希腊哲人之言，来简述何谓哲学。哲学，或谓西方哲学诞生于泰勒斯的思考，当他说"水是万物的本原"的时候。尼采在说到史上这位哲人泰勒斯何以为哲人的时候说道，由于泰勒斯说水是一切之源的时候，这句话含有了这样的意思，即"一切皆一"，一种形而上学的普遍化的信条出现了，这就是哲学思考的本源："我们在所有的哲学里，连同那些一再被更新的、更好地表达这种起源的尝试中，都会遇到这个信条：'一切皆一'。" "一切皆一"的"一"，就是一切事物存在的本质。转换成海德格尔的说法，这就是凝视存在之为存在的存在。柏拉图笔下的苏格拉底曾谨慎地定义哲人："热爱智慧的哲人渴望整全的智慧"，这样的人看到的是事物之为事物的本质，只有哲人才能够根据事物本身之所是来把握事物。所谓整全的智慧，是关于世界整体的智慧，也就是世界本身作为"一"而被把握的那种智慧；所谓事物本身之所是，则是这种"一"的整体原则下具体事物的"一"。所以，苏格拉底对阿德曼托斯说：

> 一个人的思考若是真正转向了存在，就无暇向下留意人类的事物，也不会因与他们争斗而充满妒忌和坏的意愿。相反，他所见和所

专注的，是整齐规划的事物，是永远处于同一种条件下的事物——这些事物彼此间不行不义，也不会遭受他者之手的伤害，而全都处于理性的秩序之下。（《王制》）

苏格拉底已经明言：哲学之为爱智慧，就在于思考存在。柏拉图的学生亚里士多德在其最具哲学意味的《形而上学》中说："凡能得知每一事物必然如此的终极原因的知识，必然优于次级的学问；这些终极的目的，个别而论就是一个事物本身的'善'，一般而论就是整个宇宙（或者秩序）的'善'，这也就是后来所谓的'世间第一原理'。"这种第一原理，最根本的基质，同样不脱"万有为一"的根基。哲学之为哲学，其根本并不是泛泛而言的爱智慧，而是对智慧之爱必须要达到对整全的智慧之爱，对世界作为一个整体的存在之爱。这就是尼采所说泰勒斯的信条："一切皆一"。

可是，泰勒斯的"水是万物的本原"之中所透显的"一"，仍然只是一种蕴含，或者说是亚里士多德所谓的潜能，还没有成为思想的事实，泰勒斯仅仅是"从云雾之中凸显出来"，但云雾依旧。柏拉图和亚里士多德关于哲学的说法已经异常清晰，那么，在泰勒斯和他们之间，是怎样的过渡？真正拨开了这层云雾的，其实就是克塞诺芬尼。他在辑语23中写道：

唯一的神，是现有诸神与诸人中最伟大者
无论在肉身抑或精神上都与我们不同。

后世学者经常因此而将克塞诺芬尼称为"神学家"，将这一条辑语视为西方最早的一神论表达。这固然是一种研究的途径，但是，这样的思考落脚点在"神"上，而不是在主语神的界定"唯一"上。译为"唯一的神"，其实是一种误解。因为，克塞诺芬尼这里的说法并不是以"一"来界定神，相反的，他是将"一"描述为神，至于后面的两个补充说明，"诸神与诸人中最伟大者"和"无论在肉身抑或精神上都与我们不同"，实则是"一"何以是神的补充说明，两者都试图传达出作为整体的"一"与作为部分的存在之间的差异。关于这一点，我们得益于亚里士多德的记录。

亚里士多德在《形而上学》中记载："克塞诺芬尼是第一个提出'一'

的人……他凝视整个苍穹，说'一'就是神。""唯一的神"这个难题，在亚里士多德这里得到了澄清："一"是"神"，所以才成为"唯一的神"。当亚里士多德说克塞诺芬尼"凝视整个苍穹"的时候，这个细节恰恰展现了"一切皆一"在克塞诺芬尼思想中的存在：整个正是作为整体的存在。这位埃利亚哲人吐露出"一切皆一"的哲学，但随即又罩上了一个"神"的面纱。刚刚清晰的面目随即变得晦暗。

在柏拉图看来，这样的做法恰恰是埃利亚哲人的做派。在《智术师》里，柏拉图让埃利亚的异乡人明白地说："我们埃利亚这族人，从克塞诺芬尼，甚至更早，就以神话的方式讲述'一切'，如他们所言，一切其实就是'一'。"传授哲学的方式就是神话，或称之为"作诗"。如此看来，据说是克塞诺芬尼学生的帕默尼德，同样以诗体写作，就不是偶然的事情了，因为，他们都懂得"以神话的方式"讲述哲学。埃利亚异乡人和他代表的埃利亚哲人，代表了一种古老的哲学方式。根据这种哲学方式，隐藏的风格恰恰是哲学的本性所在。而在《智术师》里，异乡人对数学式明晰的展现和拒绝，如施特劳斯所言，他对这两者既敏感又拒绝："由数学及一切和数学有关的东西带来的才能的魅力"，或者"人类灵魂及其体验的沉思而带来的谦虚而敬畏的魅力"。后者凭借的正是诗歌和神话。所以，克塞诺芬尼将"一"描述为神，就不仅仅是宗教或神学的思考，更是哲学本身的考虑，是基于政治哲学的考虑。

那么，根据柏拉图、亚里士多德师徒的说法，我们大致可以得出一个推论，克塞诺芬尼是有史可查最早明确确立了"一切皆一"这一哲学根基的哲人，正是在他这里，所谓前苏格拉底自然哲人开始转向，不再仅仅思考事物本身的形成，而是转向了万物存在的形而上学基质，这就是存在或者"一"，很明显，如果没有这个形而上学思考的形成，柏拉图的"理念"论或许就不会出现。

但是，克塞诺芬尼以神话的隐晦传达自己的教诲，也就是柏拉图说的"神话"表达。埃利亚派哲人有其自身的学脉传统，这可以保证他们内在的哲学传承，所以，柏拉图和亚里士多德的说法一定有我们今日无缘得见的证据；但是，另一方面，他们善于以神话和诗歌的方式传达，就让哲学获得了一层面纱，不至于让哲学伤害普通人的生活。

所以，克塞诺芬尼没有公开传达这份关于哲学的教诲，而只是说出一些亚里士多德所谓的"次级的学问"，克塞诺芬尼在自然哲人的层次上讲述了关于世界的构成，而不是关于形而上学的根本，比如：

> 无论如何变化生长，一切都是土和水（辑语29）。
> 大海是水的根源，是风的根源；因为，如果没有浩瀚的海洋，风就不复存在，流动的河水和天空中的雨滴也荡然无存；不但如此，浩瀚之海还是云朵、风和河流的父亲。（辑语30）

这些辑语所传达的学问，大抵与泰勒斯开启的自然哲学类似，根据尼采的说法，皆可称之为科学，而在希腊语里有另外一个对应的词汇：episteme，是指人所获得的知识，对于世界的某种认识，某种深化的认识。但是，这些都是次一级的学问，并不能说是哲学根本的本质，或亚里士多德所谓的形而上学。

克塞诺芬尼对前辈哲人甚至有些不敬，不过这似乎也是哲人的典型特征，这个叫作哲人之间的争论。据说，他"反驳了泰勒斯、毕达哥拉斯等人的观点，甚至还责难过爱庇门尼德斯"。他如是批评毕达哥拉斯：

> 一天，他遇到一只饱受虐待的幼畜，心生怜悯，于是说道（或据他们所说）："别再折磨它！当它哀鸣时，我认出了一个往昔挚友的灵魂。"

诗行中的他，或者说是毕达哥拉斯，或者说是毕达哥拉斯派哲人——这个差别并不大，关键是这个"他"持有的哲学信念：灵魂的轮回。这里的戏谑笔法其实很细腻，哀鸣的希腊文常常用于表达人的声音，这里可谓妙笔生花。我们这里应该注意的是，他批评毕达哥拉斯的立足点在哪里？在著名的辑语1的结尾，克塞诺芬尼写道：

> 谁若在饮酒时畅谈回忆高贵的往事和
> 对美德的追求，请赞扬他吧。

> 他既不会谈论泰坦之战，不会谈起巨人
> 或是人马怪，或其他古老的幻想，
> 或者那些剧烈的争执。

这首诗歌的主题是会饮，也就是人与人之间交流的场合，在这样或大或小的政治和日常生活场景里，谈论的人，应该拒绝那些奇谈怪论，玄思妙想，因为这不够"高贵"。一个真正高贵的人，应该言说对美德的追求，而不是智性的炫耀。毕达哥拉斯的错误正在此处，灵魂轮回之类的幻想，在其极端处，会让人和狗显得没有区别。既然如此，人的存在价值又如何彰显？人和动物之间的伦理区别又何在？克塞诺芬尼批评毕达哥拉斯的根据在于根植于传统的政治伦理。

一个哲人对另一个哲人所以不保持友好，其缘由竟然是由于传统的伦理，这种做法完全不像我们常识理解中撼古动今的哲人做派。事实上，这就是苏格拉底后来在做的事情。哲学从其诞生的时刻开始，就必然会同传统产生冲突，因为关于什么是好的问题，传统给出的答案是传统礼法，但哲学要给出好之为好的本质。可是，哲学对智性的要求极高，根据尼采的说法，哲学的探问必然处于永恒的流动之中，这对大多数人栖身之中的政治生活来说，都是一项太危险的行为，无论是对哲人本身，还是对大众来说，都是如此。我们通常说，苏格拉底意识到这个巨大的问题，这才导致他的第二次起航，从自然哲学转向政治哲学。但是，在笼统的"自然哲人"这个称呼里，克塞诺芬尼同样意识到这个问题——虽然其深度不及苏格拉底和柏拉图，但这足以让我们把哲人关于政治哲学的自觉提前到克塞诺芬尼这里。

这就是克塞诺芬尼采取诗歌这种文学样式的根本原因：哲学是少数具有哲学天性和才智的人的事业，但诗歌却关乎所有人的共同存在、共同体的存在。所以，他把关于"一"的学问以神话诗歌的方式说出，这可以吸引有智慧和天性的人，但同时，他的诗歌更多是为保护多数人的在世生活，也就是保护他们生活赖以维系的道德根基。所以，我们细细检审一下克塞诺芬尼的辑语，就会发现，他更多的诗歌讲述传统伦常，而不是这些所谓哲学和科学。据说，他曾写有两千行的长诗，关于自己的母邦克洛丰和殖民城邦埃利亚等，假如它们流传后世的话，其性质或许类似于后来维吉尔所作的《埃涅阿斯纪》——这表明哲人克塞诺芬尼和城邦之间的关系有某种立法者的意味。他还写作诉歌和讽刺诗。古希腊诉歌采取对句的方式写作，或者有点类似于中国的对偶，诉歌对句是"抒情诗中六音步英雄史诗的一个变体"。它由两行诗形成一个完整的诗句或诗节。第一行诗类似于六音步史诗，只不过在结构上稍异。它的独特之处在于第二行，人们往往称之为五音步格。同时，诉歌对句采用六音步的诗体，这种形式不但继承了赫西俄德的诗歌类型，同时还继承了他的道德训诫。

比如，在相对完整的辑语1中，克塞诺芬尼写道：

> 首先，怀着发自内心的欢乐歌唱神明，
> 歌中充满庄严的故事与纯洁的言辞。

会饮的场合虽然看似闲适放松，但一个人恰恰能够突出体现出自己的性情。这既是一个展现的场合，也是一个接受教育的场合。克塞诺芬尼这首辑语是会饮场合的歌曲，可以想象，这既是对会饮场合的描绘，也是适合于这个场合歌唱的曲目——克塞诺芬尼故邦沦落之后，他流浪于希腊各邦，据说就以传唱或者制作这些歌曲为生。与他年代相仿的忒奥根尼斯，其诉歌同样在会饮场合歌唱，也表达出同样的意蕴，他也通过对会饮这个小型社会团体的描绘和教育，构造出一个关于政治共同体的政治教诲。所以，在这样的场合里歌唱的歌曲反而更要故事庄严，言辞纯洁——对比一下柏拉图《会饮》里看似敬神实则渎神的许多会饮者言论，就能够明白苏格拉底是如何恪守传统的。

但是，令后来读者不解的地方是，既然克塞诺芬尼如此钦慕传统礼法，他为何还要攻击希腊传统礼法的教育者荷马和赫西俄德呢？

> 荷马和赫西俄德都说，诸神
> 和人类一样，有种种耻辱和过错：
> 通奸、偷盗、说谎，他们无不精通。（辑语10）

（荷马和赫西俄德）传布诸神的种种缺陷，诸如偷窃、通奸和谎言。（辑语12）

这两则辑语或是同一句诗的两种版本，它们当然是对荷马和赫西俄德的直接攻击。但是，克塞诺芬尼攻击的原因不是因为荷马和赫西俄德的诗歌，而是因为他们在诗歌中传达出不审慎甚至渎神的言论：神怎么可以欺骗？怎么能够偷盗说谎？要知道，"一开始，所有的人都同样师从于荷马……"（辑语9），这样的教师会教出怎样的学生？当然有可能做出同样的欺骗和偷盗行为，其德性怎不会让人生疑？正是由于这样的原因，克塞诺芬尼才进一步讽刺这样教育下的人们：

人们以为，神也是生出来的，
和他们穿一样的衣服、说同样的说话，有一样的身体。（辑语14）

也是由于这个缘故，才会有后来被冠以"唯物主义"之名的诗句："如果牛、马和狮子有手，能用手作画，能做人能做的工作，那么马则画马形为神，牛则画牛形为神，它们都会按照自己的形象画神，让神的身体和它们自己的身体一般"（辑语15）。不理解克塞诺芬尼的思想，直接给出这样的结论似乎有些唐突。这个"如果"的表述并没有认可与表扬的意味，如果联系到克塞诺芬尼诗歌的整体气息，牛、马和狮子之类的想象，恰恰是教养不足者的象征。

所以，在批评荷马和赫西俄德这一点上，克塞诺芬尼恰恰秉承了二者的原则，秉承传统教化的原则而不得不为之事，比克塞诺芬尼稍晚的品达，同样持有激烈反对这种虚妄神话的态度。正是在这个意义上，我们就能够理解柏拉图对荷马的批评。如果回溯的话，柏拉图的批评一定受惠于克塞诺芬尼的思考，无论是其哲学还是其转向。

克塞诺芬尼的辑语2也相对完整，也有二十多行，这首诗嘲讽了希腊传统的竞技体育，但是，他事实上和品达一样，品达通过对竞技比赛胜利的歌颂，鼓励胜利者追求卓越的传统美德，而克塞诺芬尼的讽刺，则针对沉迷体育而不追求美德者。克塞诺芬尼写道，竞技的胜利者固然获得了各种殊荣，但是，即便如此，城邦并不会活得更有良好法度。

> 城邦没什么值得为此而欣喜，
> 倘若有谁在皮萨岸边的比赛中赢了的话：
> 因为这丝毫不会丰裕城邦的根基。

竞技比赛本来是为了追求美德，追求美德的目的不是为了展现个人的某种才华，而是为了更有益于城邦的共同福祉。也就是说，通过竞技比赛呈现出的个人美德，令胜利者可以为城邦的"法度"尽自己的卓越之能。这就是克塞诺芬尼使用良好法度一词的含义所在。在希腊的传统政治智慧里，这才是优良的政治生活。质言之，传统的贵族政制所追求的，几乎可以以良好法度一词而道尽。

梭伦当年面对雅典的种种混乱时，为城邦开出的济世良方，便是要以良好的秩序来取代当前的混乱状态：

> 我遵从内心的命令，提醒雅典人：
> 多数由混乱所带给我们的灾祸
> 都可以在良好的秩序下重归和谐：
> 它会给邪恶的人以约束，
> 会驯服粗暴，消除肆心，惩戒残忍
> 铲除刚刚萌芽的愚蠢行为，
> 它能杜绝欺诈，让自大者变得文雅，
> 还能制止可恶的派系之争
> 与势不两立的冲突。一切事物
> 将在人们当中得到智慧与有序的安排。（辑语3）

在品达的笔下，传统贵族政制之优良，就在于良好的秩序。他曾用此词形容岛屿城邦埃吉纳——在被雅典侵占之前，这是希腊最古老的贵族政制的承续者。荷马笔下的奥德修斯曾对安提诺奥斯说，神明的眼睛环绕着城邦，探查哪些人狂妄，哪些人遵守法度。

而在赫西俄德那里，良好的秩序与正义、和平一样是忒弥斯的孩子。一言以蔽之，良好法度才是人类政治生活得以维持并向往美好生活的政治保护膜。克塞诺芬尼最后使用的根基一词，本意是洞穴或者建筑的最深处，"根基"的译法或许有些强硬，但是对于一个城邦来说，最深处的东西，不是哲学，而是良好的礼法秩序，它才能够为城邦提供最深处的支撑。

克塞诺芬尼正是看到了这一点，才隐匿——而非取消——自己的哲人身份，并敞开自己的诗人面相。他和埃利亚异乡人一样，具有哲学探究的理性，但是，他以诗歌传达自己的教诲。在克塞诺芬尼的教诲里，哲学并不缺席，但他更多的笔墨集中在城邦道德的规劝上。他所采用的诗体，本身就是在时代的潮流下转身向后，他所张扬的，正是与传统诗歌相衬的贵族政制所要求的德性。

选自《江汉论坛》2015年第6期

"双面"托马斯·莫尔

/ 杨晓雅

一

1535年7月6日（也有材料记载为7月7日），英国前任大法官托马斯·莫尔爵士在一片唏嘘声中被送上断头台。据历史材料的记载，莫尔因贪污受贿和叛国罪被处死，判词原为：

> 送他回到伦敦塔，从那儿把他拖过全伦敦城街到泰伯恩行刑场，在场上把他吊起来，让他累得半死，再从绳索上解开他，趁他没有断气，割去他的生殖器，挖出他的肚肠，撕下他的心肺放在火上烧，然后肢解他，把他的四肢分钉在四座城门上，把他的头挂在伦敦桥上。
>
> （《乌托邦》附录中的《莫尔小传》）

最终，亨利八世感念莫尔过去的名望与功绩而"大发慈悲"，将对莫尔的刑罚减为砍头，再将其头颅悬挂在伦敦桥上示众。

说到莫尔，他身为作家和空想社会主义先驱的名声已与《乌托邦》一书牢牢地捆绑在一起。伊拉斯谟曾在1517年2月给好友的信中写道："当你阅读莫尔的《乌托邦》时，你就会觉得自己进入了另一个世界；那里一切都很新鲜。"稍过几日，他又忍不住写信对自己的另一位朋友说："如果你还没有阅读过《乌托邦》……如果你想……弄清楚一个国家中几乎一切罪恶产生的根源，那就请你设法弄到此书来读一读。"通过伊拉斯谟的热情推荐和推广，更多人文主义者慕名拜读，在阅读了《乌托邦》之后对其大加称赞，并一致认为："只有莫尔设计的乌托邦在社会生活中吸收了……基督教的风俗和真正的明哲，并在个人生活中至今还使它保持一尘不染，这是因为……作者非常赞成维护三条神圣法则：公民平等……对人类的永恒和坚定的爱情……对金银财富的蔑视"，"乌托邦人的这三条基本法规能够成为大家心目中坚定信念的主要支柱"，将"重现美妙的黄金时代"（奥西洛夫斯基《托马斯·莫尔传》，商务印书馆1995年）。

现在回望起来，五百多年前，《乌托邦》就像一本在莫尔的"好友圈"里被频繁转发的小册子。它虽被广泛传阅和论及，但也得裹着当时流行的旅行文学的外皮，毕竟，除了带给读者阅读的新奇和愉悦之感，从政治敏感性上说，这在当时又是一本让人唯恐避之不及的危险之作。尤其是第一部里描写英国现状的文字，用词用意都带有对政治权威与体制的挑衅和指责。从《乌托邦》在欧洲早期的译本传播证据上看，便可知其"命运多舛"。1516年，《乌托邦》的首版出现在比利时的鲁汶。到1519年，最初发行的五版《乌托邦》均为拉丁语，但具体内容却各不相同。《乌托邦》的译本最早为德语版、意大利语版和法语版，分别于1524年、1548年和1550年发行。但这三个译本都因各种限制将莫尔的原作改得"面目全非"，有的第一部已完全被删除，有的书中人物被更换，有的甚至连书名也并非"乌托邦"。英译本《乌托邦》于1551年问世，内容必然有所篡改。直到1663年，拉丁语原版《乌托邦》才得以在英国发行，这距莫尔首次将它公之于众已有近一个半世纪。《乌托邦》（G.M.Loganed., *The Cambridge Companion to Thomas More,* Cambridge University Press, 2011）所经历的坎坷命运与它所爆发的顽强生命力，也恰好应和了莫尔不曾坦然公布的野心，与看似谦和背后的强硬。

二

莫尔热爱写作，工作之余便勤奋练笔。按历史材料记载，在莫尔一生的作品中，大约有二百五十多篇诗文用拉丁语完成，其中包括论述性散文和讽刺短诗，当然，还有献给亨利八世加冕的一些长诗。在莫尔的拉丁语讽刺短诗中，以政治题材居多，随处可见对现实政治格局的隐喻描述。从写作修辞技巧上看，莫尔善于运用矛盾式表达，以营造出一种对立冲突的文体效果，比如：

> 白玫瑰红玫瑰挨着生长，
> 他们开始竞相争夺王冠。
> 啊，红白玫瑰融成一片，
> 休战，花儿朵朵吐芳香。

（转引自《托马斯·莫尔传》）

以上诗节出自莫尔的一首不知名的讽刺短诗，暗指玫瑰战争和都铎王朝登基的问题。在英国历史上，兰开斯特王朝和约克王朝的徽章里分别绣着红白两种玫瑰。亨利·都铎是兰开斯特王朝晚辈中的杰出代表，在1485年8月22日波斯沃尔特会战中战胜了原英格兰国王理查德三世，夺取了王冠。而他也只有在迎娶了爱德华四世的女儿伊丽莎白为妻之后，才能在自己的徽章中把红白两种玫瑰结合起来。莫尔以此作诗，语言精练，题材敏感，他期盼着一个能给予国民幸福生活的新君主的驾临，又提倡国家建立一个新的、更好的政治体制。这足以让读者一眼瞥见莫尔在政治上的大胆与坦率作风。

在创作《乌托邦》的同时，莫尔还在撰写《英王理查德三世本纪》一书。《英王理查德三世本纪》是莫尔留下的唯一的也是最著名的一部历史著作，直接影响了莎士比亚对同名历史剧的创作。因为在莫尔生前从未得以发表，许多研究者曾一度怀疑莫尔并非此书的作者。在书中，理查德三世被刻画成一个老奸巨猾的伪君子、独裁者、权力狂，他杀害自己年幼的侄子而篡夺王位，可谓名副其实的"卑鄙凶手"。从全书的记述手法看，作者似乎对爱德华四世和理查德三世时期的政治生活和官场风流韵事了如指掌。由此推断，作者长年深处政治斗争的中心，具有丰富的阅历和经验，也想通过作品表明自己的立场和敌意。在莫尔被处死三年后，一位大臣在被审讯时提到莫尔就是《英王理查德三世本纪》的作者。莫尔死于叛国罪，当时触及这个话题无疑要冒极大的风险。因此，1543年，《英王理查德三世本纪》首次问世时只是被编入了另一部历史纪事中，并且未提及作者的名字。

长期以来，学界对《英王理查德三世本纪》的真实作者还存在其他的猜测，比如有学者认为，它是莫尔年少时的启蒙导师红衣主教莫顿用拉丁语所作，而后由莫尔将其译为英文。对此说法，伦敦大学的著名学者钱伯斯在做了大量文献考证之后提出反驳，并指出莫尔应该先是整理并阅读了莫顿去世后留下的一些拉丁语手稿，再把它作为素材来撰写此书。他先是用英语撰写，之后又把它译成了拉丁语。这也是当代学界最具权威性的一种推断。从写作手法上来说，《英王理查德三世本纪》在莫尔的所有作品中评价极高，被赞为"一个精心设计、细心完成的整体，比例恰当，无懈可击"。莫尔通过对15世纪英格兰腐朽皇权的揭露和批判，将舌灿莲花的修辞技艺展露了出来，让崇拜他的读者透过他平时一贯温和的外表，捕捉到某些危险而具有颠覆性的观点。这无疑也能满足他身为作者的创作意图和应有的虚荣。但莫尔为何不愿将它彻底完成呢？为何不愿将它在有生之年出版呢？或是言不由衷？或是身不由己？

三

莫尔是一个充满矛盾的历史人物，这一点在他对于宗教的态度上表现得特别明显。在关于乌托邦的宗教设想中，莫尔已表现出当时欧洲罕见的豁达，说道：

> 不但乌托邦全岛总的来说有各种宗教，在每个城市也是如此。有人崇拜日神，有人崇拜月神，又有人崇拜其他某一种星辰。若干乌托邦人尊敬以道德或荣誉著称的先贤，把他当作神，甚至最高的神。
>
> （《乌托邦》）

莫尔提倡宗教自由，他和好友伊拉斯谟都站在了16世纪主张宗教宽容的先驱者行列，认为宗教自由既是一个国家政治稳定的需要，同时也符合真正的宗教的利益。莫尔这般开放的宗教态度，似乎针对的是当时基督教会对异教徒以及带有异教思想的人所施加的迫害，由此也让《乌托邦》成了一部争议之作，在发表之初便被判定为宣扬异教文化。不过，说到这里，问题又出现了，按历史材料记载，莫尔同时也因其镇压异端的暴行而背上过一个历史的"骂名"。

莫尔支持信仰自由不假，在镇压异端势力时也的确是不遗余力。他在担任大法官一职时，就曾把路德派信徒投入监狱审训，还将六个改革派人士判处死刑，绑在火刑柱上烧死。他逮捕过许多所谓的禁书持有者，亲自在法庭上对他们进行审讯，再把他们送进伦敦塔、弗利特监狱或康特监狱。大多被宣判为异端的人，要被架在马上游街示众，他们面对马尾，衣服上缀着自己说过的各种反叛之词。这些人差不多被莫尔折磨成了记载和惩戒异端势力的"活体书"。曾有一个囚犯的仆人想给主人一点帮助，于是写了一份陈情书上交议会，莫尔得知后便派人把他也投入弗利特监狱。为了搜查禁书，莫尔还突袭过一个商人的家，再把他投入伦敦塔，任其死于阴冷的牢狱。总之，在镇压异端的过程中，这位许多人口中的"软心肠的理想主义者"毫无收敛地表现出了野蛮与残暴的一面。这不但与他平时儒雅温和的精英知识分子形象大相径庭，更使得我们不愿把这些行为与他的人道主义理想联系起来。

不过，莫尔自认为在处理异端的问题上是有分寸的，他有自己的行为准则。但因为异端肇事在先，他便坚持"以暴制暴"。在《关于异端的谈话》一书中，莫尔写道："如果他们（异端）不曾诉诸暴力，善良的基督徒可能不会像今天这样对他们使用那么多的暴力……异端像任何其他罪行一样受到严厉惩罚，完全是罪有应得，因为没有比这更冒犯上帝的罪行了……只要异端不诉诸暴力，几乎不会用暴力来对付他们。"（*A Dialogue of Comfort against Tribulation*, Yale University Press, 1976）在马丁·路德于1517年在维腾堡教堂大门上贴出《九十五条论纲》前，莫尔对异端的这种态度就已形成。我们在《乌托邦》中可以看到莫尔清楚地写道："在传教时使用任何暴力都是不允许的，如果为宣传自己的教义而在群众中煽动事端，就要受处罚。"

四

莫尔个人形象的风格化，则是基于历史材料记载的后续文学性建构。一直以来，由于自身的悲剧命运结局，再加上《乌托邦》的理想主义色彩渲染，莫尔成了人们心中一位正直而博学的历史传奇人物。处于当时混乱的政治环境，他始终坚守自己的原则和立场，带有一种孤胆英雄式自我牺牲精神，因而也常被后人称作"四季之人"（the man for all seasons）。"四季之人"作为一句英语俗语，用于形容一个在各方面都能力卓越并表现出色的成功人物，其重要性足以永垂青史。若上升到政治话语的修辞性高度，则用来强调随时随地都会站出来独当一面，并勇于承担国家责任的英雄式人物。

莫尔被尊称为"四季之人"，主要还得归功于20世纪英国剧作家罗伯特·鲍特的作品《四季之人》。1660年，鲍特以莫尔的生平为蓝本创作了这部舞台剧，主要讲述莫尔人生最后阶段的生活，塑造了莫尔正直正义的为人处事风格。几年之后，剧本被改编拍摄为电影，于1966年12月上映，在全球范围内获得一致的好评，并荣获次年第三十九届奥斯卡"最佳影片"等六个重要奖项，是电影史上不可多得的传记性佳作。片名"A Man for All Seasons"被译作"良相佐国""日月精忠""正直的人"等。由此可见，汉语观众对莫尔人物形象与人格力量的认知与接受，显然是再积极正面不过了。

在剧本扉页，鲍特引用了两段前人评价莫尔的话。一段是讽刺大师斯威夫特对莫尔最为坦诚的赞颂——"这个国家（英国）所产生的拥有最高美德的人"；另一段，则是文艺复兴时期的语法学家罗伯特·惠廷顿对莫尔由衷的感叹：

> 莫尔拥有天使的智慧与非凡的才学，我不知道还有谁堪与他媲美。哪儿还能找到这样高贵、谦逊又亲切的人呢？他既能为我们带来惊喜和愉悦，又能让我们产生一种悲伤的庄重感：他就是一位四季之人。（Robert Bolt, *A Man for all Seasons: A play for Sir Thomas More*, Heinemann Educational Publishers, 1996）

按《四季之人》中的讲述，当时的莫尔已因《乌托邦》的出版备受争议，同时也受到了人文主义者和平民百姓的褒奖和拥护。剧中的莫尔：

> 年纪已将近五十。面色偏白，中等身材，并不强壮。然而，他的自我精神世界是丰富多彩的，这让他显得容光焕发。他的动作举止大方而敏捷，但又不显粗野，带有一种与生俱来的节制与温和。他长着一副智者的脸庞，随时会浮现出愉悦的表情，但也随时会显得严肃和慈悲。只有在面临高危的情况下，他才会变得像一位苦行僧或禁欲主义者一样阴沉，而后则表现得越来越冷漠。（*A Man for all Seasons: A Play for Sir Thomas More*）

如此一来，莫尔的深思与善变又为他添加了某种气质上的神秘感与不确定性。鲍特通过细致的描述，凸显出莫尔性格的"双面"化，这也是对莫尔形象的一种更为真实贴切的还原。

对莫尔的"双面"立体刻画，让另一位声名显赫的历史人物亨利八世显得单调"扁平"了许多。在介绍出场人物时，鲍特便用一句话点明："这完全不是小荷尔拜因肖像画上的那个亨利。"小荷尔拜因画笔下的亨利八世已人到中年，蓄须，稳健而威严。与此不同，鲍特用文字描述的亨利八世则是一个"看似年轻很多的国王，胡子刮得很干净，两眼发光，举止优雅，体格健美。他就似欧洲宗教改革的金色希望。而他在掌控权力时所表现出的那种轻浮多变，预示了他今后的腐败与堕落"（*A Man for all Seasons: A Play for Sir Thomas More*）。鲍特的文字，直指画像上的虚假。很多时候，当后人要了解或瞻仰一位被冠以伟名的历史人物时，首先便会从肖像画上去探其英姿相貌。大多怀着政治雄心的历史人物，会以要求或命令的口吻让画师按自己的意愿来记录和展现自己。那么，不论从神情、姿态，还是从服装、场景上看，画像上的那个伟人形象都或多或少地带有其本人所期望的权力的投射，试图从视觉感知的第一步便让观者臣服。经过画师的画艺雕琢，在真实的人物与遗存的画像之间，常常是临摹混合着虚饰，从而让历史也真假莫辨起来。

《四季之人》中的莫尔一出场便备受亨利八世的爱戴和重用，可渐渐地，他意识到自己正陷入一片政治的泥潭，而他所坚持的立场显然无法迎合国王的要求，其冲突导火线便是莫尔拒绝参加亨利八世第二任王后安妮·博林的加冕典礼。莫尔陷入矛盾与困窘，他做出决定，就此远离宫廷政治纷争，全身心地回归自我与家庭。可以说，莫尔试图躲进自己的乌托邦以寻求庇护，而这样一个乌托邦似乎更具中国文化传统里的世外桃源意味。至于最后的结局，可谓是身不由己又无处可逃。莫尔的行为和态度不但没有得到亨利八世的体谅，反而使得亨利八世对他耿耿于怀，并想方设法对他进行挑衅、陷害和污蔑，将他逼入臭名昭著又孤立无援的境地。

1534年4月，莫尔被囚于伦敦塔，在独自静候审判的同时，他仍潜心撰写寄托人世与宗教情怀的作品《塔中书》。最终，这位从现实的名望巅峰直坠顶底的"四季之人"，被以贪污受贿和叛国的罪名送上断头台。

五

据历史材料记载，与莫尔同时代的很多正统的理论家都非常厌恶莫尔那种故作幽默的嘲讽姿态。比如教会的僧侣们就曾公然指出莫尔有一种"笑谑癖"，并谴责莫尔玩弄修辞技巧，惯于用双关语、俏皮话和笑话对待最重要的事情。对此，莫尔本人在回敬这些指责时，依旧直言不讳地逗趣说："作为一个俗人……较之用严肃隆重的腔调来说教，我更爱好以玩笑的方式来表达自己的看法"，并更青睐这种"在嘲笑中说出真理"的方法。当学者与读者对他撰写的历史文稿表示怀疑或追捧时，莫尔又会异常冷静地表示："我们不该相信形形色色的人们所说的五花八门的事情，他们好像在说真事一样。"当莫尔自己陷入矛盾和烦闷时，也会如平常人一般写信向好友抱怨："这个世界到处都是尔虞我诈和相互倾轧，到处是狠毒的诽谤和强烈的嫉妒，到处是恶魔在统治着人间……"（《托马斯·莫尔传》）总之，不论被厌恶还是被妒恨，莫尔笑谑着，也抱怨着，也看似慷慨大度地为自己招来更多的敌对与争议。

从当下文学阅读和消费的情势来说，莫尔已不再是（或者根本就很难被算作是）一个能让广大读者热烈追捧的作家。但拨开尘封的历史，探入或旧或新的无限文本所编织的巨大网络，细细品察，就会发现，莫尔似乎已化作一个自由的"幽灵"，在广阔而漫长的时空中从未停息地游荡穿行。

客观地评价莫尔的一生，他绝对算得上当时欧洲跨越政坛与文坛的"风云人物"，同时还权居高位，身兼数职。他虽言行古板，思想却标新立异；虽深悟权术，却退而与世无争；虽孤高淡漠，却宽容和善地与这个世界相处；虽已不再言说，却润物细无声地对后世作者们产生着不尽的影响，悄悄躲进他们作品中那些争议不断的角落。莫尔无疑算得上是一个博大而谦卑的"有故事的人"，以他不长不短（终年五十七岁）的一生，傲然而沉重地诠释着一种朴实而跌宕的文学艺术性。曾让人不胜唏嘘的是，正是这位德高望重又受众人夸赞的典型"伟人"，最终却落得个众叛亲离还人头落地（差点被五马分尸）的下场。然而，让人颇感欣慰的是，一切赞颂或诽谤、荣耀或屈辱、褒奖或贬斥，以及真实或虚构，在经过历史与文本的记载、描写、续编与保存和沉淀之后，使得莫尔其人其作在英国、欧洲乃至世界历史上永葆声名，并散发着持久而厚重的魅力。

选自《书城》2015年第10期

《大宪章》：强迫出来的自由基

/ 石恺蒂

《大宪章》一直被视为英国民主政治的基础，概而言之，它的要旨很简单，一是"在法律面前人人平等"，二是"我们交税，你给我们自由"。

在温莎附近沿泰晤士河岸有一片芳草地，叫兰尼米德。这片风景优美的绿草地与英国乡间的其他风景没什么区别，时间的消逝似乎没留下一丝痕迹，然而，这里却见证过英国历史上最重要的事件：八百年前《大宪章》的签署。

《大宪章》（*Magna Carta*），一份并不成功的英王约翰与叛乱男爵之间的和平协议，其意义之深远完全超出当时签署双方的想象：它第一次从原则上提出了在法律面前人人平等的概念。

现在，《大宪章》中的绝大多数条款都已过时，只有三条在英国法律中还有实效，但《大宪章》的自由与人权的象征意义，却丝毫没有减弱。英国没有定义明确的成文宪法，保护公民个人权益所依靠的是长年累积的惯例、议会法案、权威文件、普通法、法院判例、欧盟法、国际法等，这种体制听上去虽然荒谬，但历史却证明了它的可行性及有效性，这一切，要归功于《大宪章》所打下的坚实基础。

《大宪章》是英人对世界文明做出的巨大贡献，八百年纪念当然也不马虎。大英图书馆为期六个月的展览《大宪章：法律、自由与遗产》

(*Magna Carta: Law, Liberty, Legacy*) 于 3 月 13 日开幕，那天一大早我就去凑了热闹。展览陈列了两百多件与《大宪章》有关的文物和藏品，横跨历史千年，分为九个展区，介绍了《大宪章》的缘起、演变、对西方世界的影响及在当代社会中的意义。

要了解《大宪章》如何成型，首先得了解中世纪英国的状况，当时国王与贵族、国王与教会之间的关系。

《大宪章》并不是空穴来风，"公正公平"的概念在英国及欧洲早就有了，在《大宪章》之前六百年，盎格鲁-撒克逊就已经有了一定的法律程序。展览中有一部《创世纪》的古英文译本，其中有一段是古埃及法老对面包师的处刑，书中插图表现出的是盎格鲁-撒克逊国王在进行法律审判的场景。展览中还有一部 11 世纪克努特王颁布的盎格鲁-撒克逊的法典，这一法典用古英文写成，对通奸、伪证和巫术都有惩罚，也对铸币及修建桥梁有统一的规定，还有对谋杀犯施以死刑和放逐的许多条款，以及"如果某人蓄意反抗他的国王或主人，他将被剥夺生命及所有财产"之类的文字。

中世纪的英国，国王与贵族之间有不成文的游戏规则，他们互相依赖，也互相限制。王权虽然大于贵族，但明智的国王都知道如何向贵族妥协。例如 1100 年亨利一世在男爵们的拥戴下继位，继位当年就颁布了《加冕法典》（*Coronation Charter*），宣布废除许多对男爵不利的旧习俗。在兰尼米德谈判中，这一法典是男爵们与国王约翰讨价还价的重要依据。当然也有昏君，那么国王与贵族之间就会矛盾重重，主要表现在税收及法律的实施上，例如国王可以随意征地征税或没收贵族财产，可以随意逮捕人，可无限期推迟一个案子的审理等。国王约翰（在位期 1199－1216）就是英国历史上最糟糕、最武断、最贪婪、最昏庸的国王之一。

约翰是亨利二世的第五个儿子，哥哥是狮心王理查德一世。他被兄长们讥讽为"无地王"，因为等他成年时，亨利二世已无领地可以分封给他，这也可能是他的残酷贪婪的起因之一。他残忍、阴险、会耍手腕、笑里藏刀、完全不可信任、拥有所有邪恶的本领和资质。他给你一个拥抱，目的是要在背后捅你一刀。为了夺得王位，他曾安排谋杀侄子亚瑟。父亲亨利二世精力充沛、才能过人，是一位出色的军事领袖；哥哥狮心王在位十年，一直四方征战，率领十字军东征，最后在法兰西战死。约翰的能力及勇猛显然比不上父兄，他也好战，却屡战屡败，失去了英格兰在欧洲大陆的许多领地。

继位之后，约翰随心所欲地开征各类税收，随意霸占贵族和教会的财产。展览展出了当年用来支付约翰重税的钱币，还有用榛子木打造出的小木棍，上面刻着符号，这是交税后的收据，不同的符号代表不同数额，两根棍子并为一套，上面的符号一致，收税官员一根，缴税人一根，审计时可以进行对照。1212年，为了收复诺曼底，约翰又去进攻法国，但大败而归，国库已空的约翰向贵族征收重税，与贵族的关系更加恶化。

亨利二世曾在法律上进行改革，对英国普通法的形成起了很大的作用，例如个人的私有财产受到法律保护等，但是，司法的大权仍被掌控在国王手中。所以，如何让国王与其他人一样遵守他自己所设定的法律制度，贵族一直在苦苦寻求答案。

中世纪的英国政治，另一个重要的玩家是教会，国王与教会的关系相当重要。约翰与罗马教皇间一直矛盾重重，他曾随意没收教会的领地和资产，并拒绝承认1207年教皇英诺森三世派任的坎特伯雷大主教朗顿，这让教皇大怒，颁令剥夺英国教权，后将约翰逐出教门。到了1212年，约翰意识到在与贵族的较量中，他需要教会的支持，于是赶紧向教皇低头，不仅承认朗顿大主教，给教会以自由，允许教堂任命红衣主教等神职，更进一步承认教皇在英国的无上君主的地位。朗顿大主教出身卑微，在巴黎求学期间，曾经与教皇英诺森三世是同学，关系极好。之后，在贵族和约翰的对峙中，他是当中的调解人，并在《大宪章》的成型及签署中起了重要的作用。

贵族虽不堪约翰的暴政，但他们知道，要废除一国之君，几乎是不可能的。他们只是想限制约翰，让他受到法律的制约，他们要求改革，但约翰对他们的呼声听而不闻。1215年初，部分北方男爵开始起义，用武力来反抗约翰，宣布与他脱离君臣关系。他们一路南下，5月17日占领伦敦。当时的伦敦城已经非常强大，有市长，也一直要求自治。伦敦城一直不满要向国王缴纳重税，所以，城里城外串通，伦敦不攻自破。

男爵叛军轻易占领伦敦城，这让约翰大为惊讶。他别无选择，只得与男爵们议和。1215年6月，以朗顿为首的大主教们在国王和贵族之间斡旋，议和地点选择在兰尼米德，这里是温莎堡和伦敦的中间地带，地势开阔，所以，谁都不可能打埋伏袭击对方。但上百位男爵和上千位骑士首先占领了兰尼米德，在那里安营扎寨。在6月15日到19日的四天谈判中，刀光剑影，国王约翰每天早上过来，晚上必回温莎堡。男爵们将他们的要求和积怨列出清单，总共有四十八条，外加一条保证条款，这是《大宪章》的蓝本，这份《男爵法案》（The Articles of the Barons）现由大英图书馆收藏，当时可能被朗顿带走，后来在兰博斯的大主教宫中被发现。

《男爵法案》演绎成《大宪章》，最终成型的版本用羽毛笔抄写在羊皮纸上，羊皮纸的大小不一，据说羽毛笔隔十行就要削尖一次。《大宪章》用中世纪的拉丁语拟成，不分段落，六十三项条款也没标号码，用语相当简洁。上面没有约翰的签名，但有他的大印。据研究，当时至少抄写了十三份，被送到各地大主教手中。现存大小不一的四份，两份藏于大英图书馆，一份在林肯大教堂，一份在索斯波利大教堂。

1215年的《大宪章》总共六十三条，其中大多数是针对男爵们所不满意的具体事项制定，有些非常详细，也多处提到伦敦，显然是因为伦敦帮助贵族把国王逼到了谈判桌上。主要条款包括：给予教会选举神职人员的自由，保护贵族和骑士的继承权，国王不可以随意征收贵族领地的继承税；国王不得随意收税；取消国王干涉法庭司法审判的权利；自由人没有经过同一级别的贵族审判，不能被任意逮捕或监禁，财产也不能被没收；确认伦敦及其他城市已经享有的权利；保护商业自由；统一度量衡；不得在泰晤士河上任意架设鱼梁；寡妇不应该被强迫再婚，等等。

这些条款，许多都被后代放弃，现在只有几条仍保留在英国法律中：一是保护英国教堂的自由及权利；二是确认伦敦及其他城镇的自由及习俗；第三条最有名，也就是原《大宪章》中很不起眼的第三十九条："任何自由人，如未经其同级贵族的依法裁判，或经国法判决，皆不得被逮捕，监禁，没收财产，剥夺法律保护权，流放，或加以任何其他损害。"以及第四十条："不得向任何人出售、拒绝或延迟其应享之权利于公平审判。"这里的"自由人"是个有趣的概念，因为在13世纪的英国，自由人数量极少。

《男爵法案》中的"保证条款"在《大宪章》中也得到了保留，在当时，这是最具革命性的条款，规定将由二十五名贵族组成委员会，他们有权强制国王按照《大宪章》的规定来行事，国王如违背之，这个组成委员会有权对国王施用武力。

约翰并不真的准备执行《大宪章》，所以，他没有签字，只是为了解决燃眉之急在上面盖了大印。他觉得一切都会恢复常态，但他低估了男爵们的决心。他和男爵们的最后一次会谈是当年7月在牛津，男爵们对他相当不尊重。约翰因脚部发炎而无法行走，他传令男爵们到他的住处来见他，遭男爵们拒绝，约翰只能被抬着去与男爵们见面，他到后男爵们拒绝站起来迎接他，这对他是奇耻大辱。而且，男爵们也拒绝撤离伦敦，一定要约翰王先实施《大宪章》，才愿意放弃伦敦。

约翰派使臣前往罗马，请求教皇废除《大宪章》。教皇对《大宪章》中的条款大表震惊，于8月24日颁发文书，称《大宪章》为"非法、不公平、极大地伤害了王权，是英国人的耻辱"，并在9月废除《大宪章》，宣布其永久性无效。所以，作为国王约翰和贵族之间的议和条约，《大宪章》只维持了几个星期，显然是一个失败。9月教皇之令传到英国，男爵们就炸开了锅，已经没有协商的余地了，他们要的是一场革命。

这里，最难做人的是朗顿大主教。一方面，教皇令他让将反叛男爵们逐出教会，另一方面，他是斡旋调节的中间人，并不希望英国真正陷入内战。所以，朗顿没有按照教皇的旨意去把反叛者逐出教会。大英图书馆的展览中有一份文件，是1215年9月5日温切斯特大主教及另一些教皇的支持者写给朗顿的信，信中引用了罗马教皇的指令，并抱怨说朗顿没有遵旨将反叛者逐出教会并没收他们的土地财产。信中还列举出反叛者的名单，这份文件是在英国沿海的多佛写成的。

男爵们宣布他们不再拥戴约翰，并请法国王室来帮忙。1216年，法国的路易王子率领军队入侵英国，攻占了伦敦和英国南部的大部分地区，英国陷入内战。如果历史没有后来的突发事件，那么《大宪章》就可能永远被湮没。但人算不如天算，1216年10月18日，约翰王在林肯郡死于痢疾（也有人说他是中毒而死），他的儿子，九岁的亨利三世由教皇加冕继位。男爵们的许多积怨都是针对约翰个人，他们并不想违背《圣经》的教义反叛幼主，而且，半个英国在法国路易王子的掌控下，新国王的支持者也愿意与男爵们讲和。于是，两边都做了让步，对《大宪章》进行重新修订。1216年11月，为了能够重新得到男爵们的支持，修改本的《大宪章》以亨利三世的名义颁发，第二年11月，路易王子的法国军队被赶出英国，第三版《大宪章》面世。

1225年，亨利三世年满十八岁，年轻的国王翅膀硬了，他颁布了《大宪章》新版本。这一版本比十年前的第一版缩短了三分之一，男爵们做了许多让步，许多对国王不利的条款被删除或重新写过，例如那条二十五位男爵进行监督的"保证条款"。此版《大宪章》是最得到公认的一个版本，也是以后的历代君王和贵族共同承认的。所以，现在有专家说，其实《大宪章》的八百年庆典应该推迟十年，因为1225年的《大宪章》才是君臣双方心甘情愿的自由意志的产物，而1215年的《大宪章》是强迫出来的，应该被称为"兰尼米德宪章"才对。其实，两个宪章的基本原则一致，那就是法律高于一切，这是英国自由和人权的基石。

朗顿大主教对于《大宪章》成为英国宪法的一部分有着决定性的作用。1216、1217年修改版时，他不在英国，没有参与。1218年他回到英国，在1225年的修改版中起了很大的作用。这一版的《大宪章》被广泛发布到各大教堂中，并在郡县的地方政府所在地由地方官宣读公布，许多抄写本在民间流传。

1297年，为了换取新的税收政策，爱德华一世重新颁布《大宪章》并将其纳入英国的法令条文中。之后的1234、1237、1240、1253年，《大宪章》都得到重新颁布，并被翻译成法语和普通英文，那才是一般老百姓看得懂的语言。1215年的《大宪章》，只是针对"自由人"，当时，那是很小一部分群体。1225年的《大宪章》，已经出现了"所有人"的字样。所以，《大宪章》所适用的已经不仅是贵族与国王的关系，也是农民与宗主的关系。在法庭审案时，《大宪章》也常常被引用，它也出现在法律文件中，其内容逐渐成为老百姓生活中的一部分，深深植根于老百姓的生活中。随着印刷术的广泛传播，1508年，第一部印制而成的《大宪章》面世。

《大宪章》一直被视为英国民主政治的基础，概而言之，它的要旨很简单，一是"在法律面前人人平等"，二是"我们交税，你给我们自由"。

英国民主的一个绝妙之处，就是它从未有过一个关于个人权利和自由的定义清晰的法案，也就是说，英国没有成文的宪法。《大宪章》是英国不成文的宪法的基石，在它的基础上，英国民主政治向前发展的重要里程碑还有：爱德华·柯克帮助起草的1628年的《权利请愿书》（*Petition of Right*），明确以《大宪章》依据，对查尔斯一世的王权进行限制，科克曾说过名言"《大宪章》是没有君主的"；1689年的《权利法案》（*Bill of Rights*），规定了议会和君主之间的关系，给议会更多权利，建立"议会至上"的原则；1832年的《改革法案》（*Reform Act*），将英国的政治民主化。

墙内开花墙外香，《大宪章》最大的直接影响，也许是在美国。1776年的《独立宣言》（*Declaration of Independence*）和1791年的《美国人权法案》（*United States Bill of Rights*），都直接引用了《大宪章》《权利请愿书》和《权利法案》中的许多内容，所以，在大英图书馆的展览中，也展出了《独立宣言》和《美国人权法案》的原件。英国人向来低调，从来没有想过要在兰尼米德建立什么纪念馆之类，倒是美国律师协会于1957年在此地建了一个简单的白色的圆亭，以作纪念，这也是《大宪章》的签署地的唯一标志。

世界往前行进，《大宪章》及《权利法案》的精神也与时俱进，在1948年的《世界人权宣言》（*Universal Declaration of Human Rights*）和1953年的《欧洲人权公约》（*European Convention of Human Rights*）中都有体现。1973年英国加入欧盟，带来英国宪政的一个很大变化，那就是1998年颁布的《人权法案》（*Human Rights Act*）。在2001年美国"9·11"以及2005年英国"七七"爆炸案之后，新的反恐政策允许未经审判即可将恐怖嫌疑人进行拘留，这引起了相当大的争议，因为它与《大宪章》最基本的"公平审判"的精神有悖。

《大宪章》八百年，说到底，制定法律并不难，难的是如何保证法律的可执行性以及被执行性。

选自《上海书评》2015年5月10日

第三辑

第二章

不许回望所多玛

/ 冯象

罗得妻变盐柱,是上帝降罪的神迹,意在警告逃生者,回首即死。然则,站在天庭的立场权衡利弊就会发现,若罗得回望,杀他非但于事无补,反而坏了救恩与公义。

上帝灭所多玛一事,载《创世记》十九章。悲剧末尾有一细节,历代注家歧见纷纭。这也难怪,圣言俭约,内中的深意,便是圣人也道不尽呢:

> 罗得一家四口,被天使攥着手带到城外:逃命去吧!天使叮嘱罗得,"不许回头看,也不可在平坝里停步;要一口气跑到那边山上,否则你(们)也一起灭亡"!逃到小镇蓑尔,太阳刚升上地平线。突然,漫天落下燃烧着的硫黄,顿时,所多玛与俄摩拉一片火海:耶和华夷平了整条河谷,连同所有的人畜草木。"(罗得)的妻子(忍不住)回头张望,立刻变成了一根盐柱。"

问题是,既已出离了耶和华眼里的邪恶之城,救主为何不许获救的"回头看"呢?假设天使对家长的警告适用于全家(故拙译作复数:"你们"也一起灭亡),罗得妻看到了什么?犯了上帝的什么禁忌?

这"回头"一节,遂成了圣史上一个谜团:经师串解论辩,神学家证之于信条，表现在西洋文艺，更是佳作迭出。当代学者的诠释，波兰学者柯瓦柯夫斯基（Leszek Koakowski，1927–2009）有一则寓言《罗得妻》，我以为于国人极有批判思考的意义。依其描写，那倒霉的妇人所犯的死罪，是回望了自己的过去；而至高者的计划，却是要逃生者忘掉"旧我"，终结历史，"做一个不同的人"（柯拉柯夫斯基：《上帝幸福否？》 *Is God Happy? Selected Essays*, Basic Books, 2013，311页）。这可说是一种戏仿式的讽喻；我们先敷衍他的故事，再做分析。另外，柯氏的文笔是学院派头，未免枝枝蔓蔓，挂些绕弯儿的大词，这些都替他修剪了。

所多玛覆亡的原因，圣书记载不详。传统说法，居民"十分邪恶"云云，柯氏指出，实际是敌人散布的谣言。历史的真相是，所多玛人创建了一个捍卫自由平等、废除死刑的宪政之邦（Rechtsstaat）。不用说，这是今人所谓的"普世价值"第一次照亮人类的心智——是的，比启蒙大哲康德构想他的"宪政国"与"永久和平"，早了三千六百年不止（参《摩西五经/圣经年表》）——撮其精华，便是城邦颁行的三条法令：

一、凡否定人人生而自由、要求监禁他人者，判无期徒刑。

二、凡否定人人平等、要求不平等者，判服苦役，剥夺所有权利。

三、凡要求恢复死刑者，判处死刑，立即执行。

就这样，一个伟大的理想改变了世界。可是不久，所多玛的执法人员热忱过度，这帮绰号"Stasi"的秘密警察到处搞监听，鼓励群众检举，形势就乱了。因为难免有人管不住嘴巴，漏出对普世价值的不满情绪，不抓不判行吗？还有工作态度懒散、穿着暴露或者爱打探小道消息的，也可能妨碍宪政的落实。这等人一旦引起 Stasi 注意，多半得带走调查。

但是，最大的乱子还是 Stasi 自己。依照分权制衡的原则，为保障程序正义，城邦厉行改革，将执法权拆开设了甲乙丙三部，分别负责维护自由、平等和生命权。不想那些人立了山头就不肯合作了，一天到晚钩心斗角，彼此窃听盯梢整黑材料，无所不用其极。群众则积极配合，揭发隐藏在各居民区的不法分子——听说要颠覆所多玛，谁不支持打击呢？才一年，全城人口四分之一因反对废除死刑被处死了；四分之一因敌视自由而失去自由；四分之一因质疑平等而进了苦役营。余下的四分之一，找不出一个不是在执法部门支薪酬的。

这一切，早有使者禀报天庭。高踞宝座的那一位一声惊雷：耶和华的太阳底下，跟罪人讲自由平等？死刑若可废除，置我的救恩于何地？遂遣两名六翼神子下凡督办，尽快纠正所多玛人的错误思想和邪恶行径。那天黄昏，神子来到城门口，只见一人叩鼻于地，正是圣祖亚伯拉罕的侄儿罗得。

　　那罗得却是个外来户，希伯来人。自从迁居平坝，本地人倒不曾搅扰；但他走的是上帝的道，"住在他们中间，那些无法无天的事，日日目睹耳闻，他的义灵沉痛极了"。他把客人接至家中，命两个女儿去门外站着，万一有 Stasi 闯来，可挡一挡。天使得悉宪政的乱状，又悲又喜：喜的是居然觅着一个义人，此行不负天父的嘱托；悲的是，普世价值竟如此腐败，这座城只有降天火惩治了。于是向罗得透露了耶和华的旨意，叫他带上家人，天亮前出城逃命。而后，便如经书所述，一家人逃到蓑尔，赢了救恩；不幸的是，罗得妻破了诫命，回头张望了那宪政之邦。

盐柱

　　罗得吓坏了，抱着盐柱，拼命喊天使。晚了！天使摆摆手，我们特意警告过，可她就是不听，只想回去过她的旧日子！

　　不，不，罗得苦苦哀求，她没有想回去啊，绝对没有，她只瞅了一眼！

　　一眼？说得轻巧。不想走回头路，会瞅那个？

　　所多玛都烧光了还不许看？为什么？罗得绝望了。他从神子的眼里，看到了天庭的判决：

　　不行，朋友。过去的属于过去，给它招魂，是大恶，必死！

　　为什么？希伯来人还在啜嚅。

　　因为新日子开始了。凡是没用的有害的不正确的知识，通通要消除！

　　可我们刚刚从所多玛跑出来，那边有哪样是瞧不得的？

　　神子微微一笑：那就更不该死抱着旧事物了，是不是？最好把它忘了。没等答话，似乎想起了什么，又道：你呀，是义人也是旧人，心里面存了太多的旧思想，一下割了又经受不住。夫人也是，硬要看自己的"旧我"灰飞烟灭，丢了性命不是？所以你慢慢改造吧。

　　义人急了：这不矛盾吗，我的好天使？我老婆究竟犯什么错？先头说是因为走回头路，现在又讲她自己找死，跟什么"旧我"一块儿完蛋。

矛盾呵呵，神子的翅翎亮得刺眼，听着，那是我主的奥秘！

义人有点语无伦次了。争辩了一阵"旧我"的概念属性，忽又害怕了。天使让他放心，只要不回头，忘却旧制度，换上天庭恩赐的新的法治思维，父女就不会有危险。他还想替妻子喊冤，乞求一个悔改的机会。但一看神子面露愠色，就闭了嘴，拉着两个女儿，往山上挪步，"哀哭着，爬进了他的新地"。

故事结束，作者铺陈"教训"（morals），模仿那邀天火的法令，也列了三条：

一、莫以为过去归我们所有；过去灌注于人的整个存在，我们属于过去。

二、天庭之所以禁止回首往昔，是为我们的好，因为人回头会变成盐柱。

三、回首即死，旧思想又割不掉，故而仅剩下一种选择：带着"旧我"生存，同时却假装没带——作者说，这样的人在自己周围其实不少："不少"万岁！

这一句口号，便是柯氏的夫子自道了。他年轻时是华沙大学的党员尖子，事业蒸蒸日上，三十二岁晋升了教授，执掌现代西方哲学史教席。《罗得妻》一文，出自他一本戏仿圣经故事的小书《天堂的钥匙》，作于1957年。由于涉嫌影射当局，未及发表就被禁了。于是流入所谓"地下文学"，抄本传出"铁幕"，西方媒体视为"波匈事件"的余音，鼓噪一时。1968年，柯氏"因政治活动"遭解职。旋即出国，先后在加拿大麦吉尔大学和加州大学伯克利分校访问，最终落脚于牛津大学万灵学院，任高级研究员，至退休。

然而历史诡谲，充满了反讽。如今的读者，倘使学一学罗得妻，便会看到：相隔半个多世纪，那同样的禁忌——寓言所讽刺的"上帝"的洗脑计划、"新地"对集体记忆的操控——在作者的祖国，在"告别革命"的"小时代"，都变本加厉了；而且越发"圣洁"，不容置疑。这冷酷的现实，"今属恶魔，昨之神圣"（蒙田语），恐怕是柯氏当初没有料到，后来也不愿面对的。他晚年的著述渐趋怀疑主义，着力反思天主教传统。尽管仍坚持马克思主义解释不了苏东社会主义，以为商店里琳琅满目的中国货全是"劳改营的奴隶制造"（《上帝幸福否》，68、321页），但对私有化市场化的"自由平等"已经不那么确信。结果，发议论就像是抱着盐柱，试图跟天使评理了。

记忆

寓言末尾的"教训",第三条不弃"旧我",意谓拒绝遗忘。回头,因此被赋予了本体论上行动的意义:人的社会存在离不开人的集体身份意识。其建构要素,按柯氏主张,除了自我指涉的语词(名号、人称代词及委婉表达),还有身体尊严和记忆,包括历史认同、溯源(借助宗教、神话),并据以期望未来(同上,251页以下)。

此说不无道理。拿来分析《罗得妻》,却揭示了那"教训"有一悖论:它没法长在寓言身上。一篇故事,无论纪实虚构,讲给人听,要人相信,其叙述也有一个"身体尊严和记忆",即"是"与"真"的问题。前者取决于故事的结构(人物、情节、对话等),后者须交代故事的源起、有无见证;当然,两者都依托特定的、广义的文学传统。比如,就圣史(寓言的底本与戏仿对象)而言,所多玛灾变的"原始叙说",可来自三个幸存者即罗得父女。如果从天使到访、遇见义人说起,则"合法见证"唯有罗得一人(详见下文);女儿所知,大半是父亲事后告诉的——至于神的启示,通常须有中介,由先知术士或祭司见证,情况不同,此处不论。不过寓言说得明白,罗得的记忆,恰是上帝计划改造的对象。天使的意思,矫正记忆,让它"升级",方可改写历史,屏蔽所多玛宪政的真相。如此,这灾变故事作为讽喻是否逻辑自洽而当"真",便有两种可能:

其一,罗得所传不实。属实的话,他就没有忘记宪政,而全能者的计划竟失败了。上帝失败,他的义人会愿意?不会的。他宁可违背"教训"放弃"旧我",把真相埋在心底。反之,那真相若能传世,至少应有耶和华遇挫的暗示,而非如寓言宣称:义人屈服,接受洗脑,"哀哭着,爬进了他的新地"。

其二,罗得没有说谎;惨剧的始末、许多细节都源于他的回忆。只是,不知不觉在"耶和华的太阳底下",经过清理"污染",他的故事做了圣史的一个插件,用以播放所多玛的骂名。所以这篇主观真实的回忆,读者是不可照单全收的;须仔细分析,搜寻线索,才能触及被遮掩的真相,哪怕真相已成碎片——

也许，所多玛在倾覆前从未发生过大规模的迫害，执法亦不靠"警察"。然而，自由平等尊重生命，在至高者看来，仅是"主内"会众的关爱义务；异教外邦，是注定了受诅咒下火狱的。

这样，那宪政之民不甘偏僻，欲在今世实现大同，乃是公然挑战救主的宏图。天庭震怒，硫黄火海，也就不奇怪了。

也许，所多玛本是一座不起眼的小城，一如圣祖筑祭坛的石肩、希伯伦，有自己的神庙跟律例，有虔诚而好客的居民，有热闹的集市和商旅。但它的倾覆并非神迹，是一场地震引发大火，烧毁了河谷里的文明，之后废墟下沉，形成死海，如一些学者论证。

不知何时起，流传开了一个邪恶之城遭焚灭的故事，宣扬的是以色列的圣者及圣法大能。

总而言之，罗得不回头不坚持追忆，我们便无从追问圣史的真相。这也意味着，从所多玛宪政的寓言推不出作者关于不忘过去的"教训"。

罗得

读者或许会问，既然如此，上帝干吗还拯救罗得？首先，他是义人，该救。而且如同挪亚，特许携家眷一起得救，以彰显耶和华的忠仆蒙恩。所以圣怒将至，天使关照罗得：你在城里还有什么人？儿子、女儿或者别的家人？带上他们，赶快离开！义人慌忙出门，去喊两个女儿的未婚夫。可是他们不信，只道是开玩笑。

拯救起于拣选。天父拣选义人，是要他见证所多玛的罪行与末日。这第二条理由，系于圣法，才是解经之关键。故罗得的准女婿不走、妻子忍不住回头，皆属可杀；杀了，救主的宏图不变。唯独义人是必救的。由此想到一个问题，是那"教训"的讽喻所忽略的：假使罗得豁出去，也往后看，又如何？会不会刹那间盐化？

我看未必。罗得妻变盐柱，是上帝降罪的神迹，意在警告逃生者，回首即死。然则，站在天庭的立场权衡利弊就会发现，若罗得回望，杀他非但于事无补，反而坏了救恩与公义。因为降罪之为神迹，根据圣法，只能由罗得来见证，妇孺是无资格的——可知他的待嫁女儿获救，非关做见证，是大奥秘另有安排。

是的，圣怒之主需要一个执义的忠仆，加入自己，向万世做邪恶之城的见证。诚如后来在另一座城，耶路撒冷，另一位人子，"圣洁无瑕而无咎"，在被仇敌钉上十字架之前，也曾祈求差遣他的天父一同见证他的牺牲。因此为救恩计，罗得是一定要留性命的，不然所多玛的覆亡就不合圣法，不配"万军之耶和华因判决而受尊崇，至圣之上帝为公义而显圣"。

而那"苍天铺开作帷幕，大水之上搭宝殿"的，事前已认定了忠仆敬畏。上山途中，他确实没敢回头；进了山，找岩洞住下，醉酒乱伦同女儿生子，也自觉地不谈往事。似乎，从此就选择了遗忘，连"盐柱"二字也不愿提起，他将帐篷扎在了救恩的"新地"，一心一意，诵习圣言。

但是，罗得回头的可能性仍在。因为，遗忘若是出于自觉的选择，而非仅仅是敬畏至尊，他便保留了人祖食禁果得来的自由意志，及辨善恶的理性的智慧。只消拿出足够的勇气，"无滞于外物"，如犹太哲人麦蒙尼德（Mosheh ben Maimon, 1135–1204）所言，他是可以回首，即重拾旧忆而发掘真相的。诚然，回望是冒险，是试探上帝，是不顾天庭诫命，拔出那根戳在心底的盐柱。而投眼所见，"新地"之外，记忆的禁区多么惨淡！说是充斥着所多玛的罪恶，早已倾覆，却又灭绝不了。而当义灵从遗忘中惊醒，勇敢地面对死亡，自推开救恩的担保那一刻起，人，就恢复了尊严。因为那忘却了的，开始了新生，极像先知的咏赞：

> 你的死者必重生，他们的尸身必复起；
> 醒来呀，欢唱吧，入居尘土的人！
>
> 因你的露珠是晨光之珠，
> 大地必将幽影娩出。

所以，罗得不必囿于那教训他的寓言，把"旧我"藏着掖着，伪装遗忘。他完全可以做到：一边见证救主的神迹，一边迈出"新地"，为我们回顾那"宪政之邦"沉沦前的"邪恶"，圣书为证：那所多玛人建设的"耶和华的乐园"。

不，耶和华决不会伸出小指，给死海之滨再添一截盐柱。这不是天父头一趟宽赦人子,仁爱泽被千代。何况罗得并无推卸做见证的责任;回头,也未见得冒犯圣名。罪人获新生,大地娩幽影,难道不是大仁爱的显现?

还有,那背起十字架的牺牲者曾说,待到审判之日,有些城因为不知悔改,"要比所多玛和俄摩拉还惨"。可见,圣言至慈,那今世遭焚灭的,骂名再大,仍有值得垂怜的。那么所多玛路上的第一根盐柱,她能否承仁爱,返来,与义人团聚?

选自《上海书评》2015年3月29日

欢喜佛与双修法

/ 沈卫荣

20世纪70年代以来,随着越来越多的密教文本、仪轨被解读和公开,密教正渐渐褪去其神秘的面纱,显露出其庐山真面目。借此西风,不少困扰了人们上百年的谜团,正在被慢慢揭开,而一直被当作淫戏误解了六七百年的"秘密大喜乐禅定"也终于等来了有望被拨乱反正的一天。

日前在 Wi-Ko 听了美国密歇根大学教授 David M.Halperin 先生所作的一场别开生面的报告,题为"性爱何为"(What Is Sex For?)。他从亚里士多德、柏拉图、叔本华等哲学家对性爱的定义和解释,讲到弗洛伊德的性心理学,再讲到他自己在巴黎、河内同性恋性爱俱乐部的经历等等。从玄妙的哲学概念,到草根的街头故事,谈性说爱,对爱欲(eros)、性冲动(Geschlechtstrieb)、浪漫的爱(romantic love)和情色的爱(erotic love)等概念及其相互关系,做了细致的区分和诠释,娓娓道来,引人入胜。

他说叔本华是世界上第一位提出"性爱形而上学"(Metaphysik der Geschlechtsliebe)的哲学家,他将爱定义为"一种更近切地决定的、特殊的、严格说来甚至是个人化的性冲动,这种冲动植根于整个人类对其后代之形成的严肃思考中"。换句话说,所谓爱无非"是一种人类所特有的性冲动的个人化的表述"。叔本华的这个定义业已成为现代人普遍接受的对爱的一种标准观念,而 Halperin 对此颇不以为然,他说他把他的学术生涯中的很大一部分都用来挑战这个观念。他不能接受别人把欲望和爱情从性学角度进行科学的解释和理解，认为就性爱而言任何概念化色欲的倾向对于现代思想而言都是灾难性的。

Halperin一讲完，在场听众反应强烈，争先恐后地提问、评论，而最普遍的一个疑问是："Halperin先生，你回答了'性爱何为'这个问题吗？"显然，报告人对"性爱何为"这个问题的十分精致的学术的和文学的处理，令听众一下坠入了迷茫和疑惑的云雾之中。在繁衍子孙、传宗接代看起来不再是性爱的主要目的，甚至同性间的性爱关系也越来越得到社会的认同之后，人们对如此基本的人生问题反而没有了一个明确的答案，变得越来越迷茫了。特别是当现代人极不愿意仅仅从生物学的、科学的角度来解释和理解性爱，而希望赋予性爱以哲学的、美学的、文学的、情感的和社会的价值和意义时，对这个日常发生的行为的解释也随之变得越来越复杂、精致和玄秘了。在随后一小时的讨论中，听众中的生物学家（生命科学家）、心理学家、哲学家、社会学家、历史学家和语文学家踊跃地从各自的专业出发对"性爱何为"这个题目进行了十分热烈和有趣的发挥和讨论，可最后还是谁也没有能够替Halperin圆满地回答这个问题。

不得不承认的是，Halperin的报告有时太哲学，有时又太文学，他说话的方式典雅、诙谐，也非常含蓄，这对语言和专业都很老外的我来说，专心听他这整整一个小时的报告很有挑战性，不是一直能跟得上趟。有点让我意外的是，这个报告我到底还是越听越明白了，听到最后我竟然飘飘然觉得自己成了那位于公元8世纪从敦煌到吐蕃传法的和尚摩诃衍的远传弟子了，刹那间顿悟：呵呵，原来世间男女这件事竟然如此的复杂，古往今来这么多聪明人都没能把它说个清楚，怪不得人们今天对世出的"密教性爱"（tantric sex）这东西还如此的好奇、如此的不能理解，更如此的不能容忍。可是，我们真还不得不佩服佛法之甚深和广大，在大持金刚密意所传的密法中，男女之和合作为一种出世的修行，虽然其实修的形式或许比世间的性爱更加复杂、奇妙，更令人迷惑，但其体认乐空无二、即身成佛的目的却十分明确。密乘佛教中对双身修法及其宗教意义有一套十分明确的说法，它不难说清，也相对容易理解。或许只要我们不把Halperin所研究的世间性爱的复杂和纠结带进我们对世出的密教性爱的理解和诠释之中，那么密教之性爱就绝对没有今人乐于想象的那样匪夷所思，或者不可容忍。

初次遭遇"密教性爱"是在20世纪80年代中，笔者首次进京，有缘进雍和宫拜佛。时见宫中某佛殿之佛像下半身都被红布围住，大惑不解。急问宫中之人，获告此乃"欢喜佛"像，俗人如我者不可得而见也。越是不得见，自然就越发好奇，从此就记住了"欢喜佛"这个名称。

不久，在明人沈德符的笔记《万历野获编》中，我读到如下一则记载，方才明白"欢喜佛"是何方宝物了。这条记载是这样说的：

> 予见内廷有欢喜佛，云自外国进者，又有云故元所遗者，两佛均璎珞严妆，互相抱持，两根凑合，有机可动，凡见数处。大珰云：每帝王大婚时，必先导入此殿，令抚揣隐处，默会交接之法，然后行合卺，盖虑睿禀之纯朴也。今外间骨董人，亦间有之，制作精巧，非中土所办，价亦不赀，但比内廷殊小耳。京师敕建诸寺，亦有自内赐出此佛者，僧多不肯轻示人。此外有琢玉者，多旧制。有绣织者，新旧俱有之。闽人以象牙雕成，红润如生，几遍天下。

显然，我的这位五百年前的老本家当年在明朝宫廷中所见到的"欢喜佛"与我在雍和宫内无缘得见的"欢喜佛"是一样的东西，原来它们只对大婚前"睿禀纯朴"的帝王开放，平头百姓是不能随便瞎看的。可幸其仿制品于明代的骨董市场即已流行，作为奇巧珍玩而受明人推崇，从此渐渐流入了寻常百姓之家。

时过境迁，今天的"欢喜佛"大概已经不需要再围上红围裙了，包括"欢喜佛"画、像在内的种种本来秘不示人的宫廷秘宝（密教法物），今天通通成了普通大众都可以观赏、抚摩的佛教艺术品，它们可以大张旗鼓地被展览，甚至被生产和交易了。今天我们大概也都知道所谓"欢喜佛"指的就是密乘佛教中常见的"双身像"，即藏文中称为 yab yum 的佛像，意思是（佛）父（佛）母双身像，即指那些表现佛父和佛母拥抱、交接，呈各种交融姿势的双身，或曰双修像，"欢喜佛"是我们汉人给这种类型的佛像所起的俗号，就像"活佛"是我们给西藏的"化身"上师所取的俗称一样。

沈德符说这种"欢喜佛""云自外国进者，又有云故元所遗者"，此即是说，它们或者是外国向明朝进贡的，或者是其前代元朝留下来的遗物。自然，"欢喜佛"像是印藏密教无上瑜伽部才有的佛教造像，汉传佛教中本来没有这种佛像。它们或者是元代的西天僧和西番僧从印度，或者从乌思藏带到蒙古宫廷中的；或者是明代初年西使印度、迦湿弥罗、泥婆罗等国的汉地使臣，以及随他们从西天和西番各地进京入朝的贡使带到明朝宫廷内的。与"欢喜佛"像一起传入中原的，还有名为"双修法"的秘密修法。在田艺蘅留下的另一部著名的明人笔记《留青日札》中，我们见到了如下一段记载：

> 有淫妇泼妻又拜僧道为师为父，自称曰弟子，昼夜奸宿淫乐。其丈夫子孙亦有奉佛入伙，不以为耻。大家妇女虽不出家，而持斋把素，袖藏念珠，口诵佛号，装供神像，俨然寺院。妇人无子，诱云某僧能干，可度一佛种。如磨脐过气之法，即元之所谓大布施，以身布施之流也。可胜诛邪！亦有引诱少年师尼，与丈夫淫乐者，诚所谓欢喜佛矣。

从这段记载看起来，明代民间汉人修习"欢喜佛"不过是一群无良、无耻的男女僧道、俗人玩弄的一种十分荒唐的淫乱把戏，是借宗教修习之名，行奸宿淫乐之实。显而易见的是，这种把戏还不是明代才出现的，元朝已有的"所谓大布施，以身布施之流"，与此同出一辙。这自然让我们想起了元末蒙古宫廷中君臣共修"秘密大喜乐禅定"这一臭名昭著的丑闻。在明初士人权衡私撰的元末野史《庚申外史》中，我们读到了如下一段记载：

> 癸巳，至正十三年，脱脱奏用哈麻为宣政院使。哈麻既得幸于上，阴荐西天僧行运气之术者，号'演揲儿'法，能使人身之气或消或胀，或伸或缩，以蛊惑上心。哈麻自是日亲近左右，号'倚纳'。是时，资政院使陇卜亦进西番僧善此术者，号'秘密佛法'。谓上曰：'陛下虽贵为天子，富有四海，亦不过保有见世而已，人生能几何？当受我秘密大喜乐禅定，又名多修法，其乐无穷。'上喜，命哈麻传旨，封为司徒，以四女为供养，西番僧为大元国师，以三女为供养。国师

又荐老的沙、巴郎太子、答剌马的、秃鲁帖木儿、脱欢、孛的、哇麻、纳哈出、速哥帖木儿、薛答里麻十人,皆号'倚纳'。老的沙,帝母舅也;巴郎,太子,帝弟也。在帝前男女裸居,或君臣共被,且为约相让以室,名曰'些郎兀该',华言'事事无碍'。倚纳辈用高丽姬为耳目,刺探公卿贵人之命妇、市井臣庶之丽配,择其善悦男事者,媒入宫中,数日乃出。庶人之家,喜得金帛,贵人之家,私窃喜曰:'夫君颖(隶)选,可以无室滞矣!'上都穆清合成,连延数百间,千门万户,取妇女实之,为'大喜乐'故也。

这段记载长期以来是人们在古代汉文历史文献中见到的对藏传密教的"多修法",或者"双修法"的最详细的记录。它们本来不过是权衡道听途说来的野史,但却被明初史臣不加甄别地编入了官修《元史》之中,演变成为这段元末宫廷秘史的一个官方说法。不难看出,这段蒙古秘史无非就是历朝末代君主宫中常见的淫乱故事的一个带点异域情调的翻版,其中除了一长串至今没几个人听得懂的外来名字以外,并没有透露更多与"双修法"相关的实际内容。遗憾的是,它竟然就是以后几百年来汉人对藏传密教的最基本的知识,影响至深。随后,这个故事又在明、清的小说中被不断地演绎和喜剧化,使之愈来愈色情,也越来越脱离其作为一种宗教修习形式的本来面目。而这种情色化、妖魔化了的密教形象长期以来于汉地深入人心,虽然人们根本不明白"秘密大喜乐禅定"和"演揲儿法"到底是哪门子修法,但都自然而然地倾向于相信它们就是"双修法",甚至"淫戏"的代名词。

大家都知道,密教是佛教中的"秘密道","非器勿传,片成莫受",未得灌顶者断不可擅修此甚深密法。职是之故,教外之人从来难窥密教之堂奥,这也给外人想象密教留下了巨大的空间。

上引《庚申外史》这个段落中提到的"演揲儿法"和"秘密大喜乐禅定"均被后世当作双修法而备受诟病。事实上,"演揲儿法"指的是藏传佛教萨迦派所传的"道果机轮"(lam´´ bras´´ phrul´´ khor)修法,这是一种强身祛病的幻轮瑜伽修法,与双修关联不大。前几年罗文华先生整理、出版了名为《究竟定》的故宫博物院藏清廷修佛图像,其中图示的修习法当就是"演揲儿法"。还有，几年前中国藏学研究中心总干事拉巴平措教授出版了题为《藏式健身宝卷藏族传统健身法集成》的专著，书中被当作藏族传统健身法来介绍的修习法与"演揲儿法"类同，当然与色情无关。同样，曾在元朝宫廷中上演过的"十六天魔舞"也曾被后人严重情色化，但它本来是作为献给密续本尊胜乐金刚之供养的一种意生的，也就是观想出来的宗教乐舞，并不色情，也与双修无关。早在西夏时代，"十六天魔舞"就已经传入西域，元世祖忽必烈汗尚处潜邸时，他后来的帝师八思巴上师就已经在开平府造了两部专门修习十六天魔舞的仪轨，其中没有任何色情的内容。显然，如果在元末宫廷，或者其后在中原各地普遍上演的"十六天魔舞"果真带上了黄颜色的话，那也一定是在中原才慢慢开始变了味，此容日后另文叙述。总之，元廷所传的"双修法"实际上唯有"秘密大喜乐禅定"一种，即便如此，其修法也与上引《庚申外史》中的描述鲜有共通之处。

毋庸讳言，在密乘佛教无上瑜伽部，或称瑜伽母续的修法中，"双修法"确实存在，而且并不鲜见。元廷中传播的"秘密大喜乐禅定"看起来与萨迦派所传道果法中的"欲乐定"修法最为相近，这与有元一代萨迦派上师最受蒙古君臣尊崇的历史事实相符合。由于萨迦派的根本大法——道果法与瑜伽母续部的《吉祥喜金刚本续》有紧密的联系，所以以往有人直接将"大喜乐"与"喜金刚"（Hevajra）同定，因为《元史》"释老传"中说"有曰歇白咱剌，华言大喜乐也"。所谓"歇白咱剌"是藏文 he badzra，即梵文 Hevajra 的音译。由于 Hevajra 的字面意义可以解释为 Mahakam，即谓"大喜乐"，所以于西夏和元代《喜金刚本续》（Hevajra Tantra）常被译为《大喜乐本续》。而 Hevajra 中的 He 字更经常被解释为"大悲"，Vajra 则被解释为"智慧"，"大悲"与"智慧"的结合，即是"方便"与"智慧"的结合，于密教修行的语境中即是佛父和佛母的结合，甚至就是金刚和莲花的结合，它即是一种成佛的境界。"秘密大喜乐禅定"正是印度大成道者密哩斡巴上师以《喜金刚本续》为根本所依而衍传的"道果法"中的被称为"欲乐定"或者"大喜乐禅定"的修法。

实话实说，"秘密大喜乐禅定"早已不再应该是秘密了，对其修法的详细描述多散见于《大乘要道密集》中汇聚的西夏、元、明三代汉译的多部藏传密教仪轨中，特别是在其中传自西夏时代的题为《依吉祥上乐轮方便智慧双运道玄义卷》的长篇仪轨中。而《大乘要道密集》这部从清朝宫廷中流传出来的汉译藏传密教仪轨集成在今天也早已不再是秘不见人的"密集"了。而且，前述这部《玄义卷》的残本也曾经被罗振玉从清内库大档中抢救出来，编录进了被称为"演揲儿法残卷三种"的汉译藏传密教仪轨集中。它被明确称为"大喜乐及道果传"，其全本当远比《大乘要道密集》中收录的这个本子丰富和全面。只要仔细阅读，或者大致读懂这部仪轨，我们便可对"秘密大喜乐禅定"有一个基本清楚的了解。1940年代，吕澂先生读过《大乘要道密集》之后发感慨说："此不仅可以窥见当时输入藏密之真相，并可以了解译而不传之缘由，积岁疑情为之冰释，至足快也。"遗憾的是，迄今能具吕澂先生这样的慧根一眼识得这部秘宝的人实在是凤毛麟角，所以，大多数人对"秘密大喜乐禅定"的了解多半还停留在"淫戏""妖术"这样的层次上，故还很有必要借此释读"秘密大喜乐禅定"之机缘而对密教做一次启蒙性的介绍。

几年前，笔者在传为密乘至尊大持金刚佛所传、藏传佛教噶举派祖师、印度大成道者矴浪巴上师造文的《胜乐耳传金刚句偈》中见到了题为"空行秘密道大喜乐"的一个章节，此虽非萨迦派祖师所造，但观其内容却与后者所传的"秘密大喜乐禅定"十分类似，两者显然共通。在此，我们不妨借助这段简明的修法要门来对"秘密大喜乐禅定"或者"双修法"做一个具体的解释，以助我们揭开元末这段宫廷秘史的真相。这部要门是这样说的：

> 空行秘密道大喜乐者，年十六至二十五之明母，即莲种母、兽形母、螺具母等等，乃具相手印金刚瑜伽母，与具缘士夫如兮噜葛者，拥抱、交合，作无二行，以有漏享用无漏，令明点降、持、回返、周遍和处中增长。旋若慈乌，作狮子、大象、孔雀、雌虎、陆龟之势，观三种四喜共十二喜之义，示俱生智自性无别，一切现有法皆显现为无漏喜乐。为密灌、手印（母）、甘露丸故，当施十六半半四分一明点，余四分三（明点）则周遍于诸轮。若散漫、溺于欲望，或为他力和酒精迷醉，则坏失于义，将再堕恶趣。是故当于金刚身取其精髓，

此生必成正觉无疑。

　　上引这段要门对于纯粹的门外汉来说或是云里雾里，摸不着头脑，但对于修行密教的行人，或者对于研究密教的学者来说，它是一部完整的"双修法"仪轨。或首先需要说明的是，此说"大喜乐禅定"为"秘密"绝无汉语语境中暗含的那层龌龊、见不得人的意思，它原本有以下两层意义：一、大乘佛法分为般若道和秘密道，即通常所说的显、密二乘；"大喜乐禅定"属于密乘修法，故是秘密道；二、修"秘密大喜乐禅定"必须依止上师授受之要门，并得上师灌顶之后方可修习，上师之说乃是秘密之理，所以这个法门被冠以秘密之名。

　　可以修习"秘密大喜乐禅定"者，即可实修双修之法者，被称为"具缘士夫"，当然他不能就是随便哪一位江北的阿猫，或者江南的阿狗，而必须要符合一定的标准，具足修习某种秘密法之福缘。一般来说，他们都是经共通圆满次第修习，已于脉气明点得堪能者。修习密教之行人，通常要次第获得上师授予的瓶灌、密灌、智慧灌和第四灌等四种灌顶，双身法之修习属于第三级灌顶，即智慧灌顶所修，不到这个级别的行人是不能擅自修习的。此说具缘士夫"如兮噜葛者"，即指行人修法时要把自己观想成其修习之本尊、具本尊之我慢与威仪，这与其他本尊禅定的修法一致。如修习胜乐，其本尊就是兮噜葛，如修习喜金刚，则其本尊就是喜金刚。

　　与密教行者双修的女性助伴则被称为明母，亦称明妃，或也可称为瑜伽母、行手印、业手印、手印母、智慧母、空行母等等，不一而足，她们是行者修法成佛的助伴和工具。当然，不是所有女子都可以担当"明妃"这一角色的，只有所谓"具相手印母"才是行者可以依托共修的金刚瑜伽母。所以，双修从根本上来说是佛父和佛母，或者灌顶上师父、师母之间的双运、双修，与兮噜葛相应的佛母是金刚亥母；与喜金刚本尊相应的佛母是无我母，行者和明妃双修时首先应当把自己观想为佛父、佛母。与此相应，双修并非非实修不可，很多时候它只是观修，就是观想佛父、佛母抱合作无二行。前面提到的那些"欢喜佛"像，其本来的用途肯定不是用来启发大婚前尚不解风情的帝王、公主暗通男女之道的，而是要用来帮助密法行人观修佛父、佛母作无二行，并即身成佛的。

双修能否取得成就，既要求行人自身清净、具福缘，亦要求选择清净、合适的明母。不但要求明妃的年龄最好在十六至二十五之间，而且对其相好也大有讲究。明妃通常可分为兽形母、螺贝母、象形母、纹道母、众相母、莲种母等很多种类，其中的莲种母、螺贝母、纹道母和象形母合称"交融四母"，于明妃中最为有名。每一类明妃视其相好又各分上、中、下三种，行者当根据自己的根器选择最适合自己的明母双修，若选对了上种明妃可即身成佛，与中种明妃脉会，不经年载或也可得证果位，而下种明妃则多不可依，行者应该避而远之。

行人既选定了明妃，当通过闻、思、授戒、灌顶等手段和步骤先使她们之身、语、意三门获得清净，然后才可与她们修习欲乐定。密续中有道是，"方便非修习，胜惠非修习，方便惠不二，故称名修习。"方便即喻佛父（修习行人），胜惠即喻佛母（明妃），他们单独都不是修习，只有方惠二者相合"作不二行"时才是修习。所谓作"不二行"，其前行初看起来很普通，如"听其欲乐音声、嗅彼龙香、咂唇密味、抱触身等、莲杵相合、研磨交媾"等等，然而不普通的是，行者要"以有漏享用无漏"，即要从本来有漏（有杂染、有凡心）的喜乐中得享无漏（没有杂染、超越凡心）的喜乐，或者说"大喜乐"。"大喜乐"之妙用决不在于其所享喜乐之大，而在于其喜乐之无漏和清净。只要行人心地不清净，依然还被杂染心所缠绕，则一定无法享受这种无漏大喜乐等持。

修欲乐定之正行十分复杂，此要门所述与笔者从萨迦派所传道果法中所见的仪轨完全一致，它有"令明点降、持、回返、周遍和处中增长"等五大步骤。第一，先令行者降明点（或曰菩提心），因为若不降明点，则不能发乐，所以行者要依清净明母，以大欲火，流降明点；第二，令行者任持明点而观乐，即令菩提心降至珠内而执持之。行人若不能任持，则将堕轮回；若能任持，并令其增盛，即可发生大喜乐等持（禅定）；第三，行者当令明点旋返，若不能旋返向上，则堕水漏，白白损耗，是故行者应令其明点旋返至头顶，并在意想的幻轮中旋转；第四，行者当令其菩提心均匀遍身，若明点不能遍身，则将成疾患，只有令其普遍于身，才能疏通脉道，令身坚固，且令空乐禅定无有断绝；第五，所谓"处中增长"，或曰"护令不失"等等，即要行者保护好明点，不致产生八种失漏，即使在出定之后，仍须不损护持，否则不获利益。所谓"处中增长"就是要在行者自身处处生起四喜，令喜乐增盛，以获得种种神通和利益。

传为唐伯虎所写的明代著名色情小说《僧尼孽海》中有一章题为"西天僧、西番僧"，大肆渲染和色情化元代宫廷所传的"秘密大喜乐禅定"，并将其修法附会为汉地所传房中术中的"采补抽添九势"，即所谓龙飞、虎行、猿搏、蝉附、龟腾、凤翔、兔吮、鱼游和龙交等九势，极其荒唐。在这部双修法要门中提到的几种动物姿态，也常见于其他道果法的仪轨中，通常有所谓象叠、虎啸、龟行、狐嗅、猛兽吐等势，它们自然与汉地房中术中所传的"九势"毫无共同之处。这些动作指的是行者在修习欲乐定的过程中令明点任持、回返和周遍的一些辅助行为。应该强调的是，修习"大喜乐禅定"的关注点是行者自己体验四喜的觉受，行者与明妃之间的互动和明妃的觉受显然并不是"秘密大喜乐禅定"的关注点。

经此前述五大修行步骤，行人将渐次经历四种喜乐，分别是初喜、上喜、离喜和俱生喜等，最终得证"乐空无二"之等持。这四种喜在不同的修法和不同的修持阶段都有不同的觉受，例如有所谓依宫四喜、依渐四喜、依所断四喜、依自体四喜等等。其中所谓依渐四喜者，"始从观色乃至相触发生乐者，即初喜；么辖（金刚）及割戈辖（莲花）相合时发生之乐，即上喜；略为研磨交欢时发生之乐，即离喜；三种正和合时发生之乐，即俱生喜也"。上引这篇要门中提到的"三种四喜共十二种喜"，指的分别是顺生四喜、逆生四喜和解开脉结之四喜。明点从顶轮依次降至密处，所生四喜为"顺生四喜"，从密处逆返至顶轮则为"逆生四喜"。通熟这两者后，可由解开微细之脉结产生喜，解开粗脉结产生胜喜，令风心汇聚于中脉下端为差别喜，解开中脉结时产生俱生喜，此即名为"解开脉结之四喜"。行者于整个修持"秘密大喜乐禅定"的过程中，只能施放"十六半半四分一明点"，分别用于秘密灌顶、手印母和制作甘露丸等，其余四分之三的明点不能漏失，当散发、圆融于全身。

至行者得生俱生喜时，便会生起广大空乐等持。行者所得之俱生智与其自性无二，此时于轮回界或者涅盘界显现的万有诸法，在行者眼里都已成为空乐无二之境界，于是觉悟在这个轮回中显现的苦乐等相，都不是真实的，它们是幻有、是空性。行者证得这一俱生智慧之时，世间的一切显现、现有诸法，同时也都显现为无漏之大喜乐。至此，行者之欲乐定修行功德圆满，证成了佛果。

以上所描述、解释的这个"空行秘密道大喜乐"修法显然要比《庚申外史》中所描述的"秘密大喜乐禅定"严肃、复杂和精致得多，像"在帝前男女裸居，或君臣共被，且为约相让以室，名曰'些郎兀该'，华言'事事无碍'"这样的内容无疑与真实的"秘密大喜乐禅定"修法无关；元顺帝修"上都穆清合成，连延数百间，千门万户，取妇女实之"或确实是"为大喜乐故也"，但那一定只是为了获取俗世、有漏的大喜乐，而不是为了修习超凡、无漏的"秘密大喜乐禅定"。

密教研究正在不断深入，曾经是秘密的"秘密大喜乐禅定"于学术的角度今天已经不再是秘密了，它更是汉藏文化交流史上一段需要认真总结和清理的历史记忆。但是，在揭开了"秘密大喜乐禅定"之秘密后，我们依然没有彻底消除这样的疑问：成佛的法门多至八万四千，何以还曾有此"双修"法门呢？正如《玄义卷》中所问的那样："问淫声败德，智者所不行，欲想迷神，圣神之所远离，近障生天，远妨圣道，经论共演，不可具陈。今于密乘何以此法化人之快捷方式、作入理之要真耶？"

长期以来，人们习惯于把密教当作佛教堕落和世俗化的结果，是佛教走向消亡的开始，这无异于承认密教是一种变态、腐朽的宗教形式。今天看来，这样的说法无疑失之简单、粗暴，无法解释听起来已经堕落了千余年的密教为何腐而不朽，于今日反而愈演愈烈了。还有人坚持认为"双修"不是实修，而是一种精神性的观想，密教仪轨中出现的那些十分出格的文字，不过是高尚纯粹的、去情感化的，甚至是脱离肉体的意识形态的象征性符号。这种说法不顾"双修法"的存在确实是无可辩驳的事实，失之求凿过深。如果可以把实修的"欲乐定"当作淫乐的话，那么观修的"欲乐定"至少也是意淫，两者在本质上没有区别。

笔者以为，对"欲乐定"这样的双修法何以成为一种可以度人成佛的方便法门，密教自己给予的解释应该是最应该得到重视的，也是迄今所见各种解释中最有说服力的。它的基本思想是说：密乘是一种转位道，可将五害烦恼转为正能量，将贪嗔痴等一切烦恼返为成佛之道用，成为密教行者走上成熟、解脱之捷径。如来之所以要设八万四千法门，全是因为有情化机之根器千差万别，若要救度他们全都脱离轮回，非得随机应变不可。所以，对于能弃舍烦恼而修道者，佛陀示以显教道，对于不能舍离烦恼而修道者，佛陀示以密教道。佛陀令嗔恚者修拙火定，令愚痴者修光明定，令无明者修幻身定等等，以毒攻毒，使五妙欲都成为修道之法门和成佛之善巧方便。

"欲乐定"和"空行秘密道大喜乐"在密教修法中是为下根有情设计的一种以贪欲为道用而修习的法门。密续中有云："若有贪欲情，以欲中调伏，此例禅定者，正教邪不解。"还有："古德云：万法庄严，不憖无托。欲渡巨海，非舟何倚？若有愿乐之心，而不行愿乐之事，真珠见其果，如绝粮之人，心存百味，于其饥恼，终无济益。当知欲求胜果，必须心事俱行。"换言之，对于有欲乐之心的人，要渡欲乐之巨海，必须修习欲乐之事。

这样的解释多见于密教文献中，它无疑能自圆其说，也不难理解，可是，密教的"双修法"却依然长期受人误解和诟病，其中的一个重要原因，当是人们不想或者很难把世出的双身修法与入世的男女性爱区分开来。人们或更乐于把密教行者严格按照仪轨修习"欲乐定"而证得之无漏大喜乐与俗世凡夫花天酒地、骄奢淫乐而获得的充满杂染的性福混为一谈。世人显然把他们对俗世性爱之意义的迷茫和纠结带进了他们对密教性爱的理解、误解和批判之中。其实，密教的性爱与俗世的性爱有着很多根本的区别，它的清净修习应当既不是受性冲动的驱使，也和世间男女为之生、为之死的爱情无关，其目的既不是为了繁衍后代，也不是为了男女间的性福，密教的大喜乐不过是证得"乐空无二"之成佛境界的工具或者道路。显然，要理解密教之"双修法"的宗教意义，人们首先要把密教性爱从世人对凡俗性爱之偏见和纠结中解放出来。事实上，密教上师从一开始就对这两者做出了严格的区分。印度另一位著名的大成道者因嘚啰菩提就曾经这样说过："从二根出乐，诳说是真如，以此为大乐，诸佛未曾说。"所以，若有浅见、浅智者，不假修进，却将寝交刹那、愚眛交会，当作修习智惠，然后言悟真如，生大欢喜，自称成佛，那是作孽犯过，绝不是密教所说的清净的"欲乐定"修法。

与前述今日俗世之性爱已失去了明确的目标不同，密教双身修习的目的自始至终非常明确，与明妃双修的行人在开始修行前首先要发如下宏愿:"以即彼凡夫之贪欲为道,以大悲心,次第将此凡夫之贪欲转成遍起之菩提心,为利益一切有情,证得正等佛果。"也即是说,修此欲乐定的目的是为了将欲乐转为自利、利他的菩提心,即身成佛。于此喜乐只是可以转为道用的工具,而绝不是双修的目的。此外,若修行行人能够按照上师制定的要门而修"欲乐定",则"无始至今所积恶业,悉皆消灭。一切福惠,速得圆满。一切障碍,悉能廻遣。一切成就,尽皆克获。若依行印不二加行,修习一次即是依住所,即是增长、究竟禅定,诵咒,广大施食,广大集轮供养,广大烧施,即是拜(摄)瓶福足,亲诵忏悔,一切法行,悉皆具足",行人何乐而不为呢?相反,若"不信其义者,此人决定现世受其贫穷、官事、口舌、一切疾患,直至临终失于正念,死后堕落三途,受无量苦,世世不能见佛闻法,既有斯报,决应信受"。

以往人们习惯于把元末宫廷中修习"秘密大喜乐禅定"当作末代蒙古皇帝荒淫无耻而玩弄的淫戏,其实在藏传密教传入中原以前,中国古代皇宫内发生的种种腐朽、荒唐的淫乱故事早已经史不绝书了,历朝之末代皇帝骄奢淫欲听起来是家常便饭,绝非是受了西天僧、西番僧蛊惑的蒙古大汗的专擅的拿手好戏。如果只是为了满足淫欲,皇帝后宫佳丽三千,大概不需要非和明妃或者天魔舞女双修不可。而自元朝开始,元、明、清三代的大部分皇帝都对藏传密教十分热衷,其中也包括十分有为的明成祖永乐皇帝和清高宗乾隆皇帝等等,很难想象他们信仰和修习藏传佛教都只是为了和明妃双修,以享受有漏之大喜乐。退一步说,我们与其相信皇帝修习"秘密大喜乐禅定"是为了他们唾手可得的淫乐,倒不如相信他们或另有企图,譬如说是为了长寿。如前所说,修习"秘密大喜乐禅定"的终极目标是为了即身成佛,但除此之外,这种修法还有其他的功能,行人可以通过修习"欲乐定"而强身、益智、长寿,并获得他心通等种种神通。例如我们在《玄义卷》中读到这样的描述:

> 然依此(欲乐定)修,非唯获此四喜,兼乃菩提明点、四轮坚积,谓菩提心始从密官,上至脐中得坚固,则脐色变白,外微凸出,及肤里密致,爪不容掐,亦无发白面皱也。或毒蛇及余猛兽等,不赐毒噬,及为彼之恋养也。或生发微略空乐等持,自身、语、意不随诸

境空乐也。显现谓菩提心从脐至心得坚固时，所有肢体，但举其一，众不能屈，俱恢宏力也。或能知天时丰俭、甘泽多寡，及知他心等通，即不起念，自然显现也。或发生中品空乐等持，触境皆现空乐。谓菩提心至喉得坚固时，二肩平满，舌渐广长，能至眉，仍于木舌，能注甘露也。或离饮食，或仍能受用诸天甘露，及诸世间所有珍羞（馐）。及能游艺篇章，随宜演说法也。或生广大空乐等持，于一切圆寂之法，空乐显现，仍了此轮回苦乐等相，历然皆幻有也。谓菩提心从喉至顶得坚固时，享寿千龄，无中夭也，仍获余胜功德，或能现鸟鸢虎豹等微分神通也。或发生大空乐等持，于轮圆诸法，悉了空乐不二矣。

不难推测，与获得两性的有漏喜乐相比，以上这段引文中所描述的修习"欲乐定"所能成就的种种功能和神通大概更能激起大汗和皇帝对密教修习的巨大热情。

需要强调的是，"欲乐定"既不是所有密教行者的必修课，也难保修行者一定能得成就，而且修"欲乐定"也非一定要依止明妃实修不可。据传噶举派的印度祖师、大成道者捺啰巴上师曾经依止智慧母（明妃）修习，一年之后他来到他的上师叮浪巴跟前说："智慧母（明妃）对像我这样的人根本没用，而我对智慧母也毫无用处，不管是想法、见地，还是行为，我与她都不相应，所以，双修一年不但没有利益，相反经历了许多的痛苦和烦恼。贪恋妙欲的喜乐，一定只会被外表与色相控制。"说完，捺啰巴上师把智慧母献给了他的上师，自己从此不再依止智慧母双修，最终依止其他法门修习而成为一名伟大的大成道者。

类似的例子也发生在米拉日巴的大弟子热琼巴身上，后者本来是一位十分优秀的瑜伽师，能够很好地控制自己的气、脉、明点，但后来遇到了一位贵族女子拉吉丹布，十分心仪，便把她收为手印母，两人双修"欲乐定"，结果不但无所成就，反而把自己搞得身疲力竭，还长期无法自主放弃这位手印母。此后，虽然他依然见、闻、思念上师、本尊和空行，但心中痛苦不堪，常常以泪洗面。这显然是在不合适的时间和地点，遇上了不合适的明妃，最终还是在其上师米拉日巴的强力劝阻下，热琼巴才最终摆脱了这位明妃。

密教说行手印、记句（誓言）手印、法手印和大手印等四种手印，其中必须依止行手印实修"欲乐定"的只有下根有情，其余行者可以依止其他三种手印修欲乐定，而这后三种修行都是观修，不需要与明妃实修。如"依记句手印入欲乐定者，自身顿想共观之慢，摄受二根，作不二加行，次第受于四喜至俱生喜，入空乐无二之理也"。而"止息一切妄念，无有织毫忧喜，不思不虑，凝然湛寂，本有空乐无二之理而得相应，即是大手印入欲乐定、归空乐不二之理也"。不管依止何种手印修"欲乐定"，其目的都是行者要在定中渐渐生起四喜之觉受，于得俱生喜之觉受时"归于空乐不二之理"，即身成佛。一般说来，密教规定，"在家人则依行手印入欲乐定，若出家者依余三印入欲乐定，契于空乐无二之理也"。认为藏传佛教的上师、喇嘛都可以，甚至必须与明妃实修"欲乐定"是一种明显的误解。

最后还需强调的是，按照密教自己的说法，密教的"秘密大喜乐禅定"既是一条充满了希望的成佛捷径，同时也是一条充满了危险，很可能会牵引行者堕入三恶趣的险道。因此，即使是对可以实修"欲乐定"的在家行者，藏传佛教上师也常常对他们提出严重的警告，劝谕他们千万不要随便做这样的修行。因为选择这种修法就像是一位深通马术的骑士骑上了一匹脱缰的野马，走上的是一条十分危险的道路，重则丧生，轻则断肢。设想骑马人若不由自主，任由野马牵引，那么他的结局一定不是掉入深渊，就是摔下峭壁，人马俱亡。而且，一旦跃上了马背，便无回头路可走，半途中或自知有受伤的危险，有意要下马，但此时为时已晚，根本无法自主了。这时或受人笑话，自己也后悔莫及，但都无法挽回，这样骑马而不受伤者实在百不见其一。与此类似，选择欲乐道、依止业手印（明妃）修秘密大喜乐法者，若心力、勇气不足，无法自在地控制气、脉、明点，那么这就像骑上了一匹脱缰的野马，同样走上了一条十分危险的道路。不但从此切断了善业之生长，生命也会出现障碍，而且往世所积聚的福德也将全都付之东流，此时尽管后悔，但甚至已无法自主是否因此而会遗留下了子孙。于是，普通人不信赖你，圣人心里嫌弃你，有信仰者讥刺你，你必将堕第十二重罪，既不能自利，更无法利他，完全变成了一个在家的俗人，需要的菩提心丢失了，不需要的烦恼增长了，本尊和空行母离你而远去，一切都被你自己心中的二取和业印所控制，这样你就必死无疑，死后还一定会堕入三恶趣。是故，行者自当三思而后行，最好不要依止"欲乐道业印母"而修习双修之法。密教修行必须由上师根据弟子之根器、证量，授予相应的修习法门，为其铺设好合适的修行道轨，行者绝不可自作主张，更不可擅自修习双修之法。

选自《上海书评》2015年3月1日

奥姆真理教犯了思想罪？

/ 姜建强

在外界还没有真正理解奥姆真理教时便草草结案，只会令世界失去一个窥探宗教极端组织的良机，尤其是窥视哪些人最易受极端主义影响的良机。犯罪人的罪名与刑罚其实并不重要，重要的是如何实证现代文明的价值所在：在回家的路上，人人都有说话的权利。

"被尊师想念"与"被尊师赞扬"

如果要问战后日本恐怖史上最血腥、宗教史上最暴力、思想史上最惊心动魄的是哪天，答案肯定是1995年3月20日——在东京地铁释放沙林毒气，致十三人死亡、六千多人受伤的杀人事件。

二十年了，它带来的问题仍悬在人类理智的门前：信仰究竟在什么地方出了问题？人又是在什么时候开始执迷不悟的？为什么在一个科学昌明的时代，一个看似不堪一击的"人会空中飘浮"的宗教神话，能击破众人的心？

奥姆真理教的教祖麻原彰晃（本名松本智津夫）在事件后两个月被捕，2006年被确定死刑，但至今还未执行。是日本法务大臣的签字还没有轮到麻原，还是另有隐情？就在人们猜测纷争之际，《停止的时钟》在3月20日这天出版。作者是麻原的三女儿松本丽华。

有日本人说，丽华是个重情义的女人。沙林事件那年，她十一岁。一个十一岁的小女孩，在朦胧中体验了什么叫瓦解，什么叫崩溃。也是在这一天，资深记者、著名学者田原总一郎说，他十一岁的时候，经历了8月15日战败的"玉音"播放。在第一学期，老师还说那场战争是正义的，但到了第二学期，老师又说那场战争完全错了。大人的说法转了一百八十度，还有何信用可言？是国家欺骗了国民。十一岁的丽华，是否也遭遇了周围大人们说变就变的欺骗？田原总一郎在问。他是在用自己的十一岁对照丽华的十一岁。自己的十一岁，是国家在犯罪，丽华的十一岁，看似是父亲在犯罪，但其背后是否有国家犯罪的影子？

今年已经三十一岁的丽华一边写书一边痛忆，"父亲被捕至今已二十年，我好像也死了二十年。自父亲从我眼前消失的那天起，我的时钟便戛然而止"。父亲被逮捕后的第九年零四个月，丽华才与他见面，他看上去好像是一个被毁坏的"人形"。曾经给予女儿温情的那个父亲，已经荡然无存。从那以后直到2008年，她总共探望了父亲二十八次。但每次除了听到父亲从喉咙发出杂音，其他什么也没有。她说父亲被彻底"击毁了"。这应该是父亲的本来面目吗？她现在也想每月见父亲一次，但就是不被允许。当听到父亲穿着尿布出庭的消息，她最初的感觉是，父亲从世俗中被解放了出来，进入了圣人的状态。

十一岁的丽华背着父亲是杀人恶魔的重负，无法上小学，无法上中学，无法上高中。大学倒是考取了好几所，但最后都被拒绝入校。二十岁的她走投无路，将原本给她发放过入学通知书的文教大学告上法庭。讲法理的法庭判定该大学"出身差别"的做法违宪。胜诉的她最后接到了该大学的开学通知。她同时还将拒绝她入学的和光大学与武藏野大学告上东京地方法院，要求赔偿精神损害。

1995年3月，奥姆真理教开始导入日本的省厅制度，虚拟国家构成，细化阶级。"正大师"是教祖麻原"尊师"称号的次级称号。十一岁的丽华就被父亲宣称为アーチャリー正大师（アーチャリー是梵语，意谓先生）。沙林事件后，其他"正大师"都被抓了，丽华成了教团中唯一一个"正大师"。

在这位"正大师"笔下，奥姆真理教被描述得像日本的村镇，自己的

父亲就是憨厚可亲的村镇长。她在书中写道:

> 事件与裁判,对我来说都是无法忍受的。我继续保留我的观点。都说我父亲策划了事件,但我没看到过父亲亲自下指示的模样。父亲面对弟子们显然不能自圆其说的证词,就失语患病了。
>
> 我的母亲,作为妻子和母亲的她,如果能对在病中接受审判的父亲稍有点责任心的话,我或许就有其他想法。但母亲什么也没有做。所以守卫父亲的事情只有我们这些孩子来做了。我是相信父亲的。在没有亲耳听到父亲说些什么之前,我绝对不会断罪父亲。即便世界上都将他视为敌人,但我还是将他视为我的父亲。

意味深长的是,丽华在书中提出了这么一个奇妙的观念:"被尊师想念"与"被尊师赞扬"。

这个"被想念"与"被赞扬"是不是这场大事件构图中的关键词,是不是为其父亲辩护的最好托词?

你即便死了情又何堪?

就在丽华说出"被尊师想念"与"被尊师赞扬"这个奇妙组合的同时,麻原的四女儿松本聪香,这位在1989年出生、沙林事件发生时只有五岁的女孩,在今年3月19日接受了富士电视台安藤优子的采访。下面是采访节录:

> 问:在沙林事件二十周年之际,你最想说的是什么?
> 四女:想对被害者和遗属说声对不起,请接受我的谢罪。
> 问:今天想对作为死刑犯的父亲松本说什么?
> 四女:想听到父亲对被害者真正谢罪的声音。
> 问:在法庭上他对当时的一切罪行都沉默不语,你是怎样想的?
> 四女:自己做的事都不敢正视,表明我的父亲是个没有胆量、没有情分的人。
> 问:由于父亲的原因,你的人生变得如此苦难不堪,你是怎样想

的？

　　四女：如果说不憎恨的话，那是说谎。我有过一百次以上的自杀行为。

　　问：你姐姐出版了新书，你是如何看的？

　　四女：姐姐还没有对被害者谢罪，而且书中的一些说法，据我所知与事实不符。

　　问：如何看阿莱夫（奥姆真理教解散后派生出的一支宗教团体）？

　　四女：我认为阿莱夫危险。因为肯定杀人的教义没有变，所以很危险。

此外，在3月17日接受共同社采访时，聪香说，父亲的死刑绝对应该执行。

一个认为父亲的死刑判决应该立即执行，一个认为父亲是否与事件有关还存疑。四女儿和三女儿的认知差距究竟从何而来？是麻原将只有两岁的三女儿带去印度修行的缘故？还是麻原从一开始就轻视出生在静冈奥姆教团设施内的四女儿？不得而知。但是有一点可以肯定的是，在沙林事件十五年的时候，四女儿聪香出书告白：《我为什么成了麻原彰晃的女儿》。

那为什么成了麻原的女儿？她在书中这样写道：

　　沙林事件的那年，我刚五岁。父亲的虐待和与妻妾同居的异常生活，刺痛了我幼小的身心。周围最高干部的言行、悄悄进行中的恐怖计划，都使我不寒而栗。而当我去监狱探视父亲时，父亲用右手遮住自己的嘴，用只有我能听得见的声音，悄悄地叫我的名字。之后，又很快恢复到原先的痴呆状。这次面会使我感觉到父亲是在"诈病"。

一个说父亲是在有意识地装疯卖傻，一个说父亲变得痴呆是被折磨所致。究竟四女儿的说法准确还是三女儿的准确？四女儿聪香在书中还透露了父亲荒淫无度的生活，如强逼女信徒吞服他的精液，身边有一百名情妇，私生子女至少有十五人。而这些在三女儿丽华的书中一个字也找不到。

在谈到写这本书的动机时，聪香写道："我十五岁的时候才知道事情的全貌，十六岁便从家里出走。离开奥姆的庇护想自立。执笔写书的理由是想对被害者谢罪，是想对支援过我的但现在又联系不上的人表示感谢。我一直记着一位校长对我说过的一句话：'你的命只有一条，而你父亲杀了那么多的人，你即便死了情又何堪？'"

思想是奥姆的真犯人？

姐妹两个对事件、对主犯这种主体性认同上的差异，令日本社会惊讶：奥姆教事件真的结束了吗？法庭对麻原的审判、对奥姆教的审判触到本质了吗？二十年后的今天，奥姆教思想在日本究竟还有多大的影响？会有麻原第二诞生吗？

这令人想起日本研究基督教思想史的宗教学者大田俊宽。他在2011年3月出版《奥姆真理教的精神史》，在书中就奥姆教产生的土壤问题这样设问：奥姆教真的是1970至1980年代日本精神状况的产物吗？他做出了否定的回答。

他将自己的学术视点放置在信仰基督教的"鬼子"身上。他说奥姆真理教是对罗马主义、极权主义和原理主义宗教崇拜的产物。如果说这三大主义构造了近代西方，那么奥姆真理教用这三大主义构造了当代日本。从本质上说它们都是反时代意志的集合体和混合物。所以在奥姆真理教的真正罪人究竟是谁的问题上，大田既不认可"麻原独断说"，也不认可"弟子暴走说"，他的视野投向了无实在的在——思想。大田认为思想是奥姆的真正罪人。

大田举例说，对麻原审判采用的是一审终审制，没有二审、三审。为此法庭受到日本舆论的尖锐批评。之所以如此，是因为在审判过程中，麻原早早就将自己封闭于一个妄想的世界中，不能自拔。在这个状况得不到任何改善的情况下，继续审判只能是徒劳的、无意义的。麻原的思考被厚厚的妄想层所覆盖，从某种意义上说，他只是被妄想所驱动的人。从这个事实出发，大田得出这样的思考："奥姆教是从灵性进化论思想潮派生出的一个宗教团体。""奥姆教思想的根干是灵性进化论。"

大田在书中论述到，如果挖掘灵性进化论源流的话，19世纪后半叶活跃于俄罗斯的布拉瓦斯姬夫人必须纳入视野。当时基督教信仰受到了达尔文进化论的打击。在这样的背景下，布拉瓦斯姬夫人将交灵术和进化论融合，创了一个叫作神智学的新兴宗教。神智学认为，从真正的意义上说，人的进化不仅是肉体水准的进化，还应该包括灵性水准的进化。人有七个阶段的进化，当物质进化达到极点，就会转向灵的进化。更通俗地说，从物质到精神，就是神智学教义的全部。

对此大田得出一个看法：从这点来说，奥姆教也擅长向一般人提供非现实的快乐世界。其体现者就是麻原和他的干部。奥姆教内部经常使用"种的转换"这一语言，表明当代人类被物质的欲望所束缚，需要肃清这些，推进灵性的建设。这是不是奥姆教的布局？其最终目的是否也想尝试物质到精神的大转换？2012年6月，奥姆教的最后一名逃犯高桥克也被逮捕。在他的个人物品中有一本日本思想家中泽新一的《三万年死的教义》。而中泽新一的另一本书《彩虹的阶梯》（中央公论社，1993年）则是奥姆教信徒喜欢看的书。据原信徒野田成人交代，教团中除了麻原的书，就是《彩虹的阶梯》。不记得麻原对这本书是如何评说的，但其信徒确实用这本书作某些参考。

对此，大田最后的结论是：奥姆教的本质是思想的问题。为什么长达十七年的审判不能触及奥姆问题的本质？就在于在日本现行的法制体制下，无法对思想问罪。再加上日本人有挥之不去的战时"近代超克"的历史记忆，也成了奥姆教的一个思考原点。不过大田再三强调，奥姆真理教的产生绝不是日本佛教内部导出的东西，而是随着"鬼子"的近代思想终焉而形成的一个"怪胎"。当然，并不是说日本佛教界就此可免责了。

对死的恐惧和对现实生活的不满，是任何主义、思想和宗教的出口。当时的奥姆教设施里就贴着这样的大标语：人会死——绝对会死——必定会死。这和描述死体慢慢腐败最后成白骨的"九相图"一样，只有一个目的，就是让你时刻意识到死。意识到死，你就会恐惧，但信仰可以减轻恐惧。为此很多宗教都宣称自己的这套东西能保证在"极乐净土"和"天国"的轮回转生，保证死后的场所。奥姆真理教也不例外。而对"没有终止的日常"社会无法忍耐的弱者，就将伪装成父亲的教祖麻原视为唯一依靠。这是不是大田所强调的思想是奥姆教的真正罪人的真意？这是不是追问奥姆教事件有没有结束的真意？

最终用来收尸的容器

森达也这位出生于广岛县的著名知识人,在沙林事件六个月之后,最先将镜头对准了奥姆教的信徒。他用两年多的时间,推出追踪奥姆的纪录片《A》,将一枚硬币的正反两面呈现在观众的眼前:"他们"(年轻的奥姆教信徒)和"我们"(警察、媒体、受害者、正义的你我)。当权力、正义、公愤毫无遮挡地毫无顾忌地对准他们的时候,如何将"他们"的卑劣、"他们"的虚伪、"他们"的阴暗、"他们"的残暴,用一种真诚和真实表现出来?他们是否也有话要说?如果剥夺了他们的话语权,是否也反映我们自身存在的暴戾和缺陷?

森的拍摄手记这样写道:

> 奥姆教的信徒,当然还有沙林事件的实施犯,如果与他们见面的话,就会发现他们也是善良、善意和纯粹的人。看不出是恶人和被洗脑者。如果从这个视角展开的话,我们只能得出一个结论:善意的他们干出如此凶恶的事件,肯定是体系本身出了无法修复的故障。或者更明白地说,是现行体制的必然。他们知道播撒沙林的理由是因为麻原的指示。

麻原又为什么下指示?森说,这里有一个死与生转换的宗教思想在内。死后去天国或净土,如果真是这样的话,现世受苦还不如死去的好。如果用这个想法套在他人头上的话,那么,这个人干了坏事,干脆把他杀了。这个发想也就是奥姆后期的"ポア"(Phowa)思想(原为密宗术语,表示一种禅定的训练。后被奥姆真理教引为其教义,认为杀死恶人让其高境界地变身,故是正当的)。当初人们嘲笑奥姆教的这个思想,但是奥姆教的信徒却很认真地思考这个"ポア"是否具有宗教的成分。本来麻原应该在法庭上说话,但是他完全被摧毁了;在漫长的审判中,如果得到适当治疗,麻原稍有恢复的可能性还是很高的,但是这个社会没有这个选项。即便有这个选项也没有给麻原。其结果就是社会危机意识的高涨,反社会的集团化在加速。这与当今的日本国家状况是相连的。

问题的难点在于，池鱼听道，飞鸟在道场盘旋着蛊惑人心，又恰恰证明，精神的磁场有时根本让人无法拒绝，更让人无法不为此鼓噪甚至献身。森的纪录片追踪过一名叫荒木的信徒。有一天他在街上被警察盘问。围观的人群中有一位老妇人劝他从良。说到现在还执迷不悟，实在是"黑的白不了"。当荒木问她做一回"正常人"是什么意思时，她理直气壮地摆出弱肉强食的道德经：做老板指挥别人。而荒木对此的回应是："这样的话，我情愿做一个传道人。"

从这个对话中，你看得出究竟是谁出了问题吗？是主流价值遭遇了挑战，还是遭遇了挑战的主流价值行将变身？如果是这样的话，这与将滥杀无辜称为善行的麻原时代，在本质上有什么不同呢？

这就令人想起，沙林事件中最后一位被审判的被告人高桥克也曾经说过的话："在逃跑过程中我多次想，把末日裁判提前降临给普通人，用这种手法惩罚世界究竟好不好？"杀了那么多无辜之人，在十多年后思考的重点竟然是"好不好"的问题。这就如同麻原宣称自己能空中飘浮打坐一样，把自己装进去的同时也把全体都装了进去。或许为此故，研究沙林事件的国选律师、法律家、宗教家中岛尚志在最新出版的《奥姆教为什么没有被消灭？》（好书房出版，2015年）一书中，提出五大设问：一、为什么现在奥姆信徒不减反增？二、既然属于颠覆国家的罪名，又为什么对各个犯罪者做个案来审理？三、麻原一审公判累计二百五十七次，但还是没有追踪到事件的本质，检察方的重大失误在哪里？四、林郁夫有两个命案被判无期，横山真人没犯命案却判死刑。这是为什么？五、高学历的年轻人关注奥姆真理教的两个至今未提及的原因究竟是什么？

这五大设问在笔者看来可以归结为一个问题：奥姆真理教科学技术厅大臣村井秀夫曾经开发出一种叫作PSI的修行装置，设计者将电流的波动与教主麻原的脑波协调一致。教团以一百万日元强行卖给信徒。为什么要与麻原的脑波一致，为什么要强行卖给信徒？原来这种强行的脑波一体的修行装置，就是要信徒相信教主绝不会犯错，任何质疑他指令的人精神与肉体都得死。而恰恰是在这一点上，有日本学者指出，在外界还没有真正理解奥姆真理教时便草草结案，只会令世界失去一个窥探宗教极端组织的良机，尤其是窥视哪些人最易受极端主义影响的良机。其实森的纪录片就可理解为朝着这种窥视的一种努力。在窥视中，我们发现犯罪人的罪名与刑罚其实并不重要,重要的是如何在窥视中证实现代文明的价值所在:在回家的路上,人人都有说话的权利。

  这正如村上春树在《约定的场所》中所说的:那些人并非处于"尽管身为精英"这一语境中,恰恰相反,可能正因为身为精英才一下子跑去那边的。当人们无法从现世事物中发现价值的时候,奥姆真理教对他们就是一个理想的"容器"。尽管这个容器最终也只是用来收纳尸体的一个道具。

选自《上海书评》2015年4月26日

一瞬的历史与摄影史的一页

/ 张承志

一

摄影家广河隆一在《巴勒斯坦》一书里，写到了他人生转变的体验：

  正是全共斗运动走向终焉、年轻人从街头的直接行动开始退却的时候。那是一个"公社"或"乌托邦"等词汇正带着悦耳的声响出现的时期。那时吸引我的，是马丁·布伯所谓"社会主义的尚未失败的一个尝试"。在世界史进行中出现的社会主义建设几乎都受挫了，马丁·布伯说，但以色列的基布兹至少还没有。

  我参加了去以色列的基布兹研修。在基布兹早起坐着拖拉机去果园干活，摘橘子和椰枣，中午回来吃饭洗澡，下午进行希伯来语的授课。

  那以后，隔了些天，我看见在我们劳动的基布兹的向日葵田的对面，有一片白色的废墟。那里，瓦砾被仙人掌和杂草半埋着。我向基布兹的成员询问这片白色废墟的事，但没有一个人给我回答。这儿的人也说不定在隐瞒着什么事——从那时起，我开始这么想了。

  白废墟的解答，是在超过一年以后。

  一天，一个犹太朋友气喘吁吁地跑来，在我面前铺开一张旧地图。这是以色列建国前的1948年地图。以色列在这幅托管统治的英国政府制作的地图上加印了新地名。以色列还没有制作地图的能力，在借用着英国地图。

在这幅地图上，密密麻麻地印满了巴勒斯坦村庄的名字。而几乎所有这些村名之下，都被用希伯来语写上了"haruz"，即"已破坏"。更吃惊的是它们旁边盖着圆印、印刷着新的犹太人殖民点的名字——多数都是基布兹。而那些被注明"已破坏"的阿拉伯村子中的一个，就是我看到的白色废墟。

后来见到巴勒斯坦人法律家萨布里·杰里斯的时候，他给我讲了村子被毁坏的过程。要注意的是，村庄并非在1948年的战争中，而是在战后1954年前后被毁。据《巴勒斯坦殖民》（M.R.麦赫迪著）：以色列建国前的四百七十五个村庄，到了二十五年后的1973年剩下不过九十个！

以色列制造了许多法律，合法地破坏村庄接收土地，再将之移交给附近建立的基布兹或莫夏布（尚未像基布兹那么合作味道浓厚的农业组织）。也就是说，我是在村子里的人都被驱逐被赶进了难民营、村子已经化为废墟之后——在那块田里劳动的。

我想知道得更多些。但搜寻巴勒斯坦现代史的书，却怎么也找不到。历史书里，只写着些对以色列有利的内容。那一阵，听说了一个名叫阿龙·冠安的犹太历史学家，由于他发表了真实的历史，被视作通敌行为遭到逮捕，他的书也从书店全部消失。我找到他的基布兹，把书弄到了手。他的《以色列与阿拉伯世界》叙述了犹太移民怎样在巴勒斯坦获得土地。电影《光荣的出走》最后映出的绿色原野，正是犹太人求购的"无主之地"（原文：不在地主），把一直持续居住了数百年的巴勒斯坦农民驱逐之后，再由犹太移民耕种的田地。

对于我，基布兹开始迅速地褪色了。

白石头的废墟。"破坏"和新的地图。

就这样，他懂得了自己作为日本的左翼学生满心敬意参加、被马丁·布伯说成"唯一没有受挫的社会主义"的、"各尽所能按需分配"的以色列乌托邦，就建设在一个被残酷抢夺、烧光赶尽了的巴勒斯坦古老村庄之上、建设在无辜的巴勒斯坦人的血泪尸骨之上。

因为大多数知识分子只是学术会议一度造访、挥手一别两不相认。唯那些怀着感情重归再访的人,唯那些纠结于对当地和现场的道德不能放弃内心对自己的盘问的人——可能达到与"内部"的结合。

> 第三次中东战争后次年的1968年,我再度访问耶路撒冷。是在犹太圣地哭墙前已变成了大广场、所有建筑都被毁掉、住在那里的六百户巴勒斯坦人已被驱逐之后。走上里面的高台,我目击了推土机正把家屋推成瓦砾。一个抱着婴儿的妇女,沉默着凝视着一切。待1976年再去,这大高台已干净地变作了犹太人区。在这里,合计六千五百个巴勒斯坦人成了新难民。

对于摄影家来说,与"内部"的结合,决定于思想的惊醒。而这种惊醒的瞬间,是摄影艺术"瞬间捕捉"的基础。

广河隆一在这次惊醒之后,开始了他拍摄中东真实、援助苦难的巴勒斯坦人民的人生长旅。在被吹嘘为"社会主义"的新殖民主义据点基布兹上获得启蒙的广河隆一,是当代最著名的中东报道者。

1982年,贝鲁特的沙蒂拉巴勒斯坦难民营发生了以色列组织的震惊世界的大屠杀。就在遗体还在抽搐时,广河隆一已经赶到了现场。是他把难民营大屠杀的真实,最快地告知了世界。可以说,在职业记者与摄影界,唯有他的作品,能与加沙人和流血同步的"瞬间捕捉"相比拟。

至今天,这位日本人已经是这个地球上为巴勒斯坦人民仗义辩护的主要人物之一。他的著作《巴勒斯坦》,是巴勒斯坦问题最简洁可信的入门书。

与此对照,中国的一些知识分子却因各种原因,大肆吹嘘那些埋着尸体和冤屈的殖民点。他们能否也像这位日本人一样在真实之前惊醒!这要看他们是否长着倾听真实的耳朵。如果他们对殖民主义还能拒绝,如果他们对他者的苦难尚知同情,那么他们将会为自己的言行羞耻。"社会主义",不能建立在占领与压迫之上、不能建立在他者的血泪之上。

二

窗外，骇人听闻的加沙杀戮硝烟未散。

被害者依然没有屈服。这回他们采取的，是在被屠戮的时刻、瞬间同步地进行的摄影斗争。

加沙难民用手机拍下的画面上，尸体堆砌，血在奔溅，人在哭喊，孩子惊恐地对着自己的断腿号啕。刚写下一句我便觉得为难——当追溯历史时由于历史的残酷，引用会莫名地变得不妥：难道文明的杂志能印上成排成排被裹尸布包着的婴儿尸体吗？难道纤细的读者能接受一幅幅内容都是父亲抱着被炸断了腿或胳膊、被炸出了肠子或被炸掉了下肢的小女儿的尸体号啕的照片吗？

尽管媒体不充当媒介，消息依然在飞速传播。每一滴泪、每一滴血、每一具无言的尸体，都在绝望中，在下意识中，被传播散布，被送达腾讯、脸书和一切网络，撒盐入海，散布到世界上千家万户每个角落。

这些图像信息，每晚都即时地对行骗的无耻媒体掌以耳光。但是被图像吸引的人也许忘了：这种摄影行为包含的意味。他们举起手机，其实他们不抱希望。他们拼死地记录，好像要把图像留给苍天。他们用最后的力气，一次次按下快门键。

他们似乎知道"瞬间"一闪即过。他们好像马上准备奔赴国际法庭。他们比别人更相信正义没有死。最不可思议的是：他们坚信自己才是摄影家——既然资本宣传已控制全球，摄影家和新闻人都成了资本娼妓。

整个加沙举着手机等着落下的白磷炸弹。整个加沙都在摄影，在他们倒下的一瞬、在他们断肢流血的一瞬。伴随着汹涌的鲜血，照片源源投向网络，与屠杀同步，与喷涌不止的鲜血同步，与百分之一秒同步。

就这样——最新的影像如咕嘟涌出的热血，一刻不停地、不断涂溅、每天每时地覆盖了电视的谎言。其实就历史学而言，这突兀的一瞬间难以捉摸。究竟该怎样学术兮兮地归纳总结这一瞬，抑或说历史的一页呢？历史学也在直面考验。喷涌的影像，与即时的、关于他们的不真实新闻一起，与世界对他们的抹杀一起，叩问着人类良心的底线。

漫长的摄影器材史被一笔勾销了，如今剩下的最后一款相机是手机。摄影就这样彻底结束了它的贵族时代。它不仅从专业圈里脱壳，变成了

"每个人"的娱乐，不仅粉碎了一切技术与规矩、变成了大众的卫生纸和塑料袋一样的日常消耗品——它模糊了专业摄影家与画面中主体的界限，把他们统一在一个思想之上，让技术和艺术沿着虚伪和正义的红线，重新排队。

虽然视角太过残忍，但是必须承认，新的艺术浴血重生了。

三

我联想到了一个词："隐喻。"若干年之前，由于侵略伊拉克的美军大兵在对战俘施虐的同时拍数码照片取乐，引发美国的犹太公众知识分子苏珊·桑塔格提出了一个费解的"隐喻"理论。

苏珊·桑塔格选择的是美国兵，于是引出了一个摄影行为的"主体"问题。接着是桑塔格的主题：她选择的是美军在他者土地上的变态行为，即"拍摄"被他们折磨侮辱的战俘和平民。

她虽不同意这么使用摄影手段，但认为可以使用军事手段。她明言美军去伊拉克行使屠杀"绝对有权"（苏珊·桑塔格说："美国绝对有权搜捕那些罪犯及其同谋。但是，这种决心不必是一场战争。"她还针对美军在阿布格雷布监狱自拍虐囚的摄影行为说："以这些图像作为美国人在伊拉克全部努力的简明概括，对于在一场确实推翻了现代社会一个恶魔独裁者的战争中看到一些合理性的那些人而言，确乎是'不公平'。"[《真正的战斗与空洞的隐喻》《注目他人受刑》，均为黄灿然译]）——于是还有"前提"的存在。

单就摄影而言，在2014年发生的以色列对加沙的屠杀过程中，巴勒斯坦人使用手机拍摄向世界发信的行为，在抵抗屠戮的"前提"、正被屠杀和流血的人乃是摄影"主体"、为屠杀提供第一时间证据的"主题"等几个基本限定上，都超过并否决了桑塔格的视角。

那些擦拭着手里的尼康、盘算着换一台F-35的专业摄影家们，不屑地瞟着加沙的图片，用不以为然的表情掩饰失落的慌张。早已不是总结他们的时候。或许唯此一次，一门艺术如此精确地占有了一切：前提、主体和主题。

这样的作品与行为，它深含的艺术史地位不言而喻。当然，是在付出了鲜血淋漓的代价之后。加沙的启示是世纪性的，因为它被逼到了最后一道墙前，它检验着人们标榜的人道主义。

有人说，穆斯林对以色列屠杀加沙抗议，只是出于信仰同一宗教的感情。为了对狭隘表明距离，他们不回应这种抗议——不消说，在"朋友圈"里用沉默表达的这种观点，不过是对自己冷漠的辩护。

他们不知道，这样的心理只是对世界正义的低估。他们不知道，哪怕就在这一次，抗议以色列屠杀的主力也是西方、拉美、非洲各国的正义人们。那些人并不是穆斯林，但他们是高尚的人，有正义感和同情心的人。如同曼德拉的庄严宣言："只要巴勒斯坦没有获得解放，人类的革命就尚未成功；只要巴勒斯坦没有获得自由，我们的自由就是不完整的。"

仿佛专门为了冷漠病的患者朋友，解释的语言，是一位为巴勒斯坦人而牺牲的犹太姑娘若雪留下的。这位年轻的美国女孩，为阻挡以色列的定居点建设，伸开双臂保护一个巴勒斯坦人的家，居然被六十吨重的推土机活活碾死。

既然人们习惯了指鹿为马，非选择这种发言者是"美国"而且是"犹太"女孩的例子，不能与冷漠病三期的朋友们对话。维吾尔族歌手何力（Halil）有先见之明，所以他早在十年前就写成了《若雪之歌》。

何力的歌曲著作，清纯而简明。一排排自白般的汉语诗行，给人淡漠忧愁的联想。在媒体每天的坏消息轰炸里听何力的这首歌，只觉失语，不愿感慨：

  让我唱一支歌谣
  献给生命的无常
  这个星球上活着的人
  总是来去匆匆忙忙
  那些死不瞑目的人
  是否已找到天堂

何力的这首歌，是中国歌曲（包括诗）中唯一的一首——给那个为他人而死的美国女孩写的歌。唱一支歌谣，献给生命的无常。如今重新听，歌里的一个个词都仿佛活了，何力如有预感，歌在历史的一页翻过之后，呈现了含义。

那些死不瞑目的人，是否已找到天堂。必须说——由于这首《若雪之歌》，那一次，中国没有在人道的关口失节。

四

时值古尔邦节，一个残酷的关于牺牲的祭日。在这人人摄影的时代，网络上不断传来大会礼的图片。西宁今年的会礼据说有十五万人，画面上白帽子如滚滚大河，不尽地铺向天边。

宛如一个停顿，好像一次沉吟，又有一张照片被投入网络。宛如给这一次长河般的摄影大战点上一个句号，那是一幅轰炸之后的加沙，残破街区的聚礼：

一座清真寺的高塔被拦腰炸断，它危险地轰然坍塌，斜斜搭在一栋半颓的房檐上。在危塔的下面，不屈的加沙人就在那随时可能轰然砸倒的断塔下，在遍地血迹瓦砾中，正顽强地集体聚礼。

白帽滚滚的图片，往往使我感到孤独。唯有这帧断塔威胁下的加沙一瞬，如同轰击，使人振聋发聩。它宛如这场悲壮的摄影抗议的结语，宛如滔滔的举证大河的最后一个浪头，有信仰的人在目击它的一瞬都失语了，哪里是礼拜，这是对天理的宣誓。

——像是在呼应我的感受，随即爆发的南非游行中，黑人们高高举着标语牌，上面写着："加沙！你的勇气，你坚定的信仰，使我们羞愧！"

不愧是受尽歧视的南非黑人，他们的表达彻底而清晰。是的，使我们羞愧，在一切意义之上。

远不止南非的黑兄弟，整个世界都在躁动。就在血浸的画面正中，良知正在醒来。桑塔格差之远矣，唯有这种瞬间——影像不是在隐喻，而是在判决和宣誓。被屠杀与被剥夺的人，给历史以记录、给我们以启发。

由流动的画面串联，人的对话在不歇地进行。在无声的断塔下，加沙和南非、中国和世界、弱者和穷人——会意的心跳，暗示的意思，悄无声息地穿梭着，沟通了被媒体阻塞了的、人类的交流。

血液就这么流动了，人类就这么获得共识。一瞬间人又感到亲近，全球设置的宣传工程遭到了嘲弄。几十万人的大场面没有如此力量——唯此孤独的一瞬，它感动了世界。

由于倒下的加沙抓起手机，历史的瞬间被捕获了。摄影史的这一页，远远不只是什么隐喻——这一页是对今天的揭发和给未来的启示——会占据人类文明史上耀眼的一页。这一页的作者名叫加沙人，未来进步的人类，将在他们的墓前洒下高尚的眼泪。

这是一次关于瞬间的追问。那些死不瞑目的人，一定会找到天堂。今天会变成过去，但尊严的瞬间不会过时。生值此时不必抱怨，人要祈求三生，才能获得如此的一瞬。

选自《读书》2015年第6期

阿拉伯的梦幻宫殿

/秦隶

斯科特·安德森这本书的立意就是要告诉读者,当前中东的局势,是经由欧洲列强发动的第一次世界大战塑造的,这其中英法这两个老牌帝国主义国家应负主要责任(美国在当时的作用仅局限于一系列的"如果")。考虑到去年是第一次世界大战爆发一百周年,这本书以此作为问题意识,其意义就更不一般了。

在劳伦斯(T.E.Lawrence)的名著《智慧七柱》(*Seven Pillars of Wisdom*)中,他曾如此描述自己在阿拉伯沙漠里的事业:"我本欲制造一个新的民族(make a new nation),复兴一种已逝的势力,赋予两千万闪米特人建造他们那被激发出来的民族理想的梦幻宫殿(dream palace)的基础。"美国资深战地记者斯科特·安德森(Scott Anderson)的《阿拉伯的劳伦斯》则更为客观地讲述了劳伦斯的事业,尤其难能可贵的是他在行文中不断地考证《智慧七柱》里的真真假假,还原了历史本来面目。

斯科特的这本书读到最后还是让人唏嘘不已,那些出卖阿拉伯人的家伙,一个个好像都没有得到善终。包括主观上想帮助阿拉伯人,却不自觉地充当了帝国主义工具的悲情英雄——劳伦斯,不但在他并不漫长的余生都挣扎在难掩的抑郁之中,而且还在壮年死于摩托车祸。阿拉伯,这个神秘的古老民族，这个近代史上的悲情民族，她曾旋风般攻城略地，也曾咒语般散播经典，在被诅咒的历史命运中，也诅咒着历史。

这是一部可读性很强的书。如果有人要想了解当今中东阿拉伯地区格局的由来，且又不想读太枯燥的专业史书的话，斯科特这本书是个不错的选择。实际上，相较于现有的那些专业史书，它的资料性和学术性也毫不逊色。当然，若要说能够深刻理解作者所要讲述的全部内容，没有一定程度的历史背景知识，也不是那么容易的。

这是一部奇特的书。奇特主要是指它的叙事结构。一般情况下，讲故事的线索最好不要太多，否则，会显得过于凌乱，让读者抓不住重点。斯科特这本书围绕着四个间谍在同一时期的活动，有四条线索：英国人（"阿拉伯的"）劳伦斯、犹太人亚伦森、德国人普吕弗和美国人耶鲁。当然，劳伦斯是这里面的主线。实际上，这本书的线索比这四条还要多，阿拉伯人、奥斯曼-土耳其人，也占有很大的篇幅。只是，无论阿拉伯人和土耳其人在其中所占的篇幅有多大，他们都是作为背景和客体出现的。他们是"战争、谎言和帝国愚行"的对象与客体，而不是作为历史和叙事的主体出现的，尽管劳伦斯在其中的活动和努力，更多地是为了把阿拉伯人提升为历史的主体；更不用说，对土耳其人而言，这是一部大溃败的历史，是一部被驱逐、被杀戮的历史，是一部不堪回首的历史。

这是一部线索多而不显凌乱的书。上述这些线索之间，或者有明显的交集，或者并行前进，看起来分散，实际上又是有机的、内在关联的。尤其是把犹太人和美国人这两条线索加进来，就把问题指向了超越"一战"那个时代的未来，指向了后来历史上不断出现的重大主题：阿以冲突、美国的中东政策（尤其是如作者说，它不断重复的错误解读和判断）。这个未来恰恰就是我们所生活于其中的现实。

这本书不是严格意义上的劳伦斯传记，尽管它的主角毫无疑问是劳伦斯。它的副标题中有一个短语——"现代中东的形成"（the making of the modern Middle East），这才是本书作者想传递给读者的最重要的信息和知识。"making"这个动名词，是"制造"的意思，有显然的人为之意，与"建构""创造"等是近义词。作者选用making这个词，其意图无非在于，现代中东是由很强的（主要还是外来的）人为力量塑造的，而不是一个历史地自然发展的结果。这个"深意"不是"形成"这个"弱"词所能传递和表达的。

阿拉伯人的故事并不好讲。相对于世界历史上很多古老的"民族",比如波斯、华夏、印度、巴比伦、埃及,阿拉伯人在文明史上的出现是比较晚的。这个民族所被人记住的成就,主要是贡献了一个宗教(伊斯兰教)、一部经典(古兰经)和一位先知(穆罕默德)。当然,这个"记忆"是颇有选择性的,因为,伟大的阿拉伯帝国文明在伊斯兰创教之后是不断地推陈出新,取得了长足进步的。比如,今天我们所知道的九至十世纪的"百年翻译运动",是古代阿拉伯-伊斯兰文明发展的巅峰,它广泛吸收外来文明的优秀成果,不但推动了中东文明的发展,而且因为阿拉伯帝国的时候翻译和保留了大量的古希腊经典文本,从而对后世的文艺复兴也起过至关重要的作用。可以说,古典时期的阿拉伯-伊斯兰文化对人类文明史是做出了巨大贡献的。

阿拉伯人在政治上也曾取得巨大的成功。在伊斯兰教的先知穆罕默德之后,"四大哈里发"(又称"正确引导的哈里发",哈里发即先知的继承人)已经把阿拉伯人的势力范围扩张到阿拉伯半岛(阿拉比亚)之外,推动了周边地区的阿拉伯化与伊斯兰化。之后,阿拉伯人曾建立过两个非常了不起的帝国:倭马亚(661—750年,即中国史书中的白衣大食)、阿巴斯(750—1258年,即黑衣大食)。此外,知名度略低的,是在909—1171年间的一个以今天埃及为根据地的法蒂玛王朝(即绿衣大食)。1258年蒙古人灭亡了阿巴斯王朝。"在这个时期,伊斯兰教似乎要灭亡了。"

奥斯曼土耳其人对伊斯兰文明的复兴功不可没。诚如阿拉伯史大家希提(Philip K.Hitti)所言,1258年之后,是蒙古人的"亲戚"——奥斯曼土耳其人——"恢复了伊斯兰教军事光荣,把伊斯兰教的旗帜胜利地竖立在广大的新地域",奥斯曼土耳其人"是阿拉比亚宗教最后的捍卫者"。到了奥斯曼帝国晚期,本来并不具备多少宗教神圣性的帝国统治者,在内外交困之际,尤其强调自身作为穆斯林哈里发的身份。从这个大历史的角度来说,也就不难理解:一战期间(1916年)的所谓阿拉伯大起义过程中,为什么那么需要外部势力的鼓动?为什么那么多的阿拉伯人甘愿做"墙头草"?在欧洲帝国主义牺牲阿拉伯人利益的阴谋被暴露后,为什么阿拉伯人也愿意与土耳其人"眉来眼去"?

我们需要警惕用后世的民族主义史观通览奥斯曼帝国的阿拉比亚历史。一方面,不能够夸大1916年这场起义的规模和影响;另一方面也不应忽视,民族主义对阿拉伯人和土耳其人来说,同样都是新颖的事物。在奥斯曼帝国统治阿拉伯人几个世纪的过程中,尽管逐渐出现了地方实力派,但这主要还是一种中央和地方的关系,况且奥斯曼帝国本也不是一个典型的中央集权国家。到了帝国晚期,随着帝国现代化改革的推进,它加强中央集权的努力,与阿拉伯的地方实力派也逐渐产生了龃龉。但这仍然是各个不同地方的阿拉伯精英与奥斯曼政府之间的关系,而不是典型的两个民族之间的关系。甚至到了20世纪初的时候,青年土耳其党人恢复了1876时被搁置的宪法,阿拉伯精英也曾幻想在新的宪政时代,与土耳其人一道重建穆斯林的光荣(阿拉伯民族主义的出现主要还是在基督徒阿拉伯人占主导地位的黎巴嫩地区,由于宗教等原因,那儿信奉基督教的阿拉伯人对近代欧洲的政治思潮更为熟悉,也更加了解西方)。一战期间,中东战场上那些惨绝人寰的杀戮,有多少是民族仇杀,又有多少是现代战争自身的逻辑?诚如作者在书的开头部分所强调的那样,欧洲的列强和有贵族气质的热血青年都没有预料到,由于战争技术的根本性改变,一战会如此旷日持久并造成空前规模的伤亡。

让我们回到阿拉伯本身。本书的故事主角是劳伦斯,但最重要的配角却是麦加的谢里夫,他是阿拉伯大起义的当地领导人。如果不了解这个人,对斯科特这本书的理解可能就比较困难。

我们首先需要了解麦加及其所在地区的重要性。在红海的东岸那一长条形的带状地区,被叫作汉志(或叫希贾兹)。在阿拉伯的历史上,这个地方的重要性怎么估计都是不过分的。因为,伊斯兰教的两大圣城麦加和麦地那就位于这个地区。汉志地区还有一个重要的城市吉达。在历史上,汉志的崛起,跟一条重要的商道有关,这条商道从也门的港口往北抵达地中海港口,从南向北沿着红海的东岸。传统上,这条商道是由骆驼队主宰的。先知穆罕默德就出身于麦加的古莱氏部落的哈西姆家族。他们就是长期经营这条商道的。

先知穆罕默德没有留下儿子。先知二十五岁的时候迎娶了当时四十岁的富孀海迪彻（或译赫蒂彻）。在他们的孩子中，幼女法蒂玛（前面提到的法蒂玛王朝就因纪念她而得名）在十八岁时嫁给了阿里。阿里就是"四大哈里发"中的第四个，是伊斯兰教少数派什叶派的创始者。阿里首先是先知穆罕默德的堂弟，后来先知又收阿里为养子。阿里和法蒂玛有两个儿子，长子哈桑·伊本·阿里；次子侯赛因·伊本·阿里。可见，哈桑和侯赛因算是先知穆罕默德的直系后裔。两人在政治和宗教斗争中先后遇害。哈希姆家族世代居住于麦加，拥有"谢里夫"（Sherif，阿拉伯语的意思是"尊贵的"）称号，当然，作为地方上的统治者，他们又被称为"艾米尔"（王公）。哈西姆家族的不同强人，经常为了利益钩心斗角，甚至兵戎相见，王朝统治者需要甄别并利用这种矛盾。哈希姆家族就是先知后裔的家族，至今仍统治着约旦的就是这个家族。

历史地看，"谢里夫"的地位是逐渐上升的。10世纪的时候，曾有骚乱袭扰麦加，甚至天房（al-Kabah）中的玄石也一度被掠走。骚乱平息之后，阿巴斯王朝的统治者开始有意识地扶持、利用隐居麦加的谢里夫，欲借其威望来维持当地的安定。1171-1250年间，埃及和叙利亚由库尔德裔的萨拉丁所建立的阿尤布王朝所统治（这也部分地证实了当时阿巴斯王朝的没落）。与之前的法蒂玛王朝信奉什叶派不同，阿尤布王朝恢复了逊尼派的统治地位。阿尤布王朝大量引进来自中亚的突厥奴隶，并重用之，这些被称作马穆鲁克的奴隶逐渐坐大，掌握了实权，最终在1250年开创了所谓的马穆鲁克王朝。1260—1277年在位的马穆鲁克统治者拜伯尔斯获得了"两座圣城之仆"的头衔，直到1517年时马穆鲁克人被奥斯曼土耳其人击败。1517年，麦加的谢里夫巴拉卡特·本·穆罕默德承认了奥斯曼帝国哈里发的地位，奥斯曼帝国的皇帝就获得了"两座圣城之仆"的头衔，汉志正式成为奥斯曼帝国的一部分，麦加的谢里夫开始接受奥斯曼皇帝的册封，但他作为麦加的统治者，拥有极大的自治权。这个情况一直延续到20世纪前期。

为了维系帝国的稳定以及宗教上的合法性，奥斯曼帝国政府非常重视对汉志的管理和支持，一方面是通过多种基金在财政上支持谢里夫；另一方面是加强对前往麦加朝觐的道路的保护，使其免于劫匪的袭击。直到19世纪初期，麦加遭到来自内志地区沙特家族的巨大威胁。

在阿拉伯半岛的汉志以东是所谓的内志地区（Nejd）。这里部落林立，是沙漠腹地,任何政权都难以建立有效的控制。麦加的谢里夫也曾利用手中有限的武装力量发动过几次针对内志部落的袭击,但都是收效甚微。现在为人所熟知的瓦哈比主义就是在18世纪的时候兴起于内志地区。这个宗教分支的创始人瓦哈卜(Muhammad ibn´Abd al-Wahhab)对周边地区的情况很熟悉,他有感于当时人宗教信仰的衰落和腐化,提出了纯洁信仰的主张,并直接针对奥斯曼帝国的统治。瓦哈比派后来与内志的沙特家族实现了宗教与宝剑的联合,逐渐在内志地区形成一股强大的势力。1802年时瓦哈比派的沙特家族势力攻占了麦加,并持续控制到1813年,对奥斯曼帝国的统治和威信造成了极大威胁。最终,埃及总督穆罕默德·阿里奉命夺回了麦加。

1818年,瓦哈比派被穆罕默德·阿里重创、击溃。直到1840年,麦加都被置于埃及总督的控制之下。1872年奥斯曼帝国建立希贾兹省,该省与谢里夫的辖地范畴一致,从而在行政体制上造成了一种双元结构,省督和麦加的谢里夫权威经常发生冲突,引发了谢里夫的日益不满。

斯科特书中提到的1916年6月阿拉伯起义的领导者是麦加的谢里夫侯赛因·本·阿里。他曾被软禁在伊斯兰坦布尔十七年(1893—1910)。他的三个儿子——阿里、阿卜杜拉和费萨尔也被迫随乃父居住在伊斯坦布尔。侯赛因于1908年被奥斯曼政府选定为麦加的艾米尔,并承袭"谢里夫"的封号,于1910年回到麦加,次年就职。一战期间,谢里夫侯赛因发动起义,力图借助于英国的力量统一叙利亚地区,建立统一的阿拉伯国家,"阿拉伯的劳伦斯"对这一事业给予了大力协助。但由于英法帝国主义的干涉,加上阿拉伯人之间的部落和地区分歧,侯赛因的这个理想并没有实现。

由于与英国政府的矛盾,在1924年的麦加战役中,谢里夫侯赛因没有得到英国的帮助,反被卷土重来的瓦哈比派沙特家族推翻,麦加被并入沙特阿拉伯。侯赛因于1931年6月4日在阿曼去世。侯赛因的儿子当中,费萨尔于1920年被法国人赶出了大马士革,但后来被英国人安排成为伊拉克的国王(1921—1933年在位);同样也是由于英国殖民大臣丘吉尔的安排,阿卜杜拉先是成为外约旦的埃米尔(1921—1946年在位),后成为国王(1946—1951年在位)。可见,虽然侯赛因领导的起义和政治规划失败了,但他的后人还是在阿拉伯世界延续着巨大的影响力。

今天，借助于发达的新旧媒体，中东越来越多地被不同层次的人们谈论。不管形式和载体如何，主题大体都是围绕着战争、冲突、极端主义、骚乱与革命，等等；给人的总体印象，中东是一个不安定、不正常、不安全的地方，只能看到一个个失序的社会，一个个充满暴戾的人。中东这种"形象"的形成有一个传播学上塑造和散布的机制。然而，后殖民批评的解构并不足以复原出另一个完全不同的中东。我们更应该追问的不是残酷现实背后的一个个直接原因，而是这样一个现代中东的格局是怎么来的。斯科特·安德森这本书的立意就是要告诉读者，当前中东的局势，是经由欧洲列强发动的第一次世界大战塑造的（尽管作为大战东线之一部分的中东在当时并非主要的战场），其中英法这两个老牌帝国主义国家应负主要责任（美国在当时的作用仅局限于一系列的"如果"）。考虑到去年是第一次世界大战爆发一百周年，这本书以此作为问题意识，其意义就更不一般了。

但是，若说有一个统一的阿拉伯被欧洲帝国主义毁掉了，也不尽然。在奥斯曼帝国统治的大部分时间里，阿拉伯地区被分成大小不等的省份，两座圣城地位特殊，由谢里夫统治。部落制一直是阿拉伯社会的常态，至今犹然。统一的阿拉伯这个理念至今仍然是某种空想，历史上这也未曾成为现实。在奥斯曼帝国统治阿拉伯人之前，即阿巴斯时代，阿拉伯世界的四分五裂情况是清晰可见的，就像著名历史学家希提所言："阿拉伯人与非阿拉伯人之间，阿拉伯穆斯林与新穆斯林之间，穆斯林与顺民之间，都存在着不可逾越的鸿沟。在阿拉比亚人自己当中，南方人与北方人之间就有的隔阂，继续存在，无论伊朗的波斯人、突兰的突厥人、含族的柏柏尔人，都没有跟闪族的阿拉比亚人结合成一个纯一的整体。"

回到这本书的主题——"现代中东的形成"，仅阿拉伯人显然不能代表中东。毕竟，在中东，有波斯、阿拉伯、库尔德、土耳其、犹太等多个民族。这本书因为是以劳伦斯为主线，所以，基本上是关于阿拉伯人的故事（顺便把以色列的由来也讲清楚了），而基本上没有讲奥斯曼-土耳其的故事（它只是作为必要的背景，或者更准确地说，是被处理的对象），也没有提到埃及这个尤为重要的阿拉伯国家，更没有提到波斯-伊朗的故事，所以，从某种程度上说，将这个视为完整的"现代中东"的形成，是不太合适的。单就阿拉伯的现状来说，也需要有更多补充之处，比如作者偶尔提及了伊本·沙特家族，但语焉不详。其实，沙特家族与今天阿拉伯国家里最重要和最大的沙特阿拉伯王国（Kingdom of Saudi Arabia）的形成关系最为密切。当然，作者的取舍也可以理解，毕竟，沙特家族的故事与劳伦斯的联系比较弱。

此外，奥斯曼–土耳其帝国的问题，对现代欧洲帝国主义者来说，就是所谓的"东方问题"。这个问题的解决，就是奥斯曼帝国的解体。回顾20世纪的历史，中东和巴尔干显然是动荡不安的地区。直到今天，这两个地方的局势也没有真的稳定下来。这是奥斯曼帝国崩溃的后果。当然，这么说不是为了缅怀已逝的帝国。帝国主义及民族主义所推动的20世纪历史，是我们今天仍在继承着的遗产。在今天的中东，伊斯兰国（ISIS）是"一战"以来形成的中东格局的挑战者。巧合的是，ISIS要征服和建立哈里发国的沙姆地区（大叙利亚），也正是麦加的谢里夫曾欲宣布建立（恢复）哈里发国的地区。

最后，从一个读者的角度来说，这书翻译质量属于上乘，而唯一的"缺憾"是它是个精装本，翻阅并不顺手，且印刷的质量"太好"了，过于厚重了。对于一个对这本书感兴趣的人来说，主要是用来阅读，而不是拿来收藏的。它的故事性很强，作者做过大量的档案工作，也有很高的史料价值，行文也常有点睛之笔。这篇书评里故意忽略了主角劳伦斯，主要是因为想从阿拉伯人的角度来补充一下那段惊心动魄的故事的历史背景。劳伦斯是这个大变奏之中的一朵奇葩。关于这个人，若要做更多评价，值得另写至少一篇文章。

选自《上海书评》2015年1月18日

第四辑

革命与传统之间

/ 李炜 著　/ 于是 译

"1796年5月15日,拿破仑率领年轻的军队越过洛迪桥,一鼓作气挺进米兰,以示天下:恺撒和亚历山大千秋万岁后,终于有了继承者。"

这是《巴马修道院》的开篇段落。在许多方面,德拉克洛瓦(Eugène Delacroix)的故事也该像司汤达这本小说一样,大气恢宏、有声有色地起头。他显然拥有浪漫英雄人物所需的诸多特质,包括女人缘。

当然包括女人缘。

"早上好,我亲爱的堂妹"——借用浪漫小说的腔调,他开始写情书给他想得到的女人:

> 收到我信,你会惊讶吗?这突如其来的念头是极其诚挚的,但我还是期盼你不要纳闷;和最思念的人相隔千里,脑海里自然浮想联翩。虽然我常想到你,却不曾告诉过你。
>
> 我想你会明白,无法相见,只让我越发遏止不了对你的思念。身在乡间,心空情盛。那些在喧闹、嘈杂的巴黎显得含糊而胆怯的欲望,隐居后却变得专横跋扈。我像个无足轻重的隐世僧侣在凄绝陋室中给你写信。等我一回到文明世界,肯定又会变得镇定自若,哪怕只

是徒有其表。

虽然画家的堂妹已明珠他投,还有婚外情,情夫又是他的朋友,但她还是拜倒在他的魅力之下,先成为他的情妇,再转变成他最亲密的红颜知己,到了晚年还是他的"慰藉者"。

这倒不是说他被牵绊了。恰如司汤达笔下的人物,德拉克洛瓦的雄心壮志,谁也束缚不了。年方十九,他似乎已看透了自己的一生。他告诉当时的恋人(他姐姐的英国女仆):"我不会轻易丧失我的独立,这对艺术家来说是无价之宝。"

就在他即将追到另一个女人时,他甚至向自己保证,"对她的相思不会像热恋那样让人欲罢不能。这将是一段迷人的回忆,一朵路边的小野花,如此而已。"

确实这样。繁花落尽君辞去。工人阶级的百合,花街柳巷的玫瑰,贵族乃至皇族的兰花:他从没打算结婚,甚至没经历过一场刻骨铭心的恋爱。不像司汤达的浪漫英雄,他把自己的心全都交给了艺术。

有趣的是,德拉克洛瓦还真的认识小说家,后者也曾提醒他:"能让你伟大的事情,一件都不要疏忽。"想必是因为这世上没几个智者坚称"要伟大就得结婚",德拉克洛瓦才能问心无愧地终生单身。

他放弃了一切,只为全心投入事业。

二十四岁时,他不惜违逆导师的意愿,参加了当年的沙龙展。虽然《但丁之舟》在很大程度上仿效了席里柯(The odore Géricault)的杰作《梅杜萨之筏》,借着这幅画,小伙子还是赢得了瞩目。

或者该说,褒贬不一的瞩目。褒奖他的欣喜此画引出了一个值得关注的新手,贬抑他的则希望他就此停笔(多年后,甚至有人建议砍断他的双手)。有一点大家倒是都赞同:年轻人激情满怀,作品中的情感像波涛一样澎湃着。

可惜,在传统派眼里,任性狂放恰是最不良的行为。这些人遵从的是古典主义(如今一般称之为"新古典主义")。如名所示,这流派纯粹以古代(尤其是古希腊)艺术为楷模。尽管没有一幅希腊画作幸存于世,他们依然认定古典绘画的特征是画面和谐、比例匀称，既有清晰的线条，又有缜密的轮廓。如果能用一句话概括，那便是18世纪德国艺术史学家温克尔曼（Johann Joachim Winckelmann）的名言："高尚的简洁、静穆的壮丽。"

不消说，所有的理念都是说来容易做来难。到了19世纪，古典主义非但没有复苏遗落的文明，反而陷入了学术的窠臼。对德拉克洛瓦这种有个性的人来说，死板只让人生厌。与其因循守旧，他宁可追随自己的直觉，迷失在诱人的色彩、激烈的情绪中。

尽管他明显不属于主流，甚至公然反对传统，《但丁之舟》还是被政府收购了。从这幅画开始，他一直没缺过官方的资助，哪怕拿破仑退位后，法国政局扑朔迷离，隔三岔五地改朝换代。

能在动荡年代中加官晋爵的艺术家不计其数——最好的例子莫过于德拉克洛瓦的劲敌：古典派晚期掌门人安格尔（Jean Auguste Dorninique lngres）——但这些人多半是有头有脸的人物，享有学术界的支持、评论家的认可，甚至老百姓的喜爱。德拉克洛瓦显然不在其中。

这难免让大家狐疑满腹。画家的父亲确实做过国民公会的议员（还是投票赞成砍下路易十六脑袋的革命者之一），后来还当上了外交官，但这都是法国大革命时期的事情。随着波旁王朝的东山再起——路易十六的弟弟路易十八登上了王位后——这段往昔谁也不想再提。

根据当时的传言，画家其实是狡猾出了名的塔列朗（Charles Maurice de Talleyrand）的私生子。老狐狸足智多谋，在革命之前、之中和之后都官居高层。如果德拉克洛瓦真和这样一号人物有血缘关系，这确实能解释他为何备受礼遇。

似乎是为了巩固自己反学院派的立场，他在1824年展出《西奥岛上的屠杀》。在他的绘画生涯中，要求艺术当面对质政治的次数屈指可数。这幅画不啻为一场疾呼抗议，谴责土耳其军队不久前在西奥残杀了手无寸铁、期盼独立的希腊百姓。

如果《但丁之舟》已流露出一丝狂野不羁，《西奥岛上的屠杀》更是让画家的叛逆之心暴露无遗。公然违反古典主义的端庄稳重，明确表达政治立场，大量利用异国风情，还试图直接触动大众心弦——这幅画立即被视为对文明品味的极大侮辱。一名古典派画家不失时机地说：德拉克洛瓦并没有画出希腊小岛上的屠杀，而是屠杀了绘画艺术。从这一刻起，年轻画家成了保守派的眼中钉。

无论他的所作所为在别人眼里有多疯癫，他自己倒是有一套办事的逻辑。展出《西奥岛上的屠杀》后没多久，他在日志中写道：

> 我承认自己工作起来是有理有据的，虽然我并不喜欢那种合情又合理的画。现在的我已明白，我的坐立不安需靠活跃抵消，尝试千百种不同的办法，找到发泄之处，然后才能抵达我一直想达到的目标。我的内心深处潜在着某种黑暗的、必须得到安抚的东西。要是不能像一条蛇一样，在女祭司的手里翻滚缠绕，我完全提不起劲来。

或许正是为了迎合内心深处的莫名感受，他才创作了《萨尔丹那帕勒斯之死》。画面描摹的场景取材于拜伦几乎同名的诗剧。传说中的亚述末代君主不愿向敌人投降，决意献祭自身，在皇宫里搭设柴堆，和他心爱的女奴一起投火自焚。

德拉克洛瓦似乎觉得这样的剧情还不够刺激。他的版本描绘了一个暴君要求他手下的所有人（包括动物）都在他自杀前死去。"取悦他的任何物事都不能在他死后留下"——首展时，画家如此解释自己的新作。为了突显这念头的残忍，他让君主从容自若地躺在床上，一瓶美酒端候在旁。带着严酷的眼神，他望着赤身的女奴们在死神的怀抱中挣扎扭动。

考虑到19世纪的风俗，把性和暴力混为一谈确实是自找麻烦。这一回，斥责德拉克洛瓦的不只是评论家了，连官方都提出警告，要是他不马上改邪归正，就别再指望政府的津贴了。

一个需要翻滚缠绕才有劲的人，想必不会轻易改变路数。但德拉克洛瓦确实没再画过这么恣意妄为的作品。然而，无意中他还是掀起了一股"东方"情色风（当时欧洲人口中的"东方"其实是中东）。不少画家很快便发现，向来被摒弃在艺术范围外的性主题，一旦搬到遥远的"东方"后，竟然也能堂哉皇哉地找到收藏家。

差不多就在"东方主义"席卷欧洲的时候，7月革命突然爆发，颠覆了法国史上最后一位波旁国王——路易十八的弟弟查理十世的统治。

身为浪漫英雄——至少有当这种英雄的条件——又生在革命时代,德拉克洛瓦自然替这场一连三天的街头暴动欢呼。他以新作《自由引导人民》庆祝人民推翻了一个不得人心的独裁者,同时迎来新的政权,虽然没过多久大家又发现,新上任的家伙也没好到哪里去。

但这是之后的事,先回到1830年。《自由引导人民》的画家和推翻压迫的起义者站在同一条战线上:这从画面中就能看出来。事实上,德拉克洛瓦可能还把自己画入了作品。屈膝在自由女神左侧,穿着燕尾服,戴着大礼帽,握着霰弹枪的男子——难道他的容貌不酷肖画家本人?

其实也无关紧要,不管是不是他自己,德拉克洛瓦都达到了目的。为了酬谢这首献给"光荣的三天"的颂歌,新政府及时颁发给他一枚荣誉军团的勋章。

值得一问的是,他到底有多拥戴这个被封为"公民之王"的路易-菲利普?因有大量中产阶级的资助,这个国王的另一个绰号是"资产阶级君主"。

根据画家一名朋友的说法:"在所有对资产阶级怀有根深蒂固偏见的人当中,我只见过一个比德拉克洛瓦还要蔑视他们的人物:福楼拜。"

但这里描述的是晚年的艺术家,不少激进分子迈入迟暮之年后都变得保守板滞。年轻时的德拉克洛瓦又是怎么想的?

"我一向不喜欢人群,"他在二十来岁时宣布,"也受不了他们喜欢的玩意儿。"

至于法国大革命,他自然也有一番独到的见解:

> 革命废止了所有信仰:像人类这么软弱无助的生物理所当然会寻求超自然力量的扶持,但革命却用一套抽象的词汇来取代:理性,正义,平等,权利。社会可以用道德准则来组建,匪徒也能用这样的词汇来自治。这些字眼和善良、温柔、慈悲或忠诚毫无共通之处。

即便他受不了大众,随着"公民之王"的上台,机遇还是纷沓而至。对一个从没去过意大利、只能靠山寨版来品鉴大师杰作的艺术家来说,启程去北非,而不是罗马,确实有悖常理。但德拉克洛瓦就这么做了。凭借自己的想象,他画了不少"东方"情调的场景,又读了拜伦所有的"东方叙事诗",显然他觉得有必要亲身体验一番这个传说中的乐园。

他在阿尔及尔和摩洛哥逗留了半年不到,在这期间填满了一本又一本素描册。像一个即将失去视觉的病人,他拼命把所有陌生景致都记录下来。后半生中,他会不断翻阅这些本子,从中汲取灵感。

如同他之前的拜伦,他确实对后殖民理论家口中的"他者"充满了兴趣,但又如在他之后的"阿拉伯的劳伦斯",他对中东尊崇有加,显然不是萨义德(Edward W.Said)谴责的那种"东方主义者"。刚好相反,他认为自己在穆斯林世界里找到了早已在堕落的西方社会中消失的价值观。

"你会怎么想,"他在信中问一名朋友:

> 倘若一眼望去。躺在街头或修理破烂鞋子的人都有古罗马执政官的气派?像一度掌控世界的加图(Cato)、布鲁图斯(Brutus)那样的傲慢气质?这里的人拥有的不过就是一条可以带着行走、铺地睡觉、裹身下葬的毯子,但他们看起来却像大权在握的西塞罗(Cicero),称心如意……跟他们比起来,连古人都相形见绌。

"北非归来,我并没有做些什么——"多年后,他在日记中写道:"直到我把所有芝麻绿豆的琐事都忘光了,只留下显著且有诗意的部分。在这之前,我只是在求精求确,虽然大多数人都把精确当作真相。"

所以,他得等上足足两年,才会完成第一幅北非大作:《公寓里的阿尔及尔女人》。画面虽有明艳浓烈的色彩,但掌握得和谐恰当;也颇有情色,但缓和低调。德拉克洛瓦似乎终于明白,其实他无须煽情渲染,只要让画面本身蕴含的戏剧性流露出来,就绰绰有余了。

这窍门发觉得还真是时候。回到巴黎不久,生意便接踵而来,都是些大尺寸、用来装点建筑的作品。这恰好合他心意。他仰慕的大师几乎都挑战过这种任务,也都想出了独具匠心的方式配合建筑物的各种形状。现在轮到他大显身手了。最重要的项目当属卢浮宫内的一幅天顶画。为了让自己的作品和挂在墙上的前辈杰作平起平坐,他还去了趟国外,以便研究鲁本斯（Peter Paul Rubens）的先例。他在日记中写道：

> 可怜的司汤达曾说（当时，作家已去世），"能让你伟大的事情，一件都不要疏忽。"这句话帮助我容忍比利时带来的厌烦。

不就是因为他不肯放过任何细节，不厌其烦地做了一切有利于他提高技艺的事，他才成了波德莱尔眼中的"最后一位文艺复兴大师，也是第一位现代画家"。

在波德莱尔看来，"现代"几乎是"浪漫"的同义词。两者都意味着反抗僵化迂腐的思考、观看和感受之道，而德拉克洛瓦正是反死板、反古典的叛军首领。

诗人会对画家推崇备至，多少和两人相差二十三岁有关。初次相遇时，波德莱尔还是个白面书生。虽然他已开始写作，但距离那本先让他臭名昭著，再让他名垂青史的诗集《恶之花》问世还很遥远。老实说，那时候的他对自己的才华毫无把握。"我何时才能学会把自身的不幸演化成……眼中的美景？"他在一首诗中问到。

更要紧的是，初识德拉克洛瓦的那段日子，他才刚——或即将——尝试自尽。"日复一日地入睡、醒来，我已无法忍受这样的疲惫不堪，"他若无其事地解释道。当然是装腔作势，但幸好他没死。

幸好——而且不只对他一人而言。他很快就会成为画家麾下最优秀的战士。

德拉克洛瓦倒是不缺拥趸，但他也老被臭骂。再过几年，他可以理直气壮地抱怨："我被扔去喂野兽已长达三十年之久。"

其实，就算喜欢他的人也不见得欣赏他的作品。大仲马就这么说过：

> 他老是喜欢斗嘴，唇枪舌战时露出闪烁的机智，镶满了英明、新奇和精准的洞见……他妙语连珠打动了一席宾客后，女主人往往会待他离去时感叹："德拉克洛瓦先生多有魅力啊！可惜他偏要画画！"

所以他才需要波德莱尔这样的人来诠释他画作的高超之处。"我该如何感激你再次证明我们的友情？"他有一回问道：

> 当那帮评论家对我恶语诽谤时，你挺身而出，战不旋踵……既然我有幸得到你的赏识，便能忘却他们的苛责。只有那些死去的大师才配得上你对我的这种厚待；你让我难以为情，却又欣喜若狂：这正是我们的天性使然。

重读这段文字，便能发现画家对诗人其实矜持有度。他满口客套话，没一句心声，连结语都是陈词滥调：我们受到赞扬时都难免沾沾自喜。与其确保两人友谊持续发展，他最想做到的，似乎是避免交往过密。

倘若画家和诗人的关系只是亲和，不曾深厚，这或许是因为，在为德拉克洛瓦辩护的同时，波德莱尔常把自己的需求和愿望强加到他身上，把他描绘成一个彻头彻尾的浪漫主义英雄。但就像画家的另一位年轻仰慕者注意到的那样，只有当他得到了透彻又诚挚的赞赏，他才面露喜色。在马屁精和误解者面前，他漠然不动。

所有问题其实都可以归结为一个词：浪漫主义。这是德拉克洛瓦一直不想加入的阵营。然而，从他出道的那一刻开始，却一再被要求在它旗下服役。

此外，还得考虑到他好斗的性格。19 世纪 20 年代，比他小三岁的雨果也和他一样声名鹊起，很快便成为浪漫主义在法国的代言人。不就是因为这原因——他不愿做别人的影子——当一个想讨好他的家伙称他为"绘画界的雨果"，他冷冷地答道："你搞错了，先生。我是最纯粹的古典主义者。"

事实上，浪漫主义也好，古典主义也罢，充其量都是含糊的概念。哪怕是一个派别中最顽固的艺术家也无法不用到一些敌派的特征。这世界就只有这么多色彩，这么多词汇，这么多乐音，这么多道路，就算背道而驰最终也可能殊途同归。

所以，迫不得已的时候，德拉克洛瓦也只好让步：

> 他们说我是"浪漫主义",如果这指的是我自由表达个人感受、我努力摆脱教科书上的风格、我憎恨学术派的公式步骤——那我承认:我不仅是个浪漫主义者,而且从我15岁起就是了……

浪漫与否,他都像司汤达笔下的主人公,马不停蹄地争取比宿命更崇高的命运。即使快要迈入花甲之年,他也没改变作风。"我依然对学习抱有激情,"他在日记中记载道:

> 但不像一些傻瓜,我不会去学对自己没用的东西……很久以前我就放弃了那种学究气的自满。我离开学校时确实想通晓一切……时至今日,我已经懂得不去追求我领域之外的学问,虽然我仍旧贪婪于任何能开拓我思想的知识。我还记得——因为自己也老是这么做——司汤达曾在一封信中建议我:"能让你伟大的事情,一件都不要疏忽。"

如果德拉克洛瓦的日记给人的印象和他热血腾飞、豪情万丈的画作几乎截然相反,那是因为字里行间的他老是在沉思默想。虽然描人述事时他总是一针见血,但整体的感觉却是缠绵悱恻。画作与文字的差异,或许只有他自己说得清。

1849年春天的一个下午,他和好友肖邦坐马车在巴黎兜风。回家后,画家在日记里写道:

> 艺术不是俗人以为的那样:凭空出现一个模糊的灵感,然后挥洒自如地描绘出万物的形象。艺术是纯粹的理念,通过天赋来改造润色,但必须遵循一定的程序,并受制于更高的法则。这让我再次想到莫扎特和贝多芬的差别……

接着,画家分析了两位作曲家,但还是更赞同讲求格律的莫扎特,而不是漠视规则的贝多芬(连同鲁本斯,莫扎特是德拉克洛瓦日记里最常提到的艺术家)。

既然如此，他自己的作品为何不像恪守原则的古典主义，亦非看似无章的浪漫主义？但这恰是原因所在：两派的特征，他其实都有。他挥洒自如的不是模糊的灵感，而是纯粹的理念。难怪他老是在日记里沉思默想。这是他创作的另一种形式。

"许多人看画就像英国佬在外旅游，"他晚年时向波德莱尔解释道：

> 鼻尖贴在导游手册上，一心一意想要了解一个国家的麦子以及其他谷物的产量。同样的道理，评论家老是想要了解一些无关紧要的因素，以便证明自己的观点。不管什么作品，只要不符合他们的尺寸，就无法让他们满意。如果一幅画什么都不证明，只想提供愉悦，他们就觉得被欺诈了。

或许这才是德拉克洛瓦创作的首要原因：愉悦。他甚至宣称："绘画的初旨就是为视觉制造盛宴。"不过，热衷于把对立的事物搅和在一起的他，又觉得"绘画不过是一座桥梁，连通了画家和观赏者的思维"。
但即便在举行盛宴、享受愉悦之际，他也没忘记职责：

> 午餐前，我画了几匹马，还有几张速写，记录了我在岩石上幻见到的一些形象。作画时，我不禁想起司汤达的忠告："能让你伟大的事情，一件都不要疏忽。"

如此看来，他在晚年绘制的那些花卉和风景也同样是出于对愉悦和职责的双重需求。虽然为一座又一座建筑绘制大型的壁画、天顶画让他筋疲力尽——他曾这样描述自己的一天："到了傍晚，我就像个跑了六十英里的家伙。"但他依然挤出时间和精力在花园里漫步。无论作陪的是堂妹还是小说家乔治·桑，仅仅看看鲜花，闻闻花香，似乎就能让他欢喜迷醉了。

生命的最后岁月里，德拉克洛瓦被封为法国荣誉军团的司令。没多久，他的第八份申请书也被美术学院接受，他终于当成了院士。

这一切都像是福楼拜想出的讽刺情节。别人也就算了，为什么连他这么一个革命者也愿意被招安？他给波德莱尔的理由听似玩笑，却又不比任何一个认真答复离谱：

> 我亲爱的朋友，如果我的右臂瘫痪了，院士身份能保证我还有教书的资格。要是我还剩下几口气，学院甚至会支付我买咖啡和雪茄的费用。

所以，一个本该是浪漫小说的故事，到了结尾却变成了哲理讽刺作品。恰如伏尔泰《老实人》的主人公，德拉克洛瓦的一生到头来似乎只证明了有必要照顾好自己的花园。

但一个不断和传统抗争，也用同等的意志力坚决不卷入别人旗帜下的战役的人——这样一个英雄，谁又有资格指责他，说他就算上了年纪也不能在花卉中寻找伊甸园？

也许真正的问题在于故事的开头。更好的写法难道不是"1798年4月26日，德拉克洛瓦来到这世界，通过异禀的天赋，独特的个性，刻苦的勤勉，慢慢打造出一片江山，以示天下：米开朗琪罗和鲁本斯千秋万岁后，终于有了继承者"？

选自《书城》2015年第2期

楼顶上的狐狸

/ 黄昱宁

珀金斯的成就之所以无法复制，至少有一部分原因，是如今高度产业化的出版界已经不可能再找回20世纪二三十年代的文艺氛围。那些年，好作家和好编辑之间更少精确的测算，更多随性的发挥，在规模庞大、分工精细的流水线出现之前，还残留着一点手工作坊式的温暖。

就像所有水准线以上的传记一样，《天才的编辑》也把传主麦克斯·珀金斯从编辑行业的神还原成了人。所以，如果能打乱这本将近六百页的作品的叙事顺序，我更愿意从珀金斯的一个不太成功的案例谈起。

厄斯金·考德威尔进入珀金斯视野时尚且籍籍无名，经过一番可以想象的投稿、退稿回合之后，终于有两个短篇被珀金斯所在的斯克里伯纳出版社旗下的同名杂志录用。在考德威尔的自述中，珀金斯当时给他开的条件远远超出了一个新作者的期望，他们的对话简直类似于一段颇具反转效果的情景剧台词："二加五十？我不知道。我还以为可以拿得比这多一点。""你那么想？那三加五十应该没得说了吧。我们为这两个短篇能付的最多也就这点了，我们得考虑成本。""那就这么着吧。我还以为两篇加起来总会比三块五多一点。""三块五？哦，不！我一定是让你误会了，我的意思是三百五十元。"

但紧接着情景剧就开始走味：主旋律是考德威尔在斯克里伯纳出版社

的单行本《美国的土地》和《烟草路》的销售版税甚至不足以达到他拿走的预付金，聊作和声的是评论界教人难堪的沉默。珀金斯只好婉拒了考德威尔的第三部小说，退稿信写得不无哀怨："令人沮丧的销售促使出版社以一种前所未有的现实态度打量这部书稿，简直没法跟那些纯粹以销售数据说话、只重实际的人争论。无法向你形容我遗憾的心情。"

压垮考德威尔的最后一根稻草，是经纪人把他引荐给维京出版社时走进了一家合意的餐馆，对方让他想吃什么就点什么，"不用考虑价格"。考德威尔的眼前不禁浮现出珀金斯唯一请过他的那顿饭：小店，花生，黄油，果酱三明治和一杯橙汁，还有珀金斯那句一点也不好笑的笑话："在佛蒙特，男人消瘦而饥饿的面容是倍受尊敬的。"于是，怀着对珀金斯的"帮助和忠告"的无限留恋，考德威尔蝉过别枝。新东家接盘的时机刚刚好：在此后的七年中，根据《烟草路》改编的戏剧创下了百老汇的演出纪录，考德威尔的事业从此蒸蒸日上，但他再也没有在斯克里伯纳出书。

珀金斯得罪或错失的作家当然不止这一个，原因五花八门。舍伍德·安德森在创作巅峰期过后开始在斯克里伯纳出书，他寄希望于依靠珀金斯重回大师行列，熬到第七年终于大失所望。"你的确对你的一些别的作者显示了巨大的兴趣"，他留下这样伤心的句子，随即绝尘而去，转投别社几个月之后死于腹膜炎。还有一个微妙的例子是福克纳：珀金斯至少有两次将他收罗帐下的机会，最终放弃行动的理由只有一条——怕海明威妒忌。彼时的珀金斯已经是行业传奇，马尔科姆·考利发在《纽约客》上的那篇人物特写《矢志不渝的朋友》将他推上了个人声誉的顶峰——即便如此，他仍然必须在文学生态圈里费心周旋，外圈是口味莫测的读者、难以取悦的评论家和在食物链上毗邻的文学经纪人，内圈是出版社里"纯粹以销售数据说话、只重实际的人"，核心则是编辑与作家在技术与情感上的双重对弈。初衷都是要把这盘棋下到天荒地老的，但中途掀桌走人、谈钱伤感情或者谈感情伤钱的变故也在所难免。只不过，关乎文学，事情就会变得更戏剧化一点。

奠定珀金斯编辑生涯的三局棋构成了《天才的编辑》的主体，对手分别是菲茨杰拉德、海明威以及托马斯·沃尔夫，每一个都贴得上大众心目中的"天才"标签：成名够传奇，才华够横溢，起伏够跌宕，辞世够扼腕。

这也是这部传记的可读性大大超过期望值的原因——沿着珀金斯的目光，我们窥视了天才们最放松也最任性的时光，发现他们有时候比自己笔下的人物更脆弱。

珀金斯对菲茨杰拉德的一席话曾经被反复引用："不要一味听从我的判断。假如我的判断真的让你在关键之处听从了我，我会感到羞耻，因为一个作家，无论如何，必须说出自己的声音。"但他们之间的通信可以证明，在写作过程中，恰恰是在好几个"关键之处"，珀金斯的判断照亮了菲茨杰拉德艰难跋涉的夜路。

现在几乎所有读者都对他如何聚敛巨大财富而困惑不解，觉得应该得到解释，当然，给出一个明确、清晰的答案是愚蠢的。你也许可以在这儿那儿插入某些短语，可能的话，安排一些各种各样的事件，轻轻带几笔，暗示他正积极从事某些神秘的事情。你写了他去接电话，何不让他在酒会上与政界、赌场、体坛或随便什么行当的神秘要人商谈的时候，被人看见一两回呢。可能我是在乱出主意，不过这种实话也许有助于你明白我的意思。在那么长的故事篇幅中完全缺乏解释——或者不说解释，而是某种解释的暗示——我认为是一种不足。他究竟是干什么的，答案即使能说，也不能清清楚楚地说出来。无论他是被别人利用的无辜者，还是他卷入到何种程度，都不应该解释。但假如只是隐约勾勒出他某种生意活动的轮廓，倒是可以增加故事中这一部分的真实性。他自称毕业于牛津、当过兵之类的说法，我以为你在实际的叙述过程中会设法逐步让读者知道真相。

在引用这段话时我不舍得删去一个字。这已经超越了编辑的职业标准，完全可以载入文学史，成为阐述小说现代性的范本。在这个案例中，编辑敏锐的文字嗅觉以及他在琐碎日常工作中练就的实际操作能力，足以让很多凌虚蹈空的文学教授汗颜。末了，在预见了这部作品的巨大潜力之余（"而所有这些，以及整个悲剧性的情节，在任何时候，任何地方，在文学上都有一席之地，借助T.J.埃克尔堡之力，以及他投向天空、大海，或者城市的那不经意的一瞥，你已赋予了一种永恒之感"），珀金斯又退回一个编辑的位置安守本分："我不知如何改进，但我相信你总有办法解决的，在这里我只想说，我认为它需要加点什么内容来控制节奏和连贯性。"比起多年后以近乎专制的态度"塑造"并伤害了卡佛的著名编辑戈登·利什来，珀金斯的进退有度几乎像一个奇迹。

从最后的成品看，作者不仅心甘情愿地采纳了编辑的每一条建议，而且把他俩本来都觉得"松松垮垮"的第六章和第七章加固成全书节奏最紧凑、推进速度最坚决的段落。结构封顶之后，在菲茨杰拉德选择困难症发作时，珀金斯又跟泽尔达一起帮助他在一堆拗口的标题中一锤定音：这个"堪称奇迹"（珀金斯语）的中篇小说定名为"了不起的盖茨比"。

此后是我们大家都熟悉的故事，菲茨杰拉德踩着和盖茨比相仿的节奏飞升、坠落，珀金斯则一直隔着不远不近的距离欣喜或担忧。担忧渐渐超过了欣喜，珀金斯通过出版社预支稿费和自掏腰包借钱给菲氏的次数也渐渐超过了他进出其豪宅参加派对的次数。珀金斯曾经写信给朋友，说他垫钱是"因为出版社已经没有经济上的正当理由可以继续借钱给他。我想让他能够专心写作，避开好莱坞以及诸如此类花天酒地的生活"。

海明威同样需要珀金斯在创作与经济上给予长期关注，但这位自认为比菲茨杰拉德"硬汉"一百倍的天才当然会自创一套麻烦，等待珀金斯替他量身定制解决方案。为了海明威，羞涩古板的珀金斯（他表达最强烈的情绪的字眼是"上帝呀"）被迫到老板那里去讨论他小说中的那些粗话该怎么处理。珀金斯实在羞于启齿，于是老板只能发话："那就写下来吧。"

珀金斯只好写下来。老板一瞥便笺簿，摇着头说："麦克斯，如果海明威听说你连那个词都写不出手，他会怎么看你？"珀金斯很快发现，这一类麻烦成了连续剧。他得耗费好一番口舌，才能说服海明威处理《死在午后》里的"四字词"——即根据大多数州的法规，把四个字母中的两个字母空出来。他甚至得耗费更多的口舌，才获准在《非洲的青山》的校样上，改掉海明威以"母狗"代称格特鲁德·斯泰因的段落。海明威最后只同意把"母狗"都改成female——你可以译成"女的"，也能译成"母的"；既足以使斯泰因暴跳如雷，也能让珀金斯勉强满意。

偶尔，当海明威的阳刚指数亟需自我确认时，珀金斯的办公室还得充当战场。他旗下的另一位作者麦克斯·伊斯特曼写过一篇评论海明威的文章，断言其"对自己是个大个子男人这一点还缺乏笃定的自信"，文字风格"堪比在胸口上贴假胸毛"，这段话被海明威直接翻译成了对其性能力的恶毒攻击。可想而知，当他俩在珀金斯办公室巧遇时，一场动作戏便如箭在弦上。海明威先亮出"毛茸茸的胸膛",然后"笑嘻嘻地上前伸手解开伊斯特曼的衬衫扣子,露出他那光秃秃的、如男人秃顶的胸膛"。为了化解危机,珀金斯甚至也准备解开自己的衬衫,把剧情往自己身上引。然而,来不及了,海明威开始质问,进而朗读那些引发冲突的句子。珀金斯再度试图扑火,自告奋勇把书念下去,但海明威抢过书扔向伊斯特曼,两人终于成功地扭打在一起。

不过,若论珀金斯投入的情感强度,则海明威与菲茨杰拉德这两个案例加在一起也比不上托马斯·沃尔夫。沃尔夫下笔千言,砖头厚的稿子砸到各出版社无人敢接,珀金斯就捡起来一句一句推敲。每次沃尔夫指出他自己愿意删掉的段落,珀金斯反而作势要阻止他:"不,你必须一字不动地保留——这段描写太棒了。"珀金斯就是有这样的本事,从作者血肉间长出的文字会迅速在他身上扎下根,进而长出枝叶来。他习惯于把困难的问题留到最后,有了前面那些感同身受的铺垫,像"缺乏真正的结构"这样的评语就更容易被作者接受。最后,沃尔夫非但没有因为大篇幅删节的建议而沮丧,反而觉得空前的轻松。"在我记忆中,"他说,"这还是第一次有人这么具体地告诉我,我写的东西还值那么几个钱。"

这一改就足足删去了九万个词,在别处屡遭冷遇的稿子《啊,失去的》成了现象级畅销书《天使,望故乡》,同时,却也种下了多年之后两人渐生嫌隙的祸根:1936年,沃尔夫的宿敌——评论家德·沃托以沃尔夫曾在第二部小说《时间与河流》中向珀金斯致谢(修改的规模与第一部不相上下)为论据,得出了刻薄的结论:"这本书所体现出的组织能力、批判智慧,并不出自艺术家的内心,也不出自他对作品形式和完美的感受,而是出自出版社的办公室。"两人之间所有的积怨都被这条离间计点燃了。这些积怨既有编务琐事中产生的分歧,也有沃尔夫出于作家本能的窥私癖——他总是把珀金斯透露给他的办公室八卦写进小说里。但究其实质,这是任何一对亲密到他们这种程度的人都可能爆发的危机。当珀金斯的太太和沃尔夫的情人艾琳(说到他和艾琳死去活来、纠缠一生的姐弟恋,则又是一个很长的狗血故事)都在抱怨他俩的友情占去了彼此太多的时间时,当沃尔夫在作品中把珀金斯比喻成"狐狸"时("狡猾的狐狸,你的狡猾是多么单纯,你的单纯又是多么狡猾/你为人公正,眼光犀利/高尚/单纯——但是从来没有在讨价还价中吃过亏！"），这一对"天作之合"就离分手不远了。可想而知，今年好莱坞将《天才的编辑》改编成电影，动用科林·费斯和裘德·洛这样的大卡司，看中的也正是这个爱恨交缠、有多重解读空间的故事——更何况，它还有一个催人泪下的结局：三十八岁的沃尔夫死于脑结核，临终前给已经交恶的珀金斯写信，缅怀往日时光，声言友情不渝："我永远都会记得三年前你我在船上相见，然后我们登上高楼楼顶，感受下面这座城市和生活的所有奇特、荣耀和力量。"

珀金斯的成就之所以无法复制，至少有一部分原因，是如今高度产业化的出版界已经不可能再找回20世纪二三十年代的文艺氛围。那些年，好作家和好编辑之间更少精确的测算，更多随性的发挥，在规模庞大、分工精细的流水线出现之前，还残留着一点手工作坊式的温暖。那些年，珀金斯和沃尔夫站在高楼上壮怀激烈，海明威发电报宣告他终于想出了小说《丧钟为谁而鸣》的结局——"桥被炸毁"，菲茨杰拉德醉醺醺地说我是一个好蛋你也是一个好蛋，然后开车载着珀金斯一头扎进池塘里。这是珀金斯最爱跟别人讲的笑话，每讲一次，那个池塘的面积便在"狐狸"的描述中被扩大一次。或许可以这样说，所谓"天才的编辑"，乃是个人与时代的相互成全。

归根结底，狐狸究竟是怎样的人？楼顶上的狐狸，池塘里的狐狸，办公室里的狐狸，哪个才是真正的珀金斯？通过这本传记，其实你很难得到特别明确的答案，因为在大部分故事中，他总是自觉充当那个更低调更克制的配角，他习惯于被天才的光辉照耀得面目模糊。我们只知道，在某些方面，珀金斯好像并不适合这个职业。他拼写很差，标点乱用，阅读"慢得像头牛"，但是"他对待文学就像对待生死"。他并不跟所有作家都搭调，最吸引他的，总是那类璀璨夺目却洋溢着悲剧色彩的天才——或许正因为如此，他跟他的天才都难逃英年早逝的厄运。他固执，拘谨，周期性抑郁。他跟太太的关系从中规中矩到渐趋淡漠，一共生养了五个女儿，还有一个终生默契却不越雷池的女性朋友伊丽莎白·莱蒙。尽管相貌英俊，很容易引起女性的注意，珀金斯却不太擅长与女作家合作，而且终其一生，他对待女性的态度总是自相矛盾，对她们既思慕又厌弃。独处时，他似乎是个十分乏味的人，每天的作息时间雷打不动，走同样的通勤路线，吃同样的午餐。他的热情有一多半都倾注在写给作者的信里，书信的见识与文采在圈里传为美谈。有人忍不住问他："你自己为何不写作？我觉得你的写作水平会远高于现在大多数写作者。"沉思好几天以后，珀金斯才缓缓作答："因为我是编辑。"

选自《上海书评》2015年8月2日

从日本看中国
——吴汝纶东游小记

/ 陆建德

晚清到日本考察教育的人是不少的,最著名的就是吴汝纶(1840—1903)。这位桐城派的后期代表继张裕钊主持保定莲池书院多年,提倡新学,尤重外语教育,在晚清教育界享有很高的声誉。严复所译《天演论》《原富》请他作序,是理所当然的。1902年初春,吴汝纶被吏部尚书兼京师大学堂管学大臣张百熙荐为京师大学堂(北京大学前身)总教习,但是学校尚未从庚子之变中恢复过来,他没有赴任(也许他对如何管理新式大学毫无成算)。而且,他以为学堂当以西学为重,而西学非他所长。他以为中学不必探索深处,一旦有高才生与他研究中学,"彼等必尽废阁西学而相从问中学,是直守旧而已"。2月5日,他在家书中写道:"大学堂开办决无效,吾决不愿就……今为尚书再出,出又无益于时,则何敢不自量乎!惟张尚书垂爱至殷,亦不敢恝然相忘。自择一事,稍答知己,则拟为尚书往游日本,一访各学校规制,归告尚书,以备采择,则可为也。至学堂教习,则实不敢承命。若尚书恐无以上陈,则东归后以病谢可也。"(《吴汝纶全集》第三册,本文所引吴氏书札均见该书)

吴汝纶奉张百熙之命赴日本考察教育,归国后从上海回安徽老家,称病不出,完全是早就决定了的。但是,他回国后意识到,访日期间,自己的正式身份一直是官方的京师大学堂总教习,如推辞不出,日本友人恐难以理解。他又在启程还皖那天（十月初四）的家书上说："汝谓大学堂可以书辞，亦自有见。但我始终未言就聘。此次东游，日本朝野上下，属望甚殷。若竟不至北京，使邻国轻我朝廷，于义不可。……吾意明春定仍北上，如张筦学待我意倦，再图南归。日本人闻之，不复怪异矣。"吴汝纶自己也是国家意识不强。只要少考虑自己，以及与官员的个人关系如何，回国赴任，义不容辞。后来确因染病不起，然而出访前为自己谋划，似属不该。但是他从外人观己，发现行为不妥，这毕竟还是应该称道的。可惜的是吴汝纶回国后先返皖，本准备来年春天北上，不意来年正月染疾而去，这是中国教育界的损失。

1902年（壬寅年）阴历五月初三，吴汝纶从塘沽出发，先到营口（牛庄），经烟台赴长崎，轮船遇雾即停，一直到十五才抵达目的地。他在长崎、神户、大阪、京都和东京等地走访各类学校，广结朋友，与他们手谈、唱和。吴汝纶居留日本整整四个月，九月十九从长崎回上海，好在归途顺畅，两天即到。这次访问虽以了解学制为主，也可以说是一次全面的社会考察。吴汝纶访日期间，张百熙制定的《钦定学堂章程》（即壬寅学制）于8月15日颁布。这段时期，日本作家二叶亭四迷正在中国旅行冒险，任北京师警务学堂事务长。比较一下他与吴汝纶各自访游的目的，可见中日两国之间的巨大反差。吴汝纶在离开日本回国之前，已将部分日记、日本友人的书信和访日期间的报刊报道、专论汇编成册，由著名的三省堂书店印制，书名《东游丛录》这是晚清新政初期一份非常有意义的历史文件，对张之洞主持的《奏定学堂章程》（即癸卯学制，1904年1月13日即癸卯年十一月二十六日公布）也有所影响，其中很多内容至今读起来还有新鲜感。

在这次学制考察过程中，吴汝纶希望全方位地了解日本自从明治维新以来在教育和社会发展方面的经验与成就，日本的监狱管理、财政币制也是他了解的对象。他记载大中小学和各种专门学校办学的细节，不惮其烦。这位学问家也是细致的实干家。对他而言，了解日本也意味着认识自我。比如他8月9日访问东京桥区警署，得知书记员的俸禄偏低，每月仅十五元至二十五元，不足自给其家。他在想到应该有更好的政策的同时，立即讲到中国："独吾国胥吏全不给禄，为更弊耳。"（《东游丛录》，《吴汝纶全集》第三册）胥吏不妨视为较低层次的公务员，没有他们，国家机器就无法运转。这些人不能从公共财政得到固定收入，自然只能借助不正常手段养家糊口。政府缺乏有效的征税手段，没有能力发给胥吏俸禄，收获的只能是服务精神的死亡和无所不在的腐败。

重读《东游丛录》（以及《吴汝纶全集》中的日记卷），经常会感到，通过异国人士的眼光来认识自己，原来如此必要。清末民初的中国知识分子，习惯于中西或东西二元的比较，往往不得要领。有些代表人物观点对立，或主东方，或主西方，但是他们看待世界的二元对立的方式却是一样的。这一过于简单化的倾向现今可能依然存在。世界是多元丰富的，所谓的西方也是一个建构起来的概念，遮盖了大量地区、国家之间的差别。比较起来，东西两极思维模式在亚洲周边国家却不很明显。起码就日本而言，它可以从不同的想象中的地位、视角来认识它的周边世界。从日本看中国，也会有不期而至的收获。在1902年的一些日本人眼里，以吴汝纶的访问为象征的晚清教育改革如果不能以中央主权、国家观念为核心，难以成功。

日本对吴汝纶的访问十分重视，一些报刊也报道了他此行的目的。九州的《日日新闻》恳切希望他多多关注学制背后的"无形之人心"和"消化之力"，也就是说，制度要行之有效，离不开文化和风俗习惯的支撑。社论作者问道："（如）人心不振，徒知求此至切之学术，其果能为完全社会以发达人心而期进步？"（同上）东京的《二六新报》也有类似的建议：中国必须先巩固中央主权，才能真正取得学术进步。国家威权不立，"国民统一之思想"缺失，个人的知识并不能使国家富强。"意贵邦虽守尧舜孔孟之道义，国家之观念，殆若甚薄，贵邦之人民虽智巧，皆出于个人之为，而以国家为务之智识，则若甚少者，此贵邦之所最短也。"这是非常敏锐而又充满善意的批评，同时也凸显了一盘散沙的晚清中国人的盲点。当时的清廷中央萎弱，权力非常分散，留日学生省界意识浓重，出版刊物喜欢以省份命名。激进派只想着民族观念指导下的改朝换代，国家整体观念淡薄。辛亥革命后新学依然支离破碎，即便是民族观念也无法使各方人士停止内战，究其原因，乃"以国家为务之智识"未能普及。《二六新报》的文章最后总结日本的经验："要之以民心之兴起与其统一，与中央政权之强固,在此数者为目的,以教育其人民耳。编辑学校及学校以外可读种种之书籍,盛养国家观念及国民统一之思想,以为贵邦之急务,次之始可言诸科之学术也。若教育不主于国家观念,其尽力教育,必支离灭裂而已。"(同上)清朝此时的实权已经旁落,新式教育果然加速了"支离灭裂"。

吴汝纶8月20日访外务部长官珍田舍己时要求日本对中国公费、私费学生一律对待。珍田表示,校舍、名额有限,先照顾官费生。由于成城学校系军事院校(陆军士官学校),私费生学军事,恐不宜。两人的对话暴露出巨大差异。吴汝纶如此记载:

> 珍田言:自成城学校外,(自费生)他学皆可入,但学生有与政府反对或来历不明之人,非有本籍地方官文书,碍难收入。
>
> 吾谓成城亦自可收,前时吾学生九名请入,参谋本部来函,亦止言公使不保,碍难再收,并非学中有不收章程也。至学生与政府反对,实无其事。若欲明其来历,则近来学生会馆有干事,若五人保一人,决无他虑。且吾学生中私费皆有余之家,开化之士,岂有学归谋反者乎!(同上)

显然这些理由不能说服珍田舍己("然观其意旨,似不易辨明而信从也")。吴汝纶自己也是国家观念淡薄,身为京师大学堂总教习,在日本官员面前直接对抗驻日公使蔡钧,很不妥当。他说的就是吴稚晖等人到成城求学被拒一事。他以为"学归谋反"全无可能,未免太幼稚了。当时九位私费学生到驻日公使馆要求蔡钧接见,有胁迫之意,吴稚晖尤善表演,甚至以自杀相威胁(参见实藤惠秀《中国人留学日本史》,谭汝谦、林启彦译,北京大学出版社2012年版)。一些成城的学生也卷入此事,算得上是一次学潮了。日本军界看在眼里,做出了吴汝纶不大想得到的决定。8月27日,吴汝纶在华族会馆见到青木少将。青木告诉他:"中国留学生在成城学校者,每不受约束,陆军以号令严明为主,学堂之约束即将来军中之号令,不能受约束,便成无号令之军矣,意欲退出几人,以警其余。"(《东游丛录》,《吴汝纶全集》第三册)日本方面往往将驻日公使蔡钧作为这次事件的负责人，实际上校方根本不会欢迎如此骄纵专横的留学生。吴汝纶在考察即将结束时拜访文相菊池大麓，对方又说："见各国历史，无不以造成为国办事之人为急务。中国兴学方针，当注意其国民教育，结成一国团体，亦不可缓。"（同上）然而1902年的中国要通过兴学来"结成一国团体"，恰恰是最困难的。两三年之后，日本某些"有心人"（如黑龙会成员）发现，中国留日学生、访日人士身上的致命弱点是一笔日本的资产，可用于表面上看起来超越国家的"大东亚"事业，幸运的是从1919年的五四运动到国运飘摇的20世纪30年代，国家观念终于开始在中国人心中确立。

接待吴汝纶的日本人士还把统一的"国语"视为培养爱国精神的先决条件。在《大学总长山川谈片》（章宗祥录）中，山川首推"统一"。国家的统一取决于教育的统一，而教育必须统一的有三大端：首先是精神，其次为制度，第三则是国语。"国语似与教育无直接之关系，然语言者，所以代表思想，语言不齐，思想因此亦多窒碍，而教育之精神，亦必大受其影响。此事与他国无甚重要，以贵国今日之情形视之，则宜大加改良，而得一整齐划一之道，则教育始易着手。"汉学学者土屋弘来书，向吴汝纶推荐"五十音图"，称"宇宙百般之事，皆可书之"。（同上）"五十音图"其实就是一种注音系统。吴汝纶考察期间（6月21日）还曾致书国字改良部干事小岛一腾，对他赠书表示感谢："昨接手示，并寄到大著《言文一致》书，至为感荷！吾国文字深邃，不能使妇孺通知，今学堂中均须研习外国公学，无暇讲求汉文。执事此书，大可携回敝国，与教育家商酌改用，使国中妇孺知文，即国民教育进步也。异日得有裨益，皆执事之赐，先此致谢！不具。"（同上）

贵族院议员伊泽修二也是教育家，他与吴汝纶谈及爱国心如何培养的问题。据罗振玉《扶桑二月记》，同一年（1902）的1月20日（辛丑十二月初三），伊泽修二曾到罗振玉在东京的寓所拜访，谈教育。从罗振玉的记载来看，他并没有特别强调国语。这次他在吴汝纶面前尽力突出国语的意义。他建议，国民要有爱国心，首先必须统一语言。语言不统一，交流不便，团体难以结成："察贵国今日之时势，统一语言，尤其亟亟者。"吴汝纶担心学堂科目已多，增加一门，时间太紧："语言之急宜统一，诚深切著明矣。敝国知之者少，尚视为不急之务，尤恐习之者大费时日也。"想不到伊泽修二安慰他说："宁弃他科而增国语。前世纪之人犹不知国语之重要，知其为重者，犹今世纪之新发明，为其足以助团体之凝结，增长爱国心也。"伊泽认为，只要政府决心诰诫，制定法律，认真推行，不会太难。三十年前的日本，信州人与萨摩人相见，就同广东人与北京人，不能通姓名，而现在所说语言，已经差异不大。他还举了德国和奥匈帝国两个例子：德王威廉主张语言一致，因此国势强盛，奥匈帝国爱国心薄弱，因为语言风俗各不相同。伊泽甚至预言，奥匈帝国语言不统一，迟早不国，足为前车之鉴。（同上）爱国心始于语言和发音统一，这是习惯于各省方言壁垒的晚清知识分子未曾想到的。

至于吴汝纶自己，他立即开始借助日本经验设计汉语注音体系，并在归国一周前（9月12日）给张百熙写信，讲到外国"言文一致"时提到一件事："近天津有省笔字书，自编修严范孙家传出，其法用支微鱼虞等字为母，益以喉音字十五、字母四十九，皆损笔写之，略如日本之假名字，妇孺学之兼旬，即能自拼字画，彼此通书。此音尽是京城声口，尤可使天下语音一律。今教育名家"率谓一国之民，不可使语言参差不通，此为国民团体最要之义。"严范孙就是严修，吴汝纶在回国前，还与他同游京都书肆。至于"教育名家"可以是严修等国内的先觉者，也可以是伊泽修二等建议中国用国语统一方言的日本人士。所谓的"省笔字书"大概就是王照在戊戌年逃亡日本后写的《官话合声字母》。清末切音字运动始于卢戆章的《一目了然初阶》（1892），这是根据厦门话设计的切音著作。王照的拼音方案受日本假名启发，采用"京城声口"，是普通话的先驱。清末一系列统一语言的尝试为白话文运动奠定了基础。

1904年1月颁布的《奏定学堂章程》是由张之洞、张百熙和荣庆共同拟定的，其中一条规定："各国语言，全国皆归一致，故同国主人，其情易洽，实由小学堂教字母拼音始。中国民间各操土音，致一省之人，彼此不能通语，办事动多扞格。兹拟以官音统一天下之语言，故自师范以及高等小学堂，均于中国文一科内，附入官话一门。其练习官话，各学堂皆应用《圣谕广训直解》一书为准。将来各省学堂教员，凡授科学，均以官音讲解，虽不能遽如生长京师者之圆熟，但必须读字清真，音韵朗畅。"以"官音"或"京城声口"统一读音,这一举措的重要性再怎么说也不为过。

东京大学教授高桥作卫在给吴汝纶的长信上提出的一系列具体建议也让我感佩。他甚至认为,中国要振兴教育,最好禁止学生阅读豪侠小说。他的理由是教育的目的不在培养豪杰,而在培养常识之士:按贵国人士喜豪杰之谭,是以三国史、汉楚军谈,及传记小说,多说豪杰不羁磊落,以为多焉,读之则快,而扰乱少年之心,决非少矣。他接着举出日本社会中一些不幸的例子证明豪侠小说之害:"敝邦子弟中道挫折者,多好任侠之谭,盖是等子弟,出乡关则歌曰:不能成志业则不再归。其志极壮,然好为异行,疏豪自喜,甚至抗上以为刚,蔑长以为强,眼无官宪,反理庇恶,而其中未必刚毅,欲情乱内,则流连荒亡。豪侠之谭,贻误青年,其迹极明。盖此等小说能警醒懒惰半眠之徒,鼓舞猛进果敢之气,以启激成豪杰之机,然天生豪杰,百年一二人而已,今望一二人于千百,以误一世之青年,非策之得者也。"(《东游丛录》,《吴汝纶全集》第三册)现当代中国教育工作者可能没有意识到,侠客朱家郭解或"燕雀安知鸿鹄之志哉"所表达的人生态度也会变成现代化进程中的障碍。在鲁迅翻译的鹤见祐辅的《思想·山水·人物》中,作者称《英国宪法论》作者、《经济学家》主笔白哲德悟透了日本人所说的"运根钝"的真谛:"鲁钝者,是国家社会的础石,因为有此,所以人间能够继续着平凡的共同生活,而自治的政治得以施行下去。"(《鲁迅全集》第五卷,新疆人民出版社1995年版)鹤见感叹美国总统威尔逊对白哲德的了解,他们都看出,一个社会有"统一结合之力",实赖"没有生气的平凡的判断力"。白哲德曾说,英格兰人既无智慧,又无想象力,不想试行一点新的事,国家便长久了。

与此相关联的是吴汝纶辛丑年(1901)日记里一则有趣的记载:中国留日学生喜欢读政治法律,一位在北京的日本将领(山根武亮)笑着对他说:"贵国人喜学宰相之学,满国皆李傅相(李鸿章)也。"吴汝纶记道:"其言切多讽,记以示儿。"(见《吴汝纶全集》第四册)蔡元培在1916年年底出任北京大学校长的时候,该校最受欢迎的学科还是政法,原来读政法是做官的捷径。"宰相之学"并非兴盛于晚清。历朝不少言志诗的作者真正想表达的,不外是做宰相的抱负。

一个多世纪以来,日本和中国都发生了巨大的变化。两国面临的挑战完全不同于以往,但是吴汝纶那种谦逊好学、热心交流的精神永远不会过时。不忘历史,取日本的视角看中国,也会多一分自知之明。"知己"与"知彼",两者是相辅相成的。这功夫做得细密,才真了得。

选自《书城》2015年第2期

最后的巨人

/ 张经纬

对中国史前文明的执着信念和超凡的专业认识,使他在相当一段时间里全力推动着中国考古学的发展,并达到了至今无法超越的高度,这是同时代"海峡两岸"大多考古学者无法企及的。

巨人之躯

2013年时,三联书店再版了张光直先生系列作品(全九册),是迄今国内出版先生作品最全面的一版。作为20世纪后半期中国考古学界最富国际声誉的学者(曾任哈佛大学人类学主任,荣膺美国国家科学院和美国人文科学院院士),光直先生这些作品大多写作于20世纪90年代之前,在80年代以来便陆续译成中文。时值先生去世十二年之际,重读作品,历久弥新。

这些作品既有用考古学材料建构史前中国的《古代中国考古学》《中国考古学论文集》,也有总结、阐释商代考古成就的经典之作《商文明》《中国青铜时代》,更有收集了先生大量随笔、序文的《考古人类学随笔》,以及回忆早年生活的《番薯人的故事》。得益于这些丰富的素材,我们可以一窥先生一生的考古心路。

作为台湾第一位白话诗人张我军的次子,光直先生是位台省籍人士,可因为青少年时生在北京、长在北京,又是一位地地道道的"北京人"。他在抗战胜利后随全家返回故乡，心中始终怀着对古老中国的美好感情。既没有1949年左右仓促赴台者的失落，也不似后来海峡阻断之后出生一代台湾学者，虽也研究古史，心里却失落了对古代中国的眷恋。比如，研究西周制度的杜正胜，实际忝列"绿营"，以"羌史"成名的王明珂，在颜色上也颇为暧昧。而这一切在张光直先生身上是完全看不到的。先生身为台籍，对中国古代文明是一种发自内心的情感，正是这种责无旁贷的使命感，使其几乎以一己之力，将上世纪中后期，中国史前考古的脉络维系一身，直至生命最后一刻。

《古代中国考古学》的译者在2002年版的"译后记"中写道："最近十多年来，张光直先生一直在同病魔作斗争。……1994-1997年他又数度坐轮椅来到北京，并曾奔赴他念念不忘的商丘考古工地。……先生的身躯虽小，然骨头是最硬的。在他的身上，我真正体会了人之所以为人的伟大。"

2001年初一代考古学巨擘张光直先生在美国麻省因帕金森症去世。先生去世时，刚过古稀，在普遍高寿的考古学家中算是"英年早逝"。在有限的生命中，先生写下诸多著名考古学作品，芳泽后世。其中尤以对"商文明""中国史前时代"两方面的成就为最，至今未被超越。"先生的身躯虽小"，却无愧考古学领域"最后的巨人"。

巨人之迹

先生最有代表性的成就主要有两项，第一项是众所周知的对"商文明"的综合阐述。上世纪中国考古学从无到有，在很大程度上与"商代"的发现有重要关联。1920年代末，在傅斯年主持下，李济、董作宾等考古学家发掘了大量包括殷墟在内的史前遗迹，但苦于抗战动荡，无法安心整理、研究，内战后期这批材料中除部分留在大陆，其中最重要的部分便被携往台湾。加上此后1950年代的两次重大发现，基本奠定了已知商代文明的认识格局。其一是50年代初"郑州商城"（早商遗址）的发现，其二是50年代末"二里头文化"（夏、商之际）的发掘。

但是，两个原因阻止了当时对"商文明"进一步的整体阐述。一方面，中国考古学基于地层学和类型学的传统方法，天然缺乏对包括生产、分配、祭祀、权力在内的文化全貌进行系统分析的能力，也更无法从"文化互动"的角度探索文化遗址之间"时空连续性"的可能。另一方面，中国大陆的政治生活恰好在这些遗址发现后，便进入了一系列运动浪潮当中，使得对"商文化"的跟进研究经历了50年代的短暂成绩后，就在很长时间里步入低谷。当时及之后很长一段时间里，关于商代文明最出色的成果，莫过于陈梦家先生在50年代出版的《殷墟卜辞综述》。只可惜，陈先生在留下这部巨著后，也不幸早逝。

张光直先生虽在海外，却一直关注中国大陆地区的考古成果。同时也接受了当时考古界最先进的"聚落形态研究方法"上的训练，使他事实上成为将"商文明"作为一个整体来阐述的第一人。结合考古材料，他从"安阳所见的商代社会"和"安阳之外的商文明"两个部分进行讨论，系统地阐述了商代中后期和早期两个阶段的社会形貌。从"族群""都邑""军事""祭祀""王权"和"方国关系"等多个方面，基本奠定了后来研究者讨论"商文明"的主要议题。（还富有远见地将商代文化与周边大致同时的其他文化〔夏家店下层文化、齐家文化和清江几何印纹陶文化〕并置研究。）翻开今天任何一本介绍商代文化的著作，基本上是不会跃出张先生给出的这几个讨论范围的，可见其影响之深。

张先生的另一项成就意义更大，但知名度反而没有那么高。即提出了"中国（文化）相互作用圈"理论。这个理论的简单阐述就是，新石器时代晚期，中国出现了包括仰韶（甘、陕、晋、豫西）、大溪（汉水流域）、山背（鄱阳湖平原）、马家浜（长江下游三角洲）、大汶口（山东半岛）、土珠（辽东半岛）和红山（辽西、内蒙古东部）在内多个文化区域，"所有的区域文化在经过一定的时间之后都更广泛地分布，而它们彼此之间的相互作用趋于深化，终于在公元前第四千纪中间形成了一个'相互作用圈'，布定了最早的中国历史文明的地理舞台"。

这一理论是张先生十分看重的成果，最早刊于耶鲁大学1968年版《古代中国考古学》，后亲自翻译刊登于《庆祝苏秉琦考古五十五年论文集》中，在其《中国考古学论文集》中也多次出现。虽然没有像"商文明"研究那么令人瞩目，毕竟马家浜、大汶口等史前文化对于考古专业以外的人士，多嫌陌生，但这一理论其实是对苏秉琦提出中国史前文化"满天星斗"论的积极回应。张先生并不认为具体的文化区域是孤立独行的，在更大的范围内，相邻文化区域存在直接影响，通过文化区域与区域之间的关联，甚至能构成一个闭合的"循环圈"。只是这个循环圈未给出方向。

这两项成果可以说是张先生一生探索中国史前史最重要的贡献，"商文明"研究是对已知商代遗存最全面的总结，"中国（文化）相互作用圈"则是对商代之前古代中国的更深入探索，至今未被超越。当然，由于时代局限，这两项贡献也留下了许多值得探索的空间，如果今人稍加注意，或许就能从中发现更多。

巨人之踵

光直先生在探索中国文明起源的过程中拥有超乎常人的敏锐视觉，这两项成果之间也是相通的。研究新石器时代互动文化圈，就是为了打通商文明与早期文化之间的壁垒。他给中国新石器时代晚期文化绘制了富有启发的"互动作用圈"，但没有判定这些文化相互影响的趋势，同时在"商文明"研究的领域，阐述了商代中国从二里头到郑州商城，一直到安阳殷墟的阶段特征，以及周边的其他文化。同样没给出商文化的来龙去脉。也就是说，他始终未能在这两者之间找到那个缺失的环节。

或许是两个原因造成了这种遗憾，首先，他直至去世之前，都执着相信，商文化的源头可能是在殷墟东部的河南商丘——这里是商纣王同宗微子启在周代延续商嗣的封国——只是这里至今都未能发掘出任何早于西周初期的遗迹。然而，他在《中国古代考古学》中已经非常肯定断言"二里头文化为夏文化，而不是商代早期文化"，这种执念源自对"商人东方（海岱文化）起源"的坚信，以至于他在研究中几乎没有提到80年代发现的"偃师商城"，更不用说，在他去世前不久（1998年）开始发掘（2014年获批再次发掘）的焦作"府城商城"遗址——因为这些早商时期遗址都在郑州商城、安阳殷墟的西部。

其次，受同时代加拿大考古学家布鲁斯·炊格尔、英国人类学家杰克·古迪对早期文明及简单社会"王权"与"神圣祭祀"关系假设的影响，他也对"王权"以外基于物质交换导致的文化流动持保守态度。在"古代贸易研究是经济学还是生态学"（《中国青铜时代》）一文中，他明确表示："我不相信在考古学研究上贸易应当当作与文化系统的其他亚系统，如生业、技术、社会与象征等亚系统平行的另一个亚系统来处理。"实际上，强调生产-再分配方式的"物质文化"研究在最近二十年已经成为考古学中非常主流的研究范式了，相反关于纯粹的"王权"研究，则因其假设体系的失之证明，而日薄西山。或许正是这两点因素，成为这位考古学界"巨人"的阿喀琉斯之踵。

修正了张先生判断上的两个问题（一、比殷墟（商代晚期）更早的商代早、中期遗址都在其西部，而非其东；二、物质交换其实是文化系统中最关键的要素之一，且存在流动趋势。）之后，重新来看待张先生奠基的史前中国成果，我们或许就能窥到前辈之所未见。

张先生证明了商代之前的东亚存在一个"（文化）相互作用圈"，包括夏人在内的华夏先民，都是这个体系中的部分。而商人的"来龙去脉"，也当受此趋势影响。周人灭商后，后裔王子禄父曾经向东北方逃遁，而微子启建立的宋国在黄河下游的商丘。如果这算作商人迁移的"去脉"，那么当我们把商文化从"二里头"开始（包括偃师商城、焦作府城商城），一直延伸到商亡后的归宿用曲线连接，就几乎获得了一条自西南向东北方向延伸的曲线。

对中国史前文明的执着信念和超凡的专业认识，使他在相当一段时间里全力推动着中国考古学的发展，并达到了至今无法超越的高度。这是同时代"海峡两岸"大多考古学者无法企及的，这从张先生独立完成的作品至今全数集结再版，而某些举众力为的"断代工程"除了薄薄一册"阶段成果报告"，之后再无音信可得互见。

光直先生以"瘦弱"之躯肩扛中国考古学的过去，在考古史中投射高大身影。斯人已逝，智慧永驻，再次翻看先生作品，既是对前辈求真精神的缅怀，也是对今人的一种鞭策和勉励。

选自《上海书评》2015年2月15日

沈从文的后半生:这是什么样的故事

/ 张新颖

《沈从文的后半生》（广西师范大学出版社，2014年）这本书，出版几个月了，有时候我自己也会翻翻，不期然地产生出一些新的想法，这是非常奇妙的体验。我在写的时候，没有体会到的东西，慢慢地体会到了；写的时候没有明白的事情，会慢慢明白。也就是说，这本书，其实是大于写这本书的人的。我觉得这是非常好的状态；如果你写了一本书，它和你一样大，或者比你还要小一点，恐怕不是很好的事情。

也就是说，如果把沈从文的世界，限制在一个研究者或者传记作者个人的世界里面，那就可能非常不妙。所以回过头来，我会有点感谢自己这样一个笨的写法，尽量地呈现沈从文这个人他的后半生是怎么过来的，至少表面上不那么急着用我自己的想法、观念来解释他、判断他。那样做可能写起来会比较痛快，读起来也会比较痛快；但是那样做的话，就存在着把这个人缩小、定型、标签化的危险；限制住了，就丧失了开放性——向更多更深的理解开放。最重要的还是对象本身，要小心翼翼地保护、保存，进而发现、发掘对象本身的丰富性。

话又说回来，如果一个研究者或传记作者没有他自己的感受、他自己的观察、他自己的想法，他又如何能够知道要保护、保存什么？他又如何去发现、发掘？他更如何形塑出一个贯通的形象、一个完整的世界？换句话说，一个研究者或传记作者，怎么可能没有一个内在的自我呢？诚然如此；不过我还是想说，这个内在的自我，还是保持、隐约在内含的状态比较好；同时，这个内在的自我更要自始至终保持其开放性，有自我而能"毋意，毋必，毋固，毋我"（《论语·子罕》），不要害怕别人说你没有见解，没有思想。

如果我们把沈从文后半生这么漫长时间的经历看成一个故事的话，这个故事不是一条单一的线，它是立体的，有很多层次叠加融合在一起，读这个故事的人，领会到一层，就能明白一些东西；过了一段时间，可能还会领会到另外一层。我的脑子比较慢，我领会这个东西，需要过很长的时间才明白那么一点点，没有法子一下全体会到，全明白。虽然这本书是写完了，但是我明白的过程还没有完。

这样的一个故事，有可能包含着哪些含义？就像这本书，是一个开放的文本，它有可能朝哪些方向开放？

绝境，和在绝境中创造事业的故事

第一个我想说的是，绝境和在绝境中创造事业，可以把这本书读成这样的一个故事。这本书一开头，这个人就精神崩溃、自杀，一般来说，按照时间顺序叙述一个故事，不会一开始就这样。一开始就这么一个剧烈的冲突，一个极端的情境，往后怎么写呢？但是他人生就是这样的，1949年就经历了这个，一个人走到绝境，走到走投无路的地方。这个绝境，我用不着多说，是时代本身压给他的，是时代的转折压给他的，因为到了这个关口，他以前的创作方式没有办法继续下去了，他的事业被摧毁了。这个是一个方面。

还有另外一个方面，一个人要走到绝境，其实是有他自主选择的成分在。因为时代的巨大转折和压力，不是沈从文一个人所承受的，很多人都在承受，为什么只有这一个人要走到精神崩溃去自杀的程度？当然沈从文个人当时的现实处境有非常特殊的地方；除此之外，我想这当中，就还有一个勇气的问题，有一个人的大勇敢在。我们人这种动物，本能里面就有自我保护的反应机制，当碰到危险的时候，碰到绝境的时候，我们会有各种各样的办法避开它，绕开它。1949年也不是说没有这种办法，可以稍微妥协一点，可以随波逐流，大家怎么做你就怎么做，顺大流。当然随波逐流是一个不太好听的词，那换成好听的与时俱进就可以了。这样一来，这个绝境就避开了。可是这个人就是不肯，不能稍微圆通一点。他就是要一条道走到黑。这样的结果他是知道的，非常清楚。

一个人敢于把自己的人生走到最底部，和不敢走到这样的境地，是有差别的。差别在于，当我们本能地避开人生最绝望、最可怕的境地之后，在精神心理上，我们的人生永远会有可怕的东西躲在暗中。可他不是，他死过一次了，当他死过一次再活过来的时候，就没有什么可怕的了，最可怕的事情已经经历过。避开可怕的绝境一直在活着的人，那个活着的状态，有一种可能是苟活，是在不死不活的状态，而他死过了一次再活过来，那真的是活了，而且再也没有什么力量能够让他再死一次，如果他自己想活的话。在后来的岁月里，比如说在"文革"当中，沈从文的遭遇要惨多了，但是他再也没有像1949年那样精神纠结反复，以致崩溃。

所以这样从死去一次再开始活过来的后半生，有这么一个特殊的起点，糟糕到底的起点，却也是一个了不起的起点。我们一般人不会有这样一个最低的起点，可就是这样的一个起点，才奠定了以后的路是往上走的路。

我要讲绝境，要讲在绝境当中活过来，而且活下去，还有一个怎么活法的问题。沈从文自杀，是因为他的文学事业不能继续了，他是把生命和事业联系在一起的，所以要活下去，就还得有事业。这个地方就显出这个人特殊的本事，他能在绝境中创造事业，文学不行了，就另辟新路。我们都知道他转身投入了文物研究的事业，并且在这个转过来的领域里做出了独特的贡献。其实往前、往后想想，这也不是他唯一一次面临绝境，只不过这一次非常惨烈。他年轻的时候从湘西的部队跑到北京，生活没有着落，考大学考不上，也不知道要干什么，但硬是从这样一个低的起点，从无到有，一点一点闯出来，成就了文学上的事业。往后看，比如说"文革"当中，他下放到湖北咸宁干校，好不容易改行创造的第二份事业，就是文物研究，又到了绝境。没有任何的书，任何的资料，怎么做研究？而且身体的状况特别差。又一次到了人生底部，能不能干点可以干的？所以他再做改行的打算和实验，认真尝试旧体诗的写作。他有一个从绝境当中创造事业的特别性格。

后来我慢慢体会到，这个性格的背后，其实是生命的创造能量在支撑，是创造的能量要求释放，要求落实到具体的事业上去。

沈从文1949年的绝境是比较戏剧化的、冲突极端激烈的时刻，但绝境绝不只是那样的时刻；其实可以把他漫长的整个后半生，就看成一个漫长的绝境。整个漫长的后半生就在对抗这样的一个绝境，以创造事业的方式，以日复一日的方式。

毋庸讳言，我们的注意力通常会被更为戏剧化的绝境时刻所吸引，但我想说，比起绝境来，在绝境中以日复一日的努力创造事业，是更有意义的。

个人和时代关系的故事：超越受害者的身份

第二点我要讲的，这个后半生，还是一个自我或者个人和时代关系的故事。写这本书，我想写的不是沈从文他们这一代知识分子普遍的遭遇，我写的不是一代人或者是几代人的一个典型，我写的不是一个模式的故事，我写的就是这一个人。这一个人和他同代的很多人不一样，和他后代的很多人不一样，我就是要写出这个不一样。他是一个不能被放在一个共同的模式里叙述的人。不一样是因为他有一个自我，这个自我和时代的巨大潮流、压力之间形成一个关系。偏离在社会大潮之外，自己找一个角落做自己事情，沈从文是这样的一个人。我反复讲过这本书的封面设计，用了沈从文1957年五一节画的上海外白渡桥上的游行队伍和黄浦江里一只游离的小船的即景图，这幅图的位置关系很有意思，我把它解读成一个隐喻，隐喻他在轰轰烈烈的时代潮流之外，找到很小很小的、特别不起眼的、你会忽略的这样的一个角落，来做自己的事情。

一般来说知识分子是不愿意待在角落里的，知识分子要做时代潮流的引领者，要做弄潮儿，如果不能，至少要跟上，不能落伍不能掉队。可是若干年之后你回过头去看，偏偏是这样和时代潮流隔着距离，在这样一个谁都不会去理睬的角落里的人，才做成了事业。为什么会这样？个人要处在什么样的位置才能和时代之间形成一种有意义的关系，这个意义不仅仅是对于个人的，而且也是对于时代的？

个人和时代之间还有一个问题，我特别想讲这个问题。毫无疑问，沈从文以及沈从文的那一代人甚至后面的几代人，他们是剧烈变动时代的受害者，遭受了很大的摧残和屈辱。受害者这样一个身份，是时代强加的，没有人愿意做受害者。所以这是一个完全被动的身份。但是，你有没有发现这样的情况，当那个时代过去以后，比如说"文革"过去以后，很多人会愿意强调自己受害者的身份，突出自己受害者的身份。这是人之常情，容易理解；但事情的另一面是，这样一来，不管是在意识里面还是在无意识里面，等于承认了时代强加给个人的被动的身份，也等于变相地承认了时代的力量。在一个变化非常大的时期，一个人除了是一个受害者，还有没有可能通过自己的努力，去超越受害者这样一个被动的身份，自己来完成另外一个身份？避免只有一个被动接受的身份，我觉得是非常重要的。

到20世纪80年代，沈从文的境况已经有了很大的好转，他可以出国讲学了。他在美国做演讲，做了二十几场，演讲的内容一是讲文学，二是讲文物。讲文学只讲一个题目，不是讲他自己的作品，也不讲1930年代他盛名时期的事情，而是讲1920年代他刚刚到北平时候的文坛情况。讲文物的题目就很多了，今天在这个学校里讲扇子，明天到那个学校里讲丝绸。他准备了大量的幻灯片，一讲起来就很兴奋。可是他也知道，来听他演讲的人更希望听到的是他在1949年以后的遭遇，他们更希望从这个人的口中亲自证明这样的一个时代强加给知识分子的各种各样的残害力量，希望听到受害者的证词。在此前前后后很长的时期里，到海外的中国作家演讲，只要讲这个题目，下面的反应一定是非常热烈的。可是沈从文就不讲。

很多人会猜测，他是不是过于谨慎？是不是很胆小，很害怕？我已经说过，他死都死过了，还会害怕什么？他有他自己主动创造的身份，这个身份要比受害者的身份更有意义，对他也更重要。他讲了这么一段话，特别朴素特别诚恳。他说："在中国近三十年的剧烈变动情况中，我许多很好很有成就的旧同行，老同事，都因为来不及适应这个环境中的新变化成了古人。我现在居然能在这里快乐地和各位谈谈这些事情，证明我在适应环境上，至少做了一个健康的选择，并不是消极的退隐。特别是国家变动大，社会变动过程太激烈了，许多人在运动当中都牺牲后，就更需要有人更顽强坚持工作，才能保留下一些东西。"——他说的是"一个健康的选择"和顽强坚持的工作，这个选择和工作让他超越了单纯受害者的身份。

沈从文后半生的故事是一个人自我拯救的故事，也可以说是一个人对一个时代救赎的故事。这样说会不会有点夸大？一个人的力量可以补救一个时代的荒芜吗？从数量上，是不可能的；可是换一个角度来看，如果一个时代连一个做事情的人都没有，和有这么许多的个人——沈从文当然不是唯一的这样的个人——来做事情，是不一样的。有这样的个人，证明这个时代还不可能把所有的人都摧垮，也证明人这个物种不可能被全部摧垮，证明人这个物种还可以存在下去，还有存在的价值。超越受害者的位置，超越时代强加给你的身份，自己创造另外一种身份，这是一个了不起的事情。

创造力的故事

第三我想讲的，这还是一个关于创造力的故事。沈从文这一个人，表面上看起来非常软弱、非常普通，可就是这么一个人，充满着创造的能量。这个人一辈子为什么要做那么多事情？特别是后半生在历史博物馆，人家其实是不想让你做什么事情的，不做倒还会安稳一些，做了，而且常常是硬要去做，麻烦就出来了。开始的时候我归结为一个人的性格，这个人的性格就是闲不住，忙不完，要做这要做那。后来我多少明白了一点，他这个人的生命里面有丰沛的创造的能量，要把创造的能量发挥出来，不发挥出来，憋在里面，一定很难受。

这个创造力的表现，很重要的一条是，他做的事情是没人做的。他做文物研究，文物研究在他半路改行过来之前早就有很长的历史了，可是为什么他做的事情是别人没有做的呢？《中国古代服饰研究》为什么会是奠基性的著作呢？不仅仅是服饰，他文物研究的"杂货铺"里面，有那么多的东西，都是别人不研究的。他的研究活动不是循规蹈矩的，有他自己的创造性在里面。

我举一个例子，这个例子可以有多重的解释，但是最后我把它归结为创造力。1953年，历史博物馆开了一个反对浪费的展览，展品就是沈从文给历史博物馆买的各种各样的"废品"，比如说，明代白绵纸手抄两大函有关兵事学的著作，内中有图像，这是敦煌唐代望云气卷子的明代抄本；再比如，一整匹暗花绫子，机头上织有"河间府制造"宋体字，大串枝的花纹，和传世宋代范淳仁诰敕相近。历史博物馆还有意安排沈从文陪同讲解。这个故事，我想至少可以读出三重意思来。第一，可以读出来的是沈从文的现实处境、政治处境很糟糕，他们竟然会用这样的一个方式来侮辱他；第二，除了现实的政治压力之外，还有一个很大的压力，就是学术同行的压力。这个压力是很要命的，因为这个压力就在你身边，是来自"专家"的，他们觉得你是外行，不懂，让你买文物，结果你买来的是"废品"。但我更想说的是，我们把前面的意思反转过来，从正面看，看出第三重意思，就是沈从文的眼光和别人不一样。他要的东西是别人眼里的破烂儿，他能见别人之未见，看出破烂儿的价值。他的后半生的事业，是在这样一个独特的、他自己对于历史和文物的理解的基础上来进行的。

他自己会说，例如绸缎研究，例如工艺美术装饰图案研究，例如从文物制度衣冠服饰上来研究人物绘画的时代，那么多年没有人好好注意，"蜀中无大将，廖化作先锋""我于是又成了'打前站'的什长一类角色，照旧戏说则是'开路先锋'"。他还说，"一个人能够在许多新的工作中，担当披荆斩棘开荒辟土的任务，也极有意义，能这么做，精力旺盛是条件之一，至少也可证明是生命力还充沛的一种象征！有时不是真正的精力强健，倒是一种学习勇气！"

先锋，打前站，开荒辟土，他的文物研究不是沿着旧有的路子跟在后面走，而有强烈的自主意识和开创性。这也正是创造力的表现。所以我觉得，沈从文的后半生，又是一个生命的创造能量不断释放、不停地探索着往前走的故事。当然，走得艰难，创造力要得以实现，需要克服各种各样的阻碍，遭遇意想不到的挫折，忍受难以忍受的屈辱。

爱的故事

第四，我很喜欢讲，这是一个爱的故事。

沈从文后半生做的那些事情，长年累月在灰扑扑的库房里转悠，和"没有生命"的东西打交道，有什么意思呢？说得简单一点，是对于文物的兴趣，但这个兴趣再追究下去，是对创造文物的人的体贴和认识。他很早的时候曾经说到，看到一个小银匠打银锁银鱼，一边流眼泪一边敲击花纹，制作者的情绪和生命会不知不觉地带到他手里做的这个活里面。看到一只豆彩碗，那么美秀、温雅，他会想到制器彩绘的人，在做的时候会是一种什么样的心情，在生活当中会有怎么样的挣扎，有怎样的喜怒哀乐，他会从物质的形式上体会一种被压抑的无比柔情的转化。

沈从文关心的文物有一个特点，大多不是我们一说到文物就会想到的东西，而是在普通的日常生活当中应用的、和普通人的日常生活联系在一起的杂七杂八的东西，是普通人在漫长的历史里面，用劳动和智慧创造出来的东西。长期以来正统的文物界看不上眼，他却很有感情。这个感情其实沟通了他前半生的文学创作和后半生的文物研究。他前半生的文学创作关心的是什么？士兵、农民，甚至妓女，这样一些普通人的生活，他对他们有感情，他爱他们，他从他们身上可以看到人类生活的庄严和人类的历史。人类的历史其实是由这些人一代一代延续下去的。到了他的后半生，他真的在做历史研究了，就自然而然地把这种对历史的感受融进研究里面。

中国是一个历史悠久的国家，如何看待历史，从普通百姓到专家学者，在观念上和兴趣上，都存在着有意识和无意识的选择。现代史学的第一次重大反省发生在19世纪20世纪之交，以梁启超1902年写的《新史学》为代表，重新厘定什么历史。梁启超责备中国传统的史学只写帝王将相，大多未将国民的整体活动写进历史；只注意一家一姓的兴亡，而不注意人民、物产、财力等等。

沈从文凭借自己生命的经验、体悟和真切的感情，追问什么是"真的历史"，"一本历史书除了告诉我们些另一时代最笨的人相斫相杀以外有些什么？"这个强烈的感受，恰恰呼应了梁启超对旧史学的批判，连文字意象都不约而同："昔人谓《左传》为相斫书。岂惟《左传》，若二十四史，真可谓地球上空前绝后之一大相斫书也。"而沈从文心之所系，是在这样的历史书写传统之外、被疏忽了若干年代的更广大的平凡人群。在文学写作中，沈从文把满腔的文学热情投射到了绵延如长河的普通人的生死哀乐上；1949年正式开始的杂文物研究，已经是非常自觉地把产生物质文化的劳动者群体的大量创造物，置于他研究核心的位置。

沈从文的一生当中有两条河，一条就是汪曾祺所说的，他家乡的那条河，流过他全部的作品；还有一条河，这条河比他家乡的那条河还要长，还要宽，这就是他倾心的历史文化的长河，流过他整个后半生。他爱这条长河。

时间胜利的故事

这样讲下去，可以讲很多层次的故事，留待以后吧。最后我想讲，这还是一个时间的故事。在沈从文漫长的后半生里面，时间是非常得难熬，各种各样的烦恼、屈辱、挫折，要一分钟一分钟去挨，一天一天去挨，要一点一点用自己的努力来对付想得到和想不到的事情，一点一点来做自己的事业。所以那个时间过得非常得慢，非常得煎熬。我在写这本书的时候，都会觉得是透不过气来、压抑到令人窒息的过程。可是，沈从文是研究历史的人，研究历史的人心里有另外一个时间，这个时间的跨度和度量的单位非常大，面对古人和文物的时候，他自然而然有千载之下百世之后的感叹：对自己的工作，沈从文常用的时间衡量单位是代，不是一天天计算时间，也不是一年年，而是一代代的。1949年，他跟丁玲写信说，我也不要写作了，反正写作有很多年轻人，我要做的是工艺美术史的研究，给下一代留个礼物吧。他对自己要做的事情有这样强烈的自信，要留给下一代。

在此之前，沈从文用差不多的方式表达过这样的对自己文学的强烈信心。1948年，他十几岁的儿子读《湘行散记》，他跟儿子说，你看这些文章很年轻，等到你长大的时候，这些文章还很年轻。他的计算单位是一个人长大了，这些文章还有生命力。这个今天已经验证，不但他的儿子长大了，后来好几代人长大了，21世纪我们还会读《湘行散记》。在后半生，他不仅仅对他做的文物研究有这样强烈的自信，对他已经遭受了否定的文学也有这样强烈的自信。这样的自信是建立在对长时段的时间的信心上。在这个时间的故事里面，有两件事，我愿意讲给大家听，这特别地让我震惊。

1949年他自杀以前留绝笔，写了两章自传，要把自己是一个什么人交代清楚。这两张自传里面有一章叫《一个人的自白》，第一段有这么句话："将来如和我的全部作品同置，或可见出一个'人'的本来。"那是什么样的时候啊，他还想到将来会有那么一天，"和他的全部作品同置"。

过了许多年，我再一次感受到心里的震惊，是看到文章的手稿。1975年，整日埋首于杂文物研究里的沈从文，从残存未毁的手稿中发现《一人的自白》第一页,他郑重托付给忘年交、后半生最信任的王㐨,说:"这个放在你处。将来收到我全集里。"王㐨用卡片纸做了保护夹,外面写"沈要"二字,里面用铅笔记了一行:"1975年8月15下午交余:'这个放在你处……'"省略号隐去的,就是那句让我震惊的话:"将来收到我全集里。"王㐨在衣箱里做了个夹板层,把这页手稿藏在里面。

时间绵延不绝,个体生命从头到尾,在时间的长河中不过是一瞬;但是,一个伟大的个体,却能开通自己生命的头和尾,向前和向后延伸,他从在他之前的过去时间里源源不断汲取丰富和支持自己的力量,他把自己的一切安排、托付给在他之后的未来时间。

站在今天的位置,我们会发现,时间的故事,大跨度地计量时间,一代一代地计量时间的这个故事,最终是一个时间胜利的故事。

选自《上海文化》2015年1月号

第五辑

家族、宗族组织与乡村
——写作《家人父子》札记

/ 赵园

尽管在乡村社会遭受结构性破坏的条件下，家庭家族、邻里乡党，普遍伦理状况与伦理意识的改变已不可逆转。但无论如何，昔日的禁区——包括与宗族活动有关的民间信仰活动——由向学术研究开放，到经由媒体向公众开放，毕竟是一种变化，尽管这变化的含义绝不单纯。

梁启超《中国文化史·社会组织篇》第七章《乡治》引《周礼》《管子》，说前者所说，"重在乡官"；后者所说，"重在乡自治"。"乡治之善者，往往与官府不相闻问，肃然自行其政教，其强有力者且能自全于乱世，盗贼污吏，莫敢谁何。""此盖宗法社会蜕余之遗影，以极自然的互助精神，做简单合理之组织，其于中国全社会之生存及发展，盖有极重大之关系。"梁氏关于乡治的想象，未免过于理想。即如梁氏同篇提到的"乡饮酒礼"，台湾学者邱仲麟就有极细致的考辨，将其实践层面的弊端以至丑行，揭示无遗（参看氏著《敬老适所以贱老——明代乡饮酒礼的变迁及其与地方社会的互动》）。

萧一山《清史大纲》也说，中国社会"政府和人民截然为两事，国家和宗族也是不相调协的"，人民的维系"全靠以宗法为背景的乡治"。还说："平时一般的乡治，以宗祠为基础的最多。""自清末受东西洋的影响，行'官办的自治'，所谓'代大匠斫必伤其手'，固有精神，也就渐渐丧失了。"（第四章）该书的《结论》部分有如下文字："旧社会原有自治的规模，乡里的道德，被推主持其事，权力很大，所以人民对于官府，除纳粮兴讼外，几乎全无关系。自清末抄袭日本的成法，颁布自治章程，由官代办，这真是削夺民权，摧毁几千年社会的基础！人民只有听任与官府勾结的'士绅'摆布，正人敛迹，游滑横行。""现在要实施宪政，必须恢复从前的自治规模，由政府指导监督，少用干涉政策，尤须铲除土劣，改善人民生活，使一般老百姓有胆量有闲暇来参加政治。"（270页）此种主张，至今仍有启发性。

上述与"自治"有关的论述，或显或隐地，将乡绅的乡村治理，作为了对于王朝政治制约、抗衡的力量。中央/地方，集中/分权，"地方"作为与"中央"博弈的一方，确也赖有较小的单位，家族、宗族以至村落，等等。乡村的"自组织"，通常由乡绅倡首，任"组织"之责，如下文将要提到的当代小说《白鹿原》中的白嘉轩。最初的"自治"，可能由于中央权力不能抵达"基层社会"，而乡绅、乡村知识人"自治"的自觉，亦应在此过程中形成。宋代以降，儒家之徒于此尤有"主动性"。杜正胜《传统家族试论》说宋元以下有"新的宗族结构出现"，"新式宗族是由许多核心家庭、主干家庭或共祖家庭组成的，共财单位很少超出同祖父的成员，但通声气、济有无的范围却可以远过于五服"。其基础至少有四：族谱、义田、祠堂、族长（黄宽重、刘增贵主编《家族与社会》）。该篇关于以族谱、祠堂、义田、族长为标志的"宋元以来的新宗族"，着眼于其辅助国家治理的政治功能。

我们曾经习闻"一盘散沙"，这里却不妨追问"一盘散沙"利弊若何。国家的行政力量无远弗届，无孔不入，是近半个多世纪才做到的事——其得失是否也有讨论的余地？由上文看，"一盘散沙"的说法未见得准确，更像是由官家的角度。实则平世守望相助，板荡之际捍卫乡邦，确曾赖有民间积久的力量。至今边缘人群如进入城市的农民工，据说往往"团聚"于城郊，仍依赖此种传统的"社会资本"（血缘、地缘、亲缘）自我保护、相互扶持，以应对"转型"的巨大压力。在国家权力未及、不能及的地方，在政治功能缺失的处所，你不能不承认民间力量的正面功能。

宗族史专家认为："尽管明代中后期社会受皇帝无为政治和商品经济

的影响呈现出开放的巨大变化,但与此同时,乡绅士大夫担负起移风易俗维护基层社会秩序的重任,乡约、宗族组织的普及正是这种历史的产物。"(冯尔康等《中国宗族史》)

半个多世纪以来,"地方势力""宗族势力"在我们曾经熟悉的论述中,似乎较中央(皇权、中央政府)更反动。所幸相关的话题,近年来也已开放,有了重新讨论的可能。关于宗族的由政治到社会,由阶级压迫到族内经济互助,以至由自治角度的考量,未必称得上"再发现"——宗族本来就不止有政治属性,经济互助、自治也并非新话题——却是再评估,"重心转移",焦点不同。

但也必须说,士大夫本良莠不齐。据说侯方域居乡"豪横"。汪琬《题壮悔堂文集》记侯氏明末寓居金陵桃叶渡,大张筵宴,"有膳夫忤意,急叱出挞杀之,投其尸秦淮水中。是时,侯氏势方张,见者皆咋舌不敢问"(《侯方域集校笺》附录三,627页)。这位当日赫赫有名的风流才子,暴虐竟一至于此!明代士人、文人因居乡豪横而招物议的,颇有其人。钱谦益、瞿式耜不过是因了政争而引人注目的例子。刘宗周、张履祥等人善待佃仆的主张不足以转移风气,不难想见。明末风起云涌的民变、奴变,固然系"官逼民反",亦往往为豪绅逼成。

"阶级""阶级利益"绝非虚构。从来有横行乡里、纵容豪奴恶仆鱼肉百姓的乡绅,有强宗巨族交结官府、欺压百姓(包括他族),而一些士大夫超越其"阶级利益"的"民胞物与"的情怀,也同样不是虚构。体现在"井田论"中的"均平"理想,亦古代中国知识人世代相传的理想。

(按"均平"非即均分,而是损有余补不足,以及公平承担赋税徭役。关于"均"的释义,我在《制度·言论·心态——〈明清之际士大夫研究〉续编》的《井田》一章有讨论。)黄宗羲记其祖父主张均役,持异议者说均役"非缙绅之利",其祖父说:"吾所言者,为诸君子孙计。诸君能保后世之不降为皂隶乎?"(《黄氏家录·封太仆公黄日中》)实则不止为一姓计久远,更为了纾民困。从来有劣绅,也从来有"良绅",有不劣、不甚劣之绅。判断良、劣,不便仅据占有土地的数量这一指标。仅由族内的阶级剥削,宗族势力为当局催征赋税的一面,或仅由济助贫弱、助学兴教的一面,讨论宗族的功能均失之于偏。何况具体的宗族千差万别,乡绅所起作用也人各不同。宋元以降形成的"新宗族",是古代中国距近现代中国较近的"事实",在近现代的革命中遭遇了重创。终于有了可能回头检视这一"重创"对乡村社会持久的影响。至于当代中国乡村的"宗族势力"与基层政权的关系,下文将要提到的当代文学所提供的深度刻画,或许可以作为相关研究的重要参考。

此外尚有地域差异。明代王士性在《广志绎》中,就曾提到中原地区宗法的破坏。说:"宛、洛、淮、汝、睢、陈、汴、卫,自古为戎马之场,胜国以来,杀戮殆尽,郡邑无二百年耆旧之家,除缙绅巨室外,民间俱不立祠堂,不置宗谱。"上述情况既因元代以来的杀戮,又因有明"国初徙民实中州时,各带其五方土俗而来"(卷三《江北四省》)。至于宗法破坏之于中原地区是祸是福,也仍不便作一概之论的吧。

沟口雄三说:"就中国近代思想史而言,清末的严复受到他自己翻译的《社会通诠》的影响,把中国的宗法制度视为文明'半开化'的封建家长制,其后,民国时期的新文化运动扬起反对宗法制度的大旗,其反宗法-反封建的话语构成了民国时期的思想潮流。而其后的思想史研究基本上是立足于这样的事实,并捍卫这样的观点的。'家长制统治'作为中国宗族制度的一个组成部分,也就被从以'相互扶助'为主轴的宗族制度整体中分离出来,变成一个独立的实体。在很长一段时间里,只要提到宗族制度,人们就立刻把它归入'家长制'这个关键词里去。而中国近代思想史也被通俗易懂地简化成了反封建、反宗法、反'家长制统治'的历史,从而,宗族制度中与'相互扶助'这样一个整体相关联的部分就在历史叙述中被遮蔽乃至被删除了。然而,在事实上,作为利益基础而支撑着宗族制的相互扶助理念和系统,即使在宗族社会被打倒之后,作为中国社会主义革命的社会伦理和系统,仍然不断变换着表象而存活着。"(《关于历史叙述的意图和客观性问题》)

由于专业背景,在考察明清之际的伦理状况时,"五四"新文化运动中的婚姻、家族论述,无疑是隐隐的参照。高彦颐的《闺塾师——明末清初江南的才女文化》一书作为对话方的,是一种普遍的认知,即女性在传统社会的漫长历史中处于被压迫状态。另有研究者面对民间社会,讨论《礼》、法作用于社会生活及其限度,礼文、成文法与伦理现实间的复杂关系，前者对于后者的规范及其"法力"、效应之外。凡此，都提供了历史想象的更为丰富的资源；即使不足以改写妇女社会地位、法律地位低下的基本判断，却发露了"基本判断"所不能涵盖的历史生活的诸多面相。也因此这一课题的进行，是我与自己的已有想象对话的过程，有助于脱出笼统、模糊影响的既有认知。

20世纪中国的语境中，家族、宗族被由阶级关系的方面考量，有意识形态的敏感性。关于家族、家庭伦理在20纪经历的变动，文学有极其细致的反映。1980年代及其后的文学中，家庭、家族呈现出"五四"新文学作者无从想象的面貌。在《白鹿原》中，中国"传统社会"的家族、阶级关系、基层政治，形态之复杂，为此前的作品所罕见，亦不适于1950—1970年代"政治正确"的尺码度量。即使不直接将当代文学作为分析对象，其中包含的问题，也不妨作为本书有关考察的参照物，甚至一部分背景。即便这背景、参照物不呈现于我的学术文字间，但有此背景与无此背景，是不一样的。

回头看中国现代文学，应当说，尽管有"五四"新文化运动的家族批判，1930年代的革命意识形态、阶级斗争，同一时期文学中的家庭、家族，仍然有样貌的多样性。老舍《四世同堂》中的小羊圈祁家就没有"封建家长"。具有隐喻意味的是，祁家所在的胡同院落就不规整。"非标准化"，不能不使类似作品遭遇评价的难题。

在写于1995年的一组札记中，我写道："在伦理关系中读人，在宗法家族制这种最世俗人间的关系中读人，你才能读懂中国人。""到21世纪，'家族'成了文学的一大主题。但那些皇皇巨著的力度，未必及得一篇不长的《金锁记》（张爱玲）。当代中国人注视'家族''伦理'的眼光，仍不能免于畏怯，闪烁不定。但也应当说，'家族'本是一种太复杂的经验。'五四'式的'似决绝'，是以问题的简化为代价的。"（《读人（九）》，《独语》）尝试着走出"五四"，条件或许就是"新材料"与"新问题"，不同的资源与问题视野。

1980年代初，台湾联经出版了一套"中国文化新论"，其大陆版由黄山书社推出。与家族有关的一辑，台湾版题作"吾土与吾民"，用的是林语堂某英文著作的中文译名；大陆版则为"中国式家庭与社会"，都是好题目。

该丛书在台湾的定位，是专家（包括大家）所写的普及性读物，未必适用于大陆。我们有必要修补常识。即以丛书中的这一辑而言，大可作为文史方面专业人士的"基本教材"。我们有必要自问，关于"吾土吾民""中国式家庭与社会"，我们究竟知道多少？

略举一例。我们长期以来关于"封建大家庭"的印象，或可作为文学影响于历史想象与认知的例子。新文学中大家庭、大家族，或与知识分子的个人经验有关，却被作为了传统社会、"宗法制"的形象教材。杜正胜对此校正道，"学界一度流行中国是大家庭的说法，并不正确。"（《中国式家庭与社会·编户齐民》）两岸因语境不同，发展出了不同的家族论述。大陆有关宗法、家族、"封建家族制度"的一整套话语，服务于对于革命的合法性论证，致使有关问题在相当一段时间里，失去了讨论的空间。

回头看我自己写于20世纪八九十年代之交的《地之子》，虽有"农民文化"之目，对"宗族"却全无涉及——缘于认知中的盲点，还是研究对象没有提供可以聚焦的视点？由此想到，梳理"农村题材"的小说，由20世纪30年代的左翼文学、40年代的根据地文学，到五六十年代写土改、合作化的小说，再到1980年代后的《古船》《白鹿原》、贾平凹、刘震云、阎连科、刘庆邦、李佩甫等等，你不认为文学所讲述的那些不同的乡村故事，对于"文学研究"有实实在在的挑战性？边界相对固定的"现代文学"面对持续延伸中的"当代文学"，这是现代文学学科的现实处境。这一学科有必要打通内外，关注、回应其他学科的有关论述，使之成为经由反思推动自身发展的契机。

我所属的一代"人文知识分子"，曾经熟悉"历史与逻辑的统一"这一说法，尽管在当今的语境中，"历史""事实"都显得可疑，学术工作者仍然应当直面历史，保持"寻求真相"的意愿，并与其他学科互通消息。"历史性"任何情况下都不应被作为拒绝反思的借口。当然，价值重估，意义的重新厘定，未见得不会导致"一种倾向掩盖另一种倾向"，祛蔽而又有新的遮蔽。那么，该如何严守学术工作的工作伦理，而又回应当代社会提出的问题？

与社会史研究的兴起大致同一时期，作为史学的一个分支，兴起于"文革"后的宗族史研究，对近代以来的宗族、宗亲活动，有了多元视角的考察，突破了"封建宗法""封建主义复辟"的定性。冯尔康等人所著《中国宗族史》说："80年代，尤其是90年代以后，研究者对宗族的定性研究有了较深入的、较接近实际的认识，一改强调宗族政治功能的研究状况，关注宗族的社会功能，探讨宗族与经济的关系，视角也从宗族公产的阶级性定位移至族内经济互助作用方面。"钱杭批评以往的宗族研究"不重视宗族本身的结构和意义，只重视宗族的阶级属性和外在功能，对宗族内部关系和宗族社会功能的批判，过于意识形态化，未给予必要的同情式理解"（《中国宗族史研究入门·引言》）。仅由上文所引，也可感觉到相关的知识领域与"现实"之间的紧张。

宗族史不是我的考察方向。在这一方面，我没有"跨界"的野心。我作为考察对象的，是士大夫的伦理实践，他们的处"家人父子"。无论婚姻史、妇女史，还是宗族史，在我的方向上，都属于"相关论域"。面对大陆学者的宗族史研究，我所关心的，毋宁说更是我们曾经怎样思考与表述，这种思考与表述发生了、发生着怎样的变动。要回头看，才知道我们已经走出了多远。对于"宗族"评价尺度的调整，或许是认知受制于政治意识形态与文化资源的例子，未必没有"普遍性"，或可作为考察"学术与时代"的个案。

2014年春节，央视以"家风""家规"为访谈题目，可以归为家庭价值重建的努力。家庭功能缺失，被作为青少年犯罪的前因。前于此，宗祠、祭祖活动，已经被作为了"旅游资源"。这也是一个时期以来"征用传统文化资源"以整顿世风、重建公共价值观的工程的一部分。无论有效与否，由本书的角度，均可读作为"家族""宗族"正名。想一想自1950年代直到"文革"前夕的"社会主义教育运动"中，"宗族势力"始终被作为"打击对象"，你会知道这个社会发生了怎样的变化。

上述活动与近年来"国学热"持续升温，自然有关，尽管在乡村社会遭受结构性破坏的条件下，家庭家族、邻里乡党，普遍伦理状况与伦理意识的改变已不可逆转。由地方政府主导的有关的活动，也往往徒具仪式性，甚至被用于"打造地方文化品牌"的功利目的，而对曾经与之扞格的意识形态与政治实践并无内省。无论如何，昔日的禁区——包括与宗族活动有关的民间信仰活动——由向学术研究开放，到经由媒体向公众开放，毕竟是一种变化，尽管这变化的含义绝不单纯。宗族所依托的乡村社会结构的变化，势必引发伦理关系的重构。这一方面的"传统文化"在何种意义上可以作为社会修复、文化重建的"资源"，仍然是一个问题。在当下的中国，公私道德的重建，或许都须仰赖更为多元的"资源"的吧。

似乎可以相信的是，"宗法制"还有一段未走完的历史，将继续在"社会生活"中打下印记。进城农民与家族的关系，是社会学考察的对象。我不知晓的是，在"城镇化"持续推进之后，"家族"将以何种形态存在；在转型期的社会中，家族的凝聚力有无可能。进城农民是否真的将某种与家族有关的文化带进城市，宗族由此"隐性地"维系，构成了城市文化虽边缘却坚硬、不易被消化的部分？还应当承认，我对某些宗族史专家所描绘的宗族复兴的图景不免存疑。以为即使真有所谓的"复兴"，其文化意涵也有了不同。

发生在近几十年的"人伦之变"，不宜简单地归因于"文革"。"传统社会"内部本来就有导致自身瓦解的因素。但近代以来对"宗法秩序"的大举破坏，无疑加速了这一过程。由"五四"发起、由接下来的革命持续推进的摧毁"宗法制"的努力，在20世纪末期伦理堤防溃决之时，使人品出了一味酸涩。

农村较之城市，崩解更来得剧烈。也因文明程度低下，文化保守，一旦堤防溃决，即一泄无余。较之环境的破坏，伦理破坏毋宁说更为触目惊心，堪称一大"变局"。尽管"家族伦理"在乡土中国扮演了复杂的角色，乡村基层政权被宗族势力把持，是不无普遍性的事实。人们却也注意到，某些保留着"宗法制残余"的地方，减缓了上述崩坍的速度。家庭成员中相互的责任感尚在，家庭伦理尚能艰难地维持，且构成了地方社会稳定的基础。

即使如此，我仍然认为，重估"五四"新文化运动对于宗法、家族制度的冲击，宜慎之又慎。在那次运动中，"人的解放"的初阶，被归结为由"家族制度"桎梏中解放，而对于"家族制度"的批判意识，却不尽缘于"外铄"。批判者对于宗法、家族之于个人的桎梏，往往有切肤之痛。对于其更为复杂的社会、文化功能，则不暇考量；对于"摧毁"、破坏的后果，更逆料未及。"五四"新文化运动中人，自不能有此"后见之明"。至于"集体""组织"部分地取代了"家族"的位置——这一过程也值得仔细梳理。我不认可修复伦理而将修复宗法作为选项。在我看来,"宗法""家族"呈现出的正面意义,缘于以"革命"的名义对人与人关系的破坏,修复之道却未必应当是逆向而行。

祛蔽的同时,未见得没有新的遮蔽——笼统地谈论"宗法""家族"、乡绅的乡村治理即此。正因经历了"五四"新文化运动,半个多世纪以来的社会改造尤其乡村改造,本有可能更理性地处理相关议题,避免王夫之所批评的"一概之论"。也因此,我不取那种只及其一,不及其二的论述方式(亦一种时下常见的言述策略)。"绅"固有"良""劣",传统家族的压抑性(不止对于妇、孺)——以"理"(不限于理学)杀人,清人已有此见识;宗族政治、乡绅治理的流弊以至黑暗面,仅由切近的经验即不难推想,何况有大量事例在文献中。无论"美化"抑"丑化",均之为对"真相"的掩盖。江右易堂的彭士望就曾直截了当地说:"夫地偪易嫌,望奢多怨,扞不可入,而纷不可总者,惟族为然。"(《魏徵君墓表》,《树庐文钞》卷九)

1930年代梁漱溟从事"乡村建设",即说:"中国乡村破坏不自今日始;稍一回省,当发现其由来已久。"甚至说"中国近百年史,也可以说是一部乡村破坏史"(《乡村建设理论》,《梁漱溟全集》第二卷,150页)。同篇还使用了"旧社会构造崩溃"的提法(同上,191页)。同一时期左翼文学关于"乡村破产"的描写,即以此共识为背景。

区分"家族"与"家族制度",对"传统文化"做更细致的辨析,"去芜存精"的原则仍然适用。据宗族史家的说法,"从性质上看,宗族经历了从贵族组织向民间组织转化的过程;从功能看,宗族经历了从以政治功能为主到以社会功能为主的过程"(周大鸣等《当代华南的宗族与社会》)。1949年之后,似乎有逆向的发展:"宗族势力"遭受打击,却在乡村基层政权中隐蔽地存在。至于"改革开放"后乡村政治生态的变化,部分乡村基层政权的"黑社会化",与"宗族势力"的关系,无疑有考察的价值。基层选举中的贿选者,所赖除经济实力(多金)外,另有人脉,即使不限于同宗同族同姓。考虑到中国家族与政权曾经的同构关系,宗族政治功能(即使有限)的恢复,对于中国的乡村发展,未见得是福音。由此,出于功利考量泛泛地表章"传统文化",其弊其蔽亦然。更有必要的,是面对社会尤其乡村的现状,据此寻求改善之道,而非架空而论,一厢情愿地寄希望于"乡约""族规"等等的重启,也才合于修辞立诚的原则。

近年来风气转移,修族谱、整理家族史、村史,都像是意在补救——对20世纪破坏后的已成之局。网络、自媒体,推动了这种书写,使个人历史、家族史有了更多被讲述的机会。被认为更具有话题性的,仍然是名门望族,即如修水陈家、合肥张家、安庆叶家等。但在我看来,上述倡导的意义,或更在存史。世家豪门与平民、底层民众各有其史,倘若都有讲述的机会,"历史"就有了与之相称的深广。寻根问祖,也是一种普遍的历史教育。由这一角度追问我是谁、我从哪里来,也是荒废已久的思路。也因此,上述活动的意义或更在文化方面。倘要借此维系"传统",那希望是否过于渺茫?

至于"家风""家规",其承传是赖有条件的;20世纪的社会运动所摧毁的,正有相关的条件。有文字可考的"家规",往往出自乡绅,原因无须说明。传统社会的晚期,"家规"往往与"族规""乡约"相表里,在一轮轮的破坏之余,已难有遗存。我由电视屏幕上看到,被问到"家风""家规",对着央视记者的话筒,有的受访者不知所措也不知所云。他们似乎一边努力地回答提问,一边困惑地揣摩提问者的动机。至于"乡愁",从来就是"小资"的专利。在乡土经历了不可逆转的变化之后,普通人要问的,或许倒是"乡关何处"。

上文已谈到文学的影响于关于传统社会、家族制的普遍认知。这里不妨就此话题再做一点补充。

"家族"("大家庭")是天然的文学题材,无论中外。大家庭(尤其世家豪门)便于铺陈复杂的人际关系,经由人物伸展触角,编织一社会的"缩图"、模型,从而达至历史的纵深。文学中的"家族",确也被作为窥看近代中国历史演变的窗口。而发生在近、现代史上极富戏剧性的变动,发生于家庭中的撕裂,也提供了产生巨作的可能。有人提到近年来的"家族三代接力式的大河小说"。不以"部头"而由"历史含量"论,营构不但规模、格局而且含量的"史诗性",仍有待于更艰苦的努力。至于向国外读者讲述"中国故事","家族史"也不失为有效的叙事策略。

"宗族史"考察宗族的结构、宗族组织的功能，小说则必得面对具体家庭的日常琐屑，"家人父子"的寻常相对，柴米油盐、鸡零狗碎。沈从文说水面水下。上述日常琐屑应属于水下，深水区，水底。写发生在水下、深水、水底的故事，小说独擅胜场，不可取代。1980年代至今类似题材或有类似内容的小说，尤其写乡村的小说，或可补社会学考察之缺而有余。小说与社会学考察间，不必斤斤于谁更"真实"。小说作者固然受制于经验，社会学考察亦受限于手段、工具。那么小说中的家族与社会学、人类学相关考察构成了何种关系？有无互文性？是否互补？有无对话的可能？

　　1980年代以降的中国当代文学，如《古船》《白鹿原》等，也挑战着我们在主流意识形态影响下关于农村社会的既有认知。与上文所设议题直接有关的，即如《白鹿原》中的乡绅。该小说的话题性亦与此有关。见诸报章的，有以"重估宗族组织"为题的文字；《出梁庄记》的作者梁鸿，访谈中也谈到乡绅的正面作用——我猜想或即由《白鹿原》（及其电影改编）所启发。实则小说较之有关的宗族史论述，呈现的是更复杂的形态。在长期的意识形态灌输之后，如《古船》如《白鹿原》的面世，并未遭遇"接受"的障碍。这种静悄悄的变化来得极其自然，应当与发生于"文革"期间的历史认知的改变有关。对于这一点，无论读书界还是评论界，都像是浑然不觉。但对于"革命意识形态"下的文学，却仍然不宜简单地处理。

　　有趣的还有，"文革"结束后，被文学艺术最动情地叙述的，是坚忍的男女（夫妇、情人）的故事，关于父子的故事却少有佳作。此前文学中的父子，有某种符号意味，进步/落后二分框架下的类型化。我疑心仍然因了这一伦较之夫妇、兄弟、朋友等，更难以面对。由《春蚕》到《创业史》，无非守旧、顽梗、不接受"新事物"的父亲，与不安分、不囿于"传统观念"、顺应潮流的儿子，少有勤苦创业的父亲，与吃祖业的不争气的儿子。回头看这种曾经流行过的对比关系/结构，是不是也心情复杂？

选自《上海书评》2015年3月22日

中国近代思想中的"未来"

/ 王汎森

"未来"是一个重大的问题，它包含的子题很多："未来"会是什么样子？如何达到"未来"？是谁的"未来"？是谁决定"未来"应该怎样？是谁决定要用什么样的方式达到"未来"？在"现在""过去""未来"三际之中，"未来"的分量如何？它只是"过去""现在""未来"这"三际"中共通的一际，还是压倒性的、唯一最重要的时间？另外，"未来"究竟是邈远难知，因而可以置而不论，还是能知的甚至是"已知"的？以上问题不只牵涉现实、政治、人生，也牵涉学术等许多方面。

既然"未来"是个包罗广大的问题，本文不能不对讨论的范围有所限制。我想要谈的不是近代中国对"未来"想象之内容，而是从1900年至1930年左右，短短二三十年间，新派人物的时间意识及其连带的对未来世界的想象与计划呈现巨大变化，"未来"成为一个无以名之的巨大力量。我尽量将讨论局限在三种与"未来"有关的议题。第一，"未来"如何浮现成为一个极重要的观念，"未来"如何成为正面的、乐观的想象，以及"未来"的内容如何成为无限开放，而且成为随不同个人或团体拟议的对象。因为"未来"意识的不断膨胀，使得人们自古以来习以为常的"过去""现在""未来"三种时间概念的分量发生了重大的变化。第二，探讨一种特殊的时间意识及其对未来世界的想象与规划是如何产生的？这种时间意识与想象隐然认为"未来"为可知的甚至是已知的,"过去"反而是未定的或未知的,并从未来完成式出发去思考生活或思考历史。第三,两者互相加乘,对近代中国许多层面尤其是日常的生活与抉择产生了重大而无所不在的影响。

这是一个"过去"与"未来"的分量急遽调整的时代。至少在有意识的层面中,"过去"的分量变得愈来愈无足轻重,而"未来"愈来愈占有极大分量,使得这个时代的思考、决定、行动的方式也莫不染上这个色彩。

近代思想中的"未来"

"未来"这个观念在中国古代虽不罕见,但传统概念中最常使用的词汇是"来者",有时候则用"将来"。"来者""将来"与"未来"的意思并不相同,它们意味着三种不同距离的"未来"。"来者"是近而可见的,"将来"是将会来者或将要来者,"未来"则指离得更远、更不确定的未来。

传统概念中"未来"与"现在"的距离很远,有时候甚至带有预测性,如"预度未来""卜占可以知未来";有时与图谶有关,如说"图谶能知能观未来";有时是宗教性的,如佛教"三际"中的"未来际",禅宗的"如何识未来生未来世",指的是下一世的事情,或者说"未来佛",指的是下一个阶段,不知多少年以后的佛。从台湾"中研院"的汉籍文献数据库中可以看出,"将来"远多于"未来",而且不像我们今天常三句话不离"未来"。

引发我觉得要好好思考"未来"这个问题的缘由,是因为晚清、民国以来,好像伟大的人物都在推销或买卖对"未来"的想象。台北国立政治大学有个网站的名称是"未来事件交易所",我一直对他们做的工作感到好奇——没有发生的事情为什么可以交易?这不就是晚清以来伟大人物在推销或买卖的概念吗?在传统概念中,未来才会存在的东西似乎不大可能有交易价值。随便翻翻古往今来的史书,都绝对不会像现代人那样处理"未来",即便谈到未来,也是想回到"黄金古代"的想法。但晚清以来的"未来"很不一样,而且愈不一样越好,愈不一样愈吸引人。像康有为《大同书》里讲的"未来",是所有星球都可以按电钮投票,所有星球可以选一个共同执行委员会之类的想象——这个"未来"离古书太远、太远了。由于过去的历史与现代的世界相似性太少，所以许多人宣称历史不再有教训，过去是通过"历史"寻找合法性，现在往往是通过"未来"获得合法性。康有为的《大同书》也许比较极端，但近代许许多多的概念和想象都带有沉厚的"未来"性，在现实上产生了极大的影响。令人不禁要问，在过去百年，究竟是什么促成了新的"未来"观如此畅行？

描述过近代中国的新未来观后，在此想简单地先回顾一下新未来观形成的几个因素。一是西方知识的大量引入，近代西方重视未来的思想文化大幅移植到中国。二是进化论思想引导人们想象美好的时代是"未来"，而不是"黄金古代"。三是以"未来"为尊的新型乌托邦思想的引入。传统的乌托邦理想往往以上古三代为依托，新型的乌托邦则大抵是依托于未来。当时从西方传入的一些带有乌托邦色彩的文学作品，如《万国公报》自1891年起刊载的《百年一觉》这篇乌托邦小说产生了不小的影响，这些带有乌托邦色彩的文学作品，展示了一个与传统中国非常不一样的"未来"想象。四是在近代中国，"未来"常代表极度乐观、有光、有热、有主观能动性，甚至带有强烈乌托邦的色彩。"未来"往往与变革或革命连在一起，成为变革中一支有利的武器，任何人只要掌握"未来"，就可以有极大的力量。辛亥革命的成功便是最好的例子，它使得历史跟现在、未来有了完全不同的关系。顾颉刚说："辛亥革命后，意气更高涨，以为天下无难事，最美善的境界只要有人去提倡就立刻会得实现"，即是一证。"未来"变成是一蹴可就的，而且在现世中就可以达到。不论是戊戌变法还是辛亥革命都极大幅度地引进全新的事物，并且带来无限的可能性，使得现在与未来变得和过去完全不再相似，并以新的、不相似的为正面价值。所以它们不但带来一个新的"未来"，也因为人们对过去想象的改变，带来一个新的过去。必须注意的是，并非所有人都向往新的"未来"，事实上许多人在这个问题上虽然转步，却仍未移身，他们不一定都向往过去，他们也可能重视未来，但不一定都向往如此崭新的、陌生的"未来"。因而，新型"未来"的出现造成两种文化，一种是比较向往美好的"过去"，另一种是向往美好的"未来"。这两者往往成为分裂的派系，文化上如此，政治上亦如此。

这一时期的思想家可以非常粗略地分成两大类，一类面向过去，一类面向未来。晚清以前，局势非常动荡的时候，人们往往会想回到更好的、更良善、更道德、更淳朴的古代，道光咸丰年间的许多思想文献中，便有这个特色。当然像龚自珍、魏源等人是向往未来的，但他们所想象的未来，是一个与传统完全不一样的未来。晚清以后，在思想家的世界中，不可知的事物变得更有力量，不可知的"未来"渐渐压倒了已知，与现实离得愈远的"未来"吸引力愈大。

　　如果以光谱上的深浅浓淡做区别，那么在三民主义阵营中，也有基本上比较面向"过去"与比较面向"未来"两种类型的区分。戴季陶的《三民主义之哲学的基础》显然是比较面向过去，而周佛海的《三民主义之理论的体系》则是偏向未来理想的构建。相比之下，国民党的文宣大将叶楚伧在新文化运动之后，仍然坚称中国古代是由黄金美德所构成的，胡适在《新文化运动与国民党》中便特地提出叶氏的观点作为攻击批评的靶子。

　　以政治领袖来说，也有比较面向新"未来"和比较不面向新"未来"两种类型。前者的例子是毛泽东，后者的例子是蒋介石。蒋介石好谈四维八德、好谈道统、好谈中国古代圣贤的美德；而毛泽东则是破除传统、不断以未来社会主义的前景来说服同志与人民。蒋介石、毛泽东提到传统与未来的频率，也是截然不同的。他们所读的书也各有代表性。蒋介石好读哲学书，尤其是宋明理学及先秦诸子。他说自己读明朝胡居仁的《居业录》"不忍释卷"；对黑格尔、贺麟《朱熹与黑格尔太极说之比较观》及周敦颐的《太极图说》，也都表现出很大的兴趣。从蒋介石的《五记》，尤其是《省克记》和《学记》可以看出，蒋介石最根本的想法还是想寻找通向美好过去的途径，或在有意无意之间思考着如何把经书里讲的哲理变成现实。毛泽东则是好读历史、重视现实，历史的价值除提供许多可资参考的范例外，辩证唯物论及社会发展史则是了解"未来"、迈向"未来"的指引。向往美好的过去和向往美好的未来变成两种非常不同的思想和行动形式。

历史书写与新"未来"观

　　"未来"变得重要，与"未来"变成是可知的或已知的是两回事，后者是比较令人诧异的。我想在这里从历史书写的角度，试着为这种新"未来"观做出一些解释。

近世西方因为革命及各种重大的社会变动，使得过去的历史与当代社会之间的相似性愈来愈少，因此，过去那种提供相似的古代范例作为现代人的历史教训的方式渐失效用。这一情形也发生在近代中国，经过晚清以来的历史巨变，过去与现在变得愈来愈不相似，而范例式史学也变得不像过去吃香了。另一方面，晚清民初流行的几种新史学，所带出来的新时间观与传统史学有所不同，也使得历史与未来的关系，以及"未来"的性质产生重大的改变。这些史学带有寻找并建立公例、律则、规律的特色。它们表现为两种形式，一种是认为历史中可以找到规律；另一种是以律则或类似律则的方式书写历史。

这些律则式的史学使得史学与新的"未来"之间产生了密不可分的关系，新的"未来"观便从它们的字里行间浮现出来，到处发生影响，使得人们日用而不自知，尤其是使得新一代的历史著作中"未来"的意识变得很浓厚。过去士人之间流通最广的是《纲鉴易知录》之类的史书，这些书绝对不会告诉人们未来是可知的，只有图谶、占卜才能预测未来，史学不行。可是现代史学中的律则派却发展出以前史书所没有的功能，它不再只是以范例或历史的趋势来提供历史鉴戒，而是信誓旦旦地主张从历史中可以归纳出事物发展的规律，不管是进化论史学还是公例史学都是如此。

前面已经提到，晚清几十年对"公例""公理""公法"的信仰是非常坚定的，它们认为世界各国都在同一个表尺上面，可以找到共有的发展阶段与发展规律，即"公理""公例"；并认为历史的功用不仅在于提供个别事件的鉴戒，更重要的是可以从历史发展的过程，找到一条又一条的定律，进而推知未来。

"公理""公例""公法"的崛起是有时代背景的。晚清以来，传统的"大经大法"日渐废堕，在求索新的"大经大法"过程中，西方科学定律或真理观产生了递补作用，成为新的"大经大法"，而在律则式思维的巨大影响下，兴起"公理""公例"式的真理观。这种真理观的影响真是无远弗届，从晚清最后二十几年开始，一直到五四运动之前，可以说是它们当令的时代。在这一真理观之下，人们可以从任何现象求得"公理"或"公例"。任何学问中皆有"公例",如"生计学公例""智力学公例"。历史学也是求公例之学,这种新历史观也影响了比较具有保守倾向的史学家,柳诒徵即宣称史家的任务是"求史事之公律"。

仔细追索"公理""公例""公法"三个概念的来源并不是本文的目的,不过我们可以比较确定这三个词汇的使用进程:(1)"公法"一词起源最早,在1850年代的《六合丛谈》中就可以看到"公法"一词,它通常是用来指自然科学的定律。(2)从一开始,这三个词汇每每互相混用,大抵皆指自然科学中所发现的律则。(3)后来这三个词汇逐渐分用,"公法"指国际公法,"公例"指定律,"公理"则指具有普遍性的道理。西方自然科学的庞大威力,使得大自然是有律则的思维,给人们带来极大的憧憬,而且认为西方的律则可以普遍适用于全世界,正因为西方的即是全人类的,所以它们是"公"的。此时许多人都兴奋地找到这个新的"大经大法",宋育仁写过《经术公理学》这样洋洋洒洒、发挥儒家道理为人类公理之大书,康有为早期几部野心极大的书,如《康子内外篇》《实理公法全书》也都是这思想脉络下产生的。

"公理"与"公例"固然是自然科学的,但是当时人认为人文社会领域同样适用。譬如晚清《心学公例》一书,即是讲心理学的定律。传统的"大经大法"是由儒家的经典提供,现在的"大经大法"却由"公理""公例"接手,但两者之间的性质并不相同。儒家经典提供的"大经大法"是让人们在它的道理中"涵泳",或者借用查尔斯·泰勒在《黑格尔与现代社会》中的话是一种表现式的真理,而"公理""公例"所提供的是律则式的,是将现象归纳、演绎之后所得到的律则式,而且每一件事皆有其"进化之公例"。

综合言之,"公理""公例"式的真理观常带有以下特质:第一,古今可能是相通的,故并不排除儒家的古典时代的价值,常常主张"经"与"公例"相合。其真理是"律则"式的,不是儒家原来"表现"式的,故与儒"经"原先又有不同。第二,此真理观有许多时候是通贯中西的,"公理""公例"既通于西方,往往也通于中国,但通常是以"西"为主体来评断"中",后来则逐渐发展成"中"是"中"、"西"是"西",它们不再在一个"公理""公例"的笼罩之下。第三,"公例"可以是科学、人事兼包式的大经大法。第四,"公例"观之影响,可以是激进的理论,也可以是保守的思维,因为动静、新旧、中外皆宜,所以如此吸引人。第五,它是"科学"的,但又不纯是"科学",是一群业余的自然及人文科学者,而且常常变成人人都可宣称自己发现了某一"公例",或自己代表了某一"公例"。这个时候,谁宣称"公例"?如何宣称"公例"?"公例"的内容是什么?像带有强烈的现实权力意涵。第六,"公理""公例"与"文明""文明史"或其他价值框架相配拟,成为一个向上发展之阶梯式目标。

历史变成是寻求"律则"之学,甚至有人认为能求得"公例"的史学才是"历史",否则是"非历史"。梁启超的《新史学》说:"历史者,叙述人群进化之现象而求得其公理公例者也。"据此,西方国家所经历的历史阶段,虽然东方及其他落后国家尚未发展到达,但依据"公法""公例""公理"所预定的步骤,现在的西方即是我们的"未来",所以未来是可知的。

除梁启超外,我们还可找到许多相近的例子,譬如吕思勉。吕思勉曾说:"史学者,合众事而观其会通,以得社会进化之公例者也。"吕思勉是一位在梁启超的新史学、进化史学、左派史学影响下,但又是比较传统取向的史家,在他的诸多史学言论中,居然明白地表示"未来"是可知的。未来之所以不可知,是因为没把过去弄清楚,只要弄清过去,求得"公例",则"未来"必可知。

吕思勉说:"因为社会虽不是一成不变,而其进化,又有一定的途径,一定的速率,并不是奔逸绝尘,像气球般随风飘荡,可以落到不知哪儿去的。所谓突变,原非不可知之事,把一壶水放在火炉之上,或者窗户之外,其温度之渐升渐降,固然可以预知,即其化汽结冰,又何尝不可预知呢?然则世事之不可预知,或虽自谓能知,而其所知者悉系误谬,实由我们对于已往的事,知道得太少,新发展是没有不根据于旧状况的。假使我们对于已往的事情,而能够悉知悉见,那么,我们对于将来的事情,自亦可以十知八九,断不会像现在一般,茫无所知,手忙脚乱了。……现在史学家的工作,就是要把从前所失去的事情,都补足,所弄错的事情,都改正。这是何等艰巨的工作。现在史学家的工作,简言之,是求以往时代的再现。任何一个时代,我们现在对于它的情形,已茫无所知了,我们却要用种种方法钩考出这一个时代的社会组织如何，自然环境如何，特殊事件如何，使这一个时代，大略再现于眼前。完全的再现，自然是不可能，可是总要因此而推求出一个社会进化的公例来，以适用之于他处。"他又说："然则史也者，所以求知过去者也，其求知过去，则正其所以求知现在也。能知过去，即能知现在，不知过去，即必不知现在，其故何也。曰天地之化，往者过，来者续，无一息之停。过去现在未来，原不过强立之名目。其实世界进化，正如莽莽长流，滔滔不息，才说现在，已成过去，欲觅现在，惟有未来。"

从这两段史论，就可以发现律则化史学，加上"公理""公例"观点如何为当时中国的历史意识带来一个新的范式，即从史学所发现的"公例"中，我们可能预知"未来"，只要我们的研究够精进，"未来"可以是已知的。

即使是在"公例史学"流行的时代，仍有两种区别，一种认为中国历史自有其公例，如保守派史家柳诒徵认为史学的新任务便是"求史事之公律"，但所求的是中国历史自有之"公例"；另一种则是认为大部分或全部的公例是西方的，中国或世界其他各民族都是循这一个普遍的公例前进的。相比之下，前者是极少数，后者才是主流。梁启超《新民说》中就曾说，"吾请以古今万国求进步者，独一无二不可逃避之公例"，鲁迅说，"据说公理只有一个，而且已经被西方拿去，所以我已一无所有"，即是两个显例。革命阵营的《民报》上则往往将"公例""公理"的层级定位为不可逃的普遍真理，"如谓不能，是反夫进化之公理也"，把在"公理""公例"的阶梯上拾级而上规定为个人或国家的道德义务，既然"公例"像表尺一样精确，且放诸四海皆准，那么中国的"未来"不就在这只表尺上刻画得清清楚楚的吗？

19世纪是一个历史的世纪，因为历史思考渗透到了人文及科学的各个领域。故英国大史家艾克顿说："历史不仅是一门特殊的学问，并且是其他学问的一种独特求知模式与方法。"所以在20世纪初年的中国，人们总把史学当作能找到新"大经大法"的资具，史学成为一种新"经"。这个角色是与社会学结盟而取得的，譬如史学家刘咸炘总认为"一纵（史）一横（社会学）"，正好包括所有人事的纵、横两面，从中所得到的"公例"，事实上即等于六经的"道"。

求得"公例"既然是史学的新任务,当时人所关心的是如何求得这些"公例"。除了传统的综观历史之大势外,有的人认为西方的"公例"即是中国历史的"公例",所以只需套用西方的观念、方法即可,有的认为应该运用统计方法。譬如晚清翻译巴克尔的《英国文明史》中,便曾连篇累牍地指出,史学也需像自然科学般可以找出"公例",而找出公例的办法是运用统计学。巴克尔运用统计学找出的公例非常多,而且将自然环境、物产、人事甚至心性结合成一个系统,其中无不可求得公例。陈黻宸的《独史》等文章也大力宣扬统计方法是从历史中寻得"公例"之重要法门(事实上也就是寻找真理之一种法门),陈黻宸到处宣扬"史"+"统计"="公例"的公式。

"公例"观使得新派人物宣扬西方式的普遍真理,也让保守派有一个工具可以拿来与新派人们争衡,譬如张尔田,他对胡适等新派人物,一贯存有敌意,却又想在思想上与之争衡,于是他不断地用"历史公例"来重新说明儒家的本质与历史。他说:"夫天下无无源之水,亦无无因之文化,使其说而成立也,则是各国文化皆有来源,中国文化独无来源,一切创筑于造伪者之手(……)即以论理而言,世界历史有如此公例乎?"又,《与人书二》中论证孔子为宗教家,最重要的是"最普通之公例,求之景教而合,求之孔教亦无不合"。还有《与陈石遗先生书》讲到谶纬时说:"某尝病我国上古神秘太少,为违反世界历史公例。""公例史学"使得历史教训的方式、真理的性质皆改变了,在这个新真理下,"未来"是可以依"公例""比例"而得的。西方文明所经历的阶梯,即宇宙万国之阶梯,所以只要能知道目前中国在西方文明史中的哪一阶段,便可以知道"未来"会是如何。

另一种与本文所讨论的"未来"观相关的是"文明史观"。晚清的文明史观认为中西都在同一条发展的路上,所以只要把历史弄清楚,人们就知道这一条定律如何发展。因此那时候人们认为,中国未来某一个阶段的文明大概就发展到像当时最进步的西方,所以"未来"是可知的,而且是进步的、乐观的。

"进化史观"亦然,当时人认为进化是人类的"公理",是"自然规则",而且"进化"的秩序具有阶段性,是世界各国共遵的阶段——"宇宙各国无不准进化之理","世界虽变迁而皆不能出乎公例之外"。那么中国的"未来"是可以在这个表尺中很容易找到的,通常就是现在或未来的西方。

不过并不是所有人都有这么浓厚的"未来"感,此中有非常显著的光谱浓淡之别,譬如顾颉刚《宝树园文存》中的文章,常可见到"发展""未来的发展",但是程度不深,而且对"未来"也没有特定的想象。即使如此,还是有许多人对过度重视"未来"不以为然,或者认为"未来"不应是史学论著的重要关怀,这一点是要特别强调的。

此外,晚清民国各种历史"阶段论"的引入也与本文讨论的主题密切相关。从晚清以来各种形式的历史阶段论相当盛行。从19世纪前半叶即已出现了一种中西历史"合和"的潮流,即合中西历史为一家式的写法,事实上就是把中国纳入"普遍历史"之中。我们不能轻看这个潮流的影响,愈到后来"合和"得愈紧,也愈趋公式化,事实上,其中有不少历史著作已经是以西方历史驾驭中国历史,以西方的"过去"与"未来"取代中国之"过去"与"未来"。比如,苏格兰启蒙运动以来非常流行的阶段论,即"渔猎—游牧—农业—商业",在近代中国有不少信从者,但它与近现代中国思想却有不大融洽之处。第一,中国人心中对苏格兰启蒙运动哲学中与四阶段论密切相关的推测性历史的背景并无了解。第二,如果不是"黄金古代"的观念被打破了,四阶段论之类的想法也不可能被接受。在"黄金古代"没落之后,如何解释从野蛮到文明的变化变得很迫切,四阶段论式的思维正好填补了它的空隙。第三,四阶段论在学术上颇有影响,但在考虑现实问题时并不特别吸引人,因为在一般人的认知中,它的最高阶段"商业社会"并未超出当时中国之状况,因此对中国人未来的前途不具强烈指示性。

民国初年,孔德的三阶段论也有一定的地位,当时北京即有孔德学校。孔德的论述是基于人类知识与社会的发展经历三个阶段:神学阶段、形而上学阶段、实证阶段。由此孔德认为按照科学发展的序列,就是首先产生作为自然科学基础的数学,然后用数学方式考察天文,依次会产生天文学、物理学、化学、生物学,最后产生研究人类学问的社会科学,即社会学。孔德的第三阶段，即"实证阶段"，就是以科学取代形而上学的阶段，无异于预测这是人类共有的"未来"，这对当时中国思想界产生了一定的影响。1919年12月，蔡元培在"北京孔德学校二周年纪念会演说词"中强调的即是这一点，他说："我们是取他注重科学精神、研究社会组织的主义，来做我们教育的宗旨。"随着严复所译《社会通诠》而大为流行的三阶段论是："图腾—宗法—军国"，它不只影响到线性历史观的写作，更重要的是在这个阶段论架构中，人类最高的发展阶段是"军国社会"。这也使得当时许多人认为，"军国社会"必将成为下一个阶段的中国，所以"未来"是已知的，"现在"的任务是再清楚不过了，那就是加快军国社会的到来。但在中国真正带来弥天盖地影响的是马克思主义的五阶段论，五阶段论在学术与现实政治上的影响，比前述的各种阶段论不知大过多少。

新"历史哲学"与"未来"

前面提到过，在新未来观的影响之下，历史的角色产生了巨变，由研究"过去"变成照应"未来"。科斯雷克说革命解放了一个文化，同时带动一个"新的过去"，但此处所说的主要是对历史写作的影响。在这里让我们回味海德格尔的说法，海德格尔提到，"过去""现在""未来"三种时间时时刻刻都在互为影响、互相建构，人们总是依照想象的（或甚至认为已印证）"未来"来规划"现在"并研究"过去"。海德格尔又说：对于作品的预期性反应，不可避免地会影响哪些内容非被涵盖，哪些非被排除。或者我们可以认为这与佛经"三世一时"的观念相近，而在这一时的三世却以"未来"这一世占了过于突出的地位。在此前提下，"过去""现在""未来"之意义与以前不同了。

近代几种史学影响到这种可知或已知的未来观的形成，即使有程度轻重的不同，但不可否认的，近代有不少历史著作似乎有过于明显的"未来"是已知的色彩。在1930年代，中国史学有两股重要的新潮流，一支是"历史主义化"，另一支是"历史哲学化"。前者是尽可能地重建古代历史真相，并在那个历史重建的过程中，为新文化的建立找到一些基础；而左翼史家为主的"历史哲学化"主要是为了建构"未来"，要在"未来"中寻找解释过去与现在的一切的基础，它是历史的，但也可能是反历史的，是隐隐然以"未来"为已知，进而形塑对过去历史的解释，或者用一个时髦的词汇说，就是"回忆未来"。

在各种新的"历史哲学"中最为关键的，是1920年代后期以来流行的"五阶段论"。1919年，列宁在《论国家》中介绍了恩格斯的《家庭、私有制和国家的起源》，即"原始公社制""奴隶制""封建制""资本主义制""社会主义制"的五阶段论，后来斯大林更有具体的表述："历史上生产关系有五大类型：原始公社制的、奴隶占有制的、封建制的、资本主义的、社会主义的。"在中国方面，范文澜于1940年5月发表《关于上古历史阶段的商榷》，完全接受这一论述，"人类历史的发展，要经过原始公社、奴隶占有制度、封建社会制度、资本主义制度，而后达到社会主义的社会"。

有许多人批评这纯粹是"反历史"的，如沃格林说的"在20世纪，历史作为一种根本的伪造，对异化的生存状态之实在的伪造"。不过新的历史哲学并不像沃格林所说的全是"伪造"，譬如在1930年代的中国，它往往是既吸收了当时最新历史研究的成果，但又宣称（或实质上）涵盖之、凌驾之、修正之，并赋予较高层次的科学规律解释，因而超脱出历史主义过度问题取向式的零碎性，赋予历史大图景、大时段、大跨度的解释。

更值得注意的是，有一个重要的时代心态在支撑"历史哲学"派的生存，这个特殊的时代心态从晚清以来已经逐渐出现：既要承认中国落后于西方，应该吸收、模仿西方，但同时又终要能超越西方的一种复合性的心态。而"历史哲学"借着历史发展规律，使得这三种看来互相矛盾的思维形成一个有机体，它"把构造者及其个人的异化状态，解释成所有先前历史的顶峰"。

社会发展的"五阶段论"既把前述三种矛盾结合在一起，而且又为"未来"赋予清晰的图景。由于相关的史料太多，所以我只征引比较早的作品。蔡和森《社会进化史》"绪论"的标题即表明"人类演进之程序"，文中叙说摩尔根对美洲土著考察数十年后，得知从"群"到"国家"的形成是"挨次追溯社会的进化"，"我们所知道的一切历史时代的各民族莫不经过这样的幼稚时期"，其中四个字"莫不经过"尤其值得注意，既然"莫不经过"，则中国的"未来"即可在五阶段的格局下推定而知。在社会发展史的影响下，许多历史哲学家对胡适等所代表实验主义史学进行猛烈的批判，批判的层面相当广泛，其中非常重要的一点就是实验主义史学不谈"未来"。翦伯赞说："（实验主义）历史学的任务就是研究这个社会怎样一点一滴地和平进化到了现在，而且也只准到'现在'为止，对于历史之未来的发展倾向，是不许研究的。"

在社会发展史中，"未来"不但是可确知的，而且是确定会实现的，诗人聂绀弩说："总有一天，谁是混蛋就要倒下去的。当然，马克思主义的胜利，无产阶级的胜利，这是不成问题的，这是历史确定了的。""未来"是确定的，是可知的，或已知的，"过去"反而是未知的；这种思维变得相当普遍，差别只是程度的轻重而已。以1940年代的吕思勉为例，他并非左派史家，但受当时史学思潮的影响就曾经说过这样一段话："新发展没有不根据旧状况的。我们现在之所以不能知现在及未来，正是因为我们对以往的事情知道得太少了，如果对历史了解得更多，我们对未来就能知道一个十之八九。"所以这个时候相当流行的一种历史观念是弄清"过去"，即可以找出定律，如果能掌握发展规律，那么这条在线的许多点都可以弄清楚，"未来"当然也就在掌握之中。吕思勉又说，"然则史也者，在知求过去者也。其知过去者，则正所以求知未来"，"过去""现在""未来"平摆在一条定律上。如果好好把过去的历史研究清楚了，"未来"就是可知的。

另一个例证是"中国社会性质论战"。在这个论战中，"未来"也是非常清楚的，"过去"反而不清楚了。"未来"就是五阶段论中的某一阶段，"过去"则决定于如何定义中国传统社会的性质。这个论战中的积极主张者们往往从"未来"一定会前往的地方回过头去解释中国历史，提供了不少因确定的"未来"，而大幅影响对过去历史重建的例子。

不过当时另外有一些历史学家，像钱穆、柳诒徵、胡适、傅斯年，他们在谈历史与未来时，其叙述方式便不是那么突出。主要原因之一是他们并不服膺或根本反对进化史观和阶段论史观。但史观派的信徒越来越广大，当"未来"是已知时，做事情的方式就不同了，人们不再是那么瞻前顾后、犹豫不决了，生命的意义也在这里得到最积极地提升。领导人的任务也变得很清晰，也就是指挥人们向那条路走，因为那条路可到达可知或已知的"未来"。

综上所述,"未来"还代表了一种对无限理性力量的乐观情绪,想象力有多高、未来就可能有多高,一切由"有限"变"无限",包括对物质的想象。"未来"是希望的,甚至是判断是否合乎道德的准则,违反它似乎带有伦理上的负罪感。人们不应有太多迟疑,应该毫不迟疑地顺着这条路往"未来"走,所以这个已知的未来带有巨大的行为驱动力,政治行动的性质和决策者的思考角度都发生改变,史家与政治家或所有人的任务变得非常清楚。"未来"是已知的,史家或政治家的角色成了"推动者"或"加速者"。

孙俍工的小说《前途》,就把"未来"当成一列火车往前开,"现在的火车开满了机器,正向着无限的前途奔放!""车上的人或沉默地坐着,或高声笑谈着,或唱着不成调的乐歌:大都是在那里等候着各人所想象的前途到来。"刘少奇1939年在延安马列学院演讲时,也有类似的这么几句话,"马克思列宁主义整个的理论做了无可怀疑的科学说明;而且说明那种社会由于人类的阶级斗争的最后结局,是必然要实现的","而我们的责任,就是要推动这一人类历史上必然要实现的共产主义社会更快的实现",仿佛在告诉人们,路都帮你指好了,你就往前冲吧。这是有史以来第一次在日常生活文化中出现这样突出的时间感与未来观,影响所及的不只是政治,而且广及人们的日常生活世界。

"未来"与日常生活行动

对于过度"未来"性的政治思考,钱穆有扼要的观察,"不知以现在世来宰制未来世,而都求以未来世来改变现在世"。"未来"不但是已知的,而且如果加以适当的推动,是必然会实现的。政治家的任务便是加快它的实现,而且不向前推动是有道德责任的,恰如《民报》中所说的"如谓不能,是反夫进化之公理也"。或是如同俄国诗人马雅可夫斯基的名诗《把未来揪出来》:"未来/不会自己送上门来",我们必须采取些办法,不管是"共青团""少先队"或"公社"都应该计算好,对准目标,才能把未来揪出来。而为了到达那个未来,所有人都应服务于这个任务,转变成"驯服工具"。

"未来"既是已知的，则有一种与"未来"进程亲近的，或可导向其实践的，或适合当时之情境性质的行动，所以不是处于做了这个决定究竟与整个未来前景会发生什么作用完全没有把握的状态。因为"过去""现在""未来"如常山之蛇，首动则尾动、尾动则首动，既然"未来"是已知的，那就使得常山之蛇的另一端也要跟着调整，才能说明已知的"未来"的形成。

新的未来观也成为近代人人生行为的指标，这里以冯亦代为例。冯亦代是章伯钧后期最信任的后辈，常常在章家走动，可是后来人们从冯亦代的日记中发现，不断向党中央报告举发章伯钧的人便是他。冯亦代的例子显示，按照历史发展规律，"未来"社会革命一定会成功，所以反推回来，此时应当举发章伯钧才是合乎历史发展规律的方向，所以从冯本人的角度看来，他的报告举发与他和章伯钧的私人情谊似乎并不矛盾。从这个例子，我们可以看到对"历史发展规律"的信仰，从"未来"完成式出发来做日常生活的抉择的实况。

社会发展史就好比是一列火车，开向美好的"未来"，作为个人，安心地坐上车跟着往美好"未来"前进，生命的行为与抉择，应该心安地被"未来"所决定。早在新文化运动之后，这种乘坐火车往"未来"行驶的态度便已非常清楚了。如同前面所引孙俍工小说中所讲的，丢掉过去，面向未来的、前途的，只要向着这无限的前途走即可，上了火车就不要多问了。

此外，我还想引一首1945年7月的一联诗。民国年间人李仲骞有诗云"生我不于千载上"，诗人夏承焘说他要把这一联诗改一个字——"恨不生于千载下"。"上"是过去、"下"是未来，向往"未来"式的人生，上下之别，显现了传统与近代对人生态度、对事情的看法、对行动的策略等层面的重大不同。

在一种新的时间感与未来观之下，人们思维世界的凭借变了，人们闭眼所想已与前人不同，新"未来"观广泛渗入日常生活世界。至少，认为最好情况是在"未来"，而不只是在"黄金古代"这一点，就足以产生重大地影响了。

余论

晚清以来，从新的历史哲学或各种历史律则论、历史阶段论中，浮现出一种非常普遍的意识，认为"未来"是已知的，"过去"反而是未知的，这种"未来"观迅速渗透到各个层面。在这一个新的思想格局中，"历史"与"未来"关系密切，可信的"未来"是由社会发展史所背书的。"历史"是"未来"的靠山，历史成为一种"新宗教"。在社会发展史的框架下，形成了一个"大小总汇"，可以解释人生宇宙的种种困惑，即使在人生观方面的影响，也非常明显，包括存在的意义、生命的目标都可以在其中得到安顿。

不过，本文所讲的主要是当时的乐观派、激进派，当时也有许多人并未受此影响（如学衡派）。他们虽然与乐观派一样都关心如何建立一个好的社会，但是他们并不把心力用在"未来"之上，而且也有许多人认为这种具有社会达尔文主义色彩的"未来"观是不道德的。我在另一篇文章中提到近代中国的一种"扶弱哲学"，即是一个例子。对于倾向保守的知识分子，如何不将"时间等级化"，如何不总是接受"线性"的时间格局——即"过去、现在、未来"的格局，使自己的国家与历史文化总是处在下风，是一个持续关注的问题（譬如梁启超晚年即有此变化）。

而且上述的"未来观"与西化激进并不能简单画上等号。晚清以来"西化激进派"对"未来"的见解差别很大，其中并不一定都是如钱穆所说的"求以未来世来改变现在世"，尤其不同的是，以"未来"为"可知"或"已知"的态度，也不一定是西化激进派所共有的。

最后我还想借机说明几点：第一，清末民初的中国受到西方武力、经济、文化的侵略或压迫，感受到亡国灭种的忧虑，却意外地对"未来"抱持乐观的心态，究竟应该如何解释？对于这个困惑，我个人以为至少可以提出一种说明：各种历史哲学或阶段论，往往强调亡国灭种的危机与充满希望的"未来"同在一条发展脉络中，既揭露了现在的落后不堪，也保证努力之后可以达到无限乐观的"未来"。第二，从今天的"后见之明"来看，本文提到的那些未来说，基本上是套用西方的理论公式，提供国家社会政治改革的方案，实际上仍只是种种主观的价值信念，并不全然对未来真有所知。但是我们不能忽视当时的人的确乐观地相信自己对"未来"已完全掌握，而且还能说服广大群众相信他们代表着"未来"。这件事当然有很复杂的时代背景，它跟晚清以来的现实环境与学术思潮有分不开的关系，值得进一步探究。第三，"未来"究竟是单一的还是多元的。在"公理""公例"的时代，"未来"似乎是一元的。当时人们往往宣称自己掌握了"公例"，但大体而言，"公例"的世界是西方历史经验所归纳的"普遍真理"，人们模模糊糊中感觉到"公例"是一元的真理。但是到了后来，尤其是在"主义"的时代，每一个政党都宣称它拥有一个具有寡占地位的"未来"。而且"未来"也由学理的探讨，变成政治指定，由谁来规划"未来"等于是由谁来规定新的政治图景，于是规划者成为新的政治、道德、秩序的权威；同时，也有不少人靠着"贩卖"自己所预见的"未来"，为自己谋得一个有权威的角色与地位。第四，由对理想的"未来"的想象，或学理的探讨，变成人们被"未来"所挟持。为了达到这个美好的"未来"，人们要用许多政治力去落实它，所有人要做的只是"跟上来"，最后，整个国家就形同被"未来"挟持了。

不过，我们现在对"未来"似乎又由"已知"变成"未知"了。我小时候看过一部漫画，说未来最快的送信方式是直升机在每个家里降下来把信放进信箱，万万没想到几十年后，突然跑出 E-mail——"未来"显然是"未知"的。本文所提到的几种史学，不管是文明史学、公例史学、进化史学，或阶段论史学，现在都已退潮，在现代史学中，"未来"几乎没有什么角色，而且也不再是"可知"或"已知"的了。

选自《探索与争鸣》2015年第9期

夫子何为者，栖栖一代中
——纪念唐文治先生一百五十周年诞辰

/ 陈尚君

他是中国近代两所著名大学的不祧之祖。一所是上海交通大学，曾是中国最著名的工科大学，近几十年建一流综合性大学，稳定保持全国前五，他在建校初期担任校长达十四年之久，为奠定这所大学的学科格局和发展前景殚尽心力。2014年在他去世六十周年之际，学校在新校区中心广场为他建立铜像，以表敬意。另一所是无锡国学专科学校，是我国第一所以弘传国学为办学宗旨的学校，培养了无数大师级的学者，为传统经史子集之学的传续做出了不可磨灭的贡献。从该校始建到结束，他始终是校长。虽然近年热谈国学，但这所学校始终没有恢复起来，只在当年所建茹经堂保留少许旧迹。他几乎可以说是传统旧学最后的古文家和理学家，为探寻孔孟学说的本旨努力终身，他的学生都称他夫子或老夫子，当年曾有海外人士建议孔庙应以他陪祀，那时他还健朗着。他是前清高官，本可以安享晚年，但始终为办学忧心焦虑，孜孜矻矻。到抗战军兴，虽年过七旬，双目皆盲，仍带领全校同学内迁，漂泊道路，饥寒交迫，仍弦歌不辍。"夫子何为者？栖栖一代中。"唐玄宗写孔子的这两句诗，可以说是他一生的写照。

他是唐文治，字颖侯，号蔚芝，室号茹经堂，晚称茹经老人。他于同治四年（1865）旧历十月十六日生于太仓州，今年恰好是他诞生一百五十周年。我的老师朱东润先生是他光绪、宣统之间曾授课的小学生,曾得到他的古文阅读和写作的指导,也在学业困顿之际得到他无私的资助。在我读研究生期间和毕业工作以后,朱先生曾许多次谈到唐先生对自己一生的影响。我当然完全没有能力理解唐先生,但因为这一机缘,觉得应该就自己所知,写一些文字以为纪念。

唐先生于我为师祖,下文为行文方便,直呼其名,识者谅之。

走出旧域看世界,强挽颓势图作为

今人喜欢将古人一生分几个阶段来叙述,就唐文治来说,可以很清晰地分为四个阶段,即从出生到二十八岁进士登第,为求学应试期;从二十八岁到四十二岁为居京为官期;其后十四年,为主政交大期(校名确定在他去职后);五十六岁后为主持无锡国专时期,其间双目皆盲,仍著述不辍,直到九十高龄辞世。

太仓于明清两代文教鼎盛,唐文治自幼即习举业,尤服膺本地先哲陆桴亭(名世仪)之学说。十五岁应童试,十八岁中举,二十岁进南菁书院治经,后四应礼部试,二十八岁成进士。其早期经历如此,学术兴趣也皆在宋明理学,制艺古文。如果天下升平,波澜不惊,他或许会沿着这条道路走下去,为名臣,为儒师,然而他却身处三千年未有的剧变时代。就在他登第后两年,甲午海战大败,危及津沽,他有"设有不测,吾当投缳以报国"的准备。越两年戊戌变法,他虽因官低而未及祸,但目睹恩师翁同龢被开缺回籍,诸多师友受波及。庚子国变期间,他为总理衙门章京,兼户部纂修官,得以接触对外交涉之核心机密,深切知道外交之屈辱与国事之颓唐。从"拳乱"到八国联军入侵,他都亲历,看到慈禧太后之依违颠顶,权臣之构陷误国,而他的直接主官总理衙门大臣许景澄公忠许国则惨遭斩首。其后与各国议和的谈判,他作为户部侍郎、赴日本国专使那桐的助手,随行日本,代那桐作《奉使日本记》,看到"日本立国,大抵兄英师德","壹意整理海陆军及工商事宜,骎骎乎日臻富强","厂肆林立,轨道四达"(引文见《茹经先生自订年谱》),大大开拓了眼界。其间他曾发愤学习俄文,因为用眼过度,埋下病根。到光绪二十八年(1902),他以三等参赞的身份随固山贝子载振赴英贺英王乔治三世加冕,因英王得病,加冕礼再三延期，英方尽展本国之所有以为款待；此后又曾游历比、法、美、日等国，接触层级高，参访时间长，得以充分了解各国现代文明之各方面所长。其间他代载振所撰考察游记《英轺日记》，不仅是近代考察西方社会最重要的记录，也以大量细节具体记录他对西方制度和现代建设之认识。如云欧洲全境为国数十，皆曾有猜忌仇怨，而今则"如历法也，学堂也，兵制也，轮船也，铁路也，银行也，商务也，邮政也，皆其同焉者也"，这些善政中，"历法纪年始于罗马，学堂程课、铁路置轨始于英吉利，汽船行海、舟师出征始于美利坚，银行规制始于荷兰，航海通商始于葡萄牙，邮递印票始于法兰西"，可以说创始于不同国度，但"一国为之倡，而各国相继效法，精益求精"，"群相推演，万国同风"，"无有彼此畛域之界，更无有猜忌仇怨之情"。即中国要想进步，必须学习西方的现代文明，绝无他途。从度量衡制到国会政治，从医院设施到学校规模，无所不及。甚至乘火车出行，在燃气机车的轰鸣中，都在思考："西人于火车轨道既测地平，更取直线，每过山阻则穿山通道，以砖石环其上，如桥形，其开时工本虽大，而行车直捷，惜时省煤，积久计之，所省甚巨。其行事通盘筹划，以羡补不足，大率类此。"其设计之周到，施工之讲究，看似投入巨大，其实长久获益。对学校之考察更仔细，记录全英有大学六十七所，中小学三万多所，教师十四万人，大学生三万多人，中小学生五百五十五万人，全年官学费英金九百七十三万镑，还详尽记录各类公益学校和技工学校之情况。他参观英京大藏书楼，看到楼中书架累长达三十二英里，庋藏各国古今图书达三百多万种，其中东方书籍分中、日两大部，中国古籍虽不尽备，但已有十之七八。他看到法国新定学校章程，不准男女教会人员担任教席，感慨"法人以宗教立国，然近时重学轻教如此"。而他记载比利时国王虽年已七十，仍步行答礼，带着参观其起居书房，"共楼五大槛，图书满架"，问及中国学术，"研求精细，君主而不脱书生气"。见到日本明治天皇，"威仪整肃，语言不多而均中窾要，洵英主也"。这些都引起他对中国去弊图强之道的思考。归撰《英轺日记序》，认为"繄惟中国，力谋自强，方今官守其度，士劝其学，工农商师讲于野，兵技巧家兴于军，百废举廞，作事谋始，日积而月累，固将月异而岁不同"，即如能举国以西方为师，发愤图强，积以岁月，中国仍可以有强大的希望。他所历举现代社会建设之诸要务，特别称许保存本国文明与实施大学教育之举措。阅读这些记录，可以说他在南洋公学期间之施为，此时已在思考，后之一切努力，皆着眼于此。

出访归国后，唐文治于次年补和会司员外郎，寻补庶务司郎中，旋进商部右丞，再晋左丞，一年四改官，重要原因是得到商部尚书载振的信任和赏识。到光绪三十二年（1906）授商部左侍郎，在工部归并后为农工商部，仍为左侍郎，一度曾署理尚书，达到他任官的巅峰。在这三四年间，他"始终是商部的主要主政者，实为商部领导层之核心"（王奎《清末商部研究》，人民出版社2008年）。其间他有许多重要的建树，一是建议设立商会，先设总商会于北京、上海两地，再在汉口等处逐次推广，目的在求"通商情，保商利"，加强商人间的联络与信任。这是中国有商会之始。二是编订《商律》，以"保护商民，体恤商艰"为原则，确定商业行为的准则与国家对商人利益的保护，主张施行相对自由宽松的经济政策，促进贸易发展，为我国有商法之始。三是建议逐步推行金本位制，改变银本位制造成的国家受损局面。四是制定商办铁路政策，吸引侨商财力筑路，在他去职后路政归邮传部，认为有利可图而将路权收归国有，激起保路风潮，为清亡之前奏。唐晚年言及，仍感慨不已。五是鼓励商人、工匠积极参加世界博览会，由朝廷给以扶持鼓励（参朱恺《从〈英轺日记〉看唐文治"旧邦维新"观》，刊《四库文丛》第一卷，上海交通大学出版社2013年）。尽管当时国步维艰，百废难举，局部的建设难以改变国势之急坠，但唐文治在力所能及的范围内尽了自己的努力，是值得肯定的。

以世界眼光建设近代工业大学

国内四家交通大学，上海和西安原本是一家，前身是1896年盛宣怀奏请建立的南洋公学，到1907年唐文治出任该校监督（校长）时，正式名称是邮传部上海高等实业学堂，稍早些时的校名是商部上海高等实业学堂，也即是唐主部政时的下属学校。唐出主校政，则因一系列意外事件使然。在他以前，学校已经成立十年，监督换了十人，大多挂名而并不到校视事。此年年初唐因母亲去世而守丧，当时官场仍维持守孝三年的习惯，即在双亲去世时要离职二十七个月以尽哀，当时的变通则其间可在官办学校、实业任职。农工商部尚书载振因部务繁剧,以唐为左右臂,建议他去职数月后即复职,是为夺情,唐已应允。不料其间发生杨翠喜案,新授黑龙江巡抚段芝贵以重金买名伶杨翠喜贿赂载振以求官,事被媒体揭发,载振引咎辞职,唐也免了夺情复职。因觉得上海离太仓较近,方便照看老父,乃同意出掌校政。

唐文治主校十四年的成就,是交通大学校史研究的重要内容,已有无数论说加以归纳总结。我是局外人,无从置喙,归纳前人之所见,可举百度百科交通大学内容来说:"唐文治连续掌校十四年,他将学校改办成工科,先后设立了铁路专业、电机专业和铁路管理科,聘请了一批高质量的中外籍教师。在结合中国实际基础上,从学制、系科设置、课程设置、教材、教学环节、体育运动等方面,全面地引进国外的先进经验,直接采用美国哈佛大学、麻省理工大学等著名大学教科书,使交通部上海工业专门学校成为中国南方乃至中国高等工科院校的楷模,形成了近代工业大学的格局。"我无从复核这一叙述的准确性,就此来说,在一百多年前能以如此世界眼光来办学,无疑超越了一个时代,如果要找原因,是他访问英、美等国时积累的认识,清醒看到中国与世界的差距,在实践中努力加以改变。

他一到校即认定"办理学务以筹款为第一要义",首先咨文邮传部落实常年经费,即"轮电两局岁捐银十万两",同时充分利用熟悉朝廷财政和曾在官场的人脉优势,为学校多方筹措经费,如建议从京奉、京汉两路余利下为学校增拨经费;建议为江、浙、闽、粤四省每年培养学生四十人,各省酌拨经费支持学校;将学校许多积年旧账理清,如汉阳铁厂老股盘活等。他曾任户部北档房总办,为全国财赋总汇之区,知道朝廷哪些门路可弄到钱,加上又曾主管商部,人脉广泛,恰可为学校集资所用。

经费充裕,得以设立一系列学科,到校次年即新设电机、邮政两专科,又设国文科,并逐渐完善专科、中学和小学的配制,形成从小学到大学的完整序列。又出重金聘请西人教员,并逐次将本校学生送出留洋,逐渐增加留洋归国者到校任教。在得知美国庚款将每年提供一百位华人学生留美机会后,唐文治在学校立即公布消息,并往上疏通,争取名额。经过选拔考试,首批赴美学生四十七人,上海实业学堂有十四人,占三分之一弱,可见他鼓励学生走出去的努力。

唐文治出主实业学堂是因为居丧服忧，三年期满他即申请起复归朝，这应是循例的安排，但被以学校亟需整顿"商留"，原因不明。次年即为辛亥，10月10日武昌首义，11月3日上海光复，6日，唐文治宣布实业学堂更名为中国南洋大学堂，要求"本校师生员工要以坚定毅力维护新中国"。6日，带领全校教职员和学生在学堂运动场剪辫。11日，列名通电要求清廷逊位。13日，致书沪军都督府就扩充军队和筹募军饷提出建议。同时，撰《中国改革建设政体论》提出建国方案。可以说，唐当时身份虽然还是体制内官员，但在第一时间内参加了推翻清廷的行动，对此，他的老师王祖畲、沈曾植曾深致不满。作为儒家道德的捍卫者，他们的立场是一致的，但在大革命洪流中，唐的选择是为国家谋前途，不为一姓守江山。他在晚年自述："人才不用，国运尽矣，欲保全皇室，不得不出于此。""俄国革命，俄王尼可来（今译尼古拉二世）不从，为国人枪毙。孤臣耿耿之心，当可白于天下后世矣。"唐在清廷为官，得到那桐、载振等满大臣提携，他也曾多次得到慈禧单独召见垂询，晚年自撰年谱，仍感念恩礼，慈禧去世后他在上海道署"哭临三日"，自述"感念恩遇，曷胜痛悼"，但也感叹"恩礼如此，使臣工仆仆亟拜，曷若信用臣言，改良政治为愈乎！"英、比、日诸国君臣同心，改良政治，谋求富强是他曾见到的，而现实经历总使他失望。"民为重，社稷次之，君为轻"，这是孟子的古训，唐文治实践了这一主张。

民国肇建，官办的学校需要得到新的支持，他在袁政府成立次月就赴京筹措经费，确定了归属交通部的定位，改易校名，然后多方奔走，寻求支持。虽然当时请他出任工商总长的呼声很高，但他认定惟教育为国本，继续在学校任职，在时代剧变中保持了学校的发展。1917年在学校成立二十周年纪念会上，他说道："最难堪者，改革之际，经济困迫，彼时今日不知明日，本月不知下月，本学期不知下学期，诸生相对凄惶，至今思之犹堪坠泪。""鄙人接办此校以来，中央议裁小学者三次，议裁中学者二次，议归并土木科者二次，议裁电机科者一次。每当议裁议并之时，鄙人之心摇摇如悬旌，每念及诸生被裁后未知往何处读书，各父兄家属更不知若何忧虑。对于诸生未便宣布，而笔舌力争之余，亦几经下泪，故今日对于诸君子不觉喜极而悲。幸赖大部（指交通部）始终维护，并赖社会诸君子及旧同学互相辅助,尤赖有盛杏荪先生从前积有基本金,稍可支援,卒能转危为安。"这些应都是实情,许多交涉也都有原始文件记录。盛杏荪即盛宣怀,不仅是南洋公学建校的奏请人,且因学校建立之初,即由他主持的招商、电报两局"捐集解济",将商户捐款悉数投入公学,为学校准备了充裕的基本金。以往仅取利息,在民初艰困时动用本金,得以渡过难关。唐文治说上面一席话时,盛已去世。在今存盛档中,有大量两人通信,绝大部分是唐主校政期间致盛函,虽大多属于琐事,但可以看到两人君子相交、互携奉公的风范。其中涉及较多的,一是学校经费之筹措和兑现,二是彼此各有人事之请托,三是为学校发展向盛谋求支持。如1911年1月16日信告徐家汇学生宿舍因招生数增加而住宿紧张,因发现对面民居是盛家产业而请盛出让,改建为宿舍;同年2月24日又看中"尊府丝厂及余屋基地"请售归本校;1914年6月两函则因盛介绍其侄孙入学,唐告必须如期来校报名考试,再考后知其英文太差,不宜入中学,只能先入小学;对盛推荐的西医人选,则以"校中经费万分支绌"为由婉拒;甚至学堂师生一百二十人旅行赴苏州,唐请借宿盛府留园,盛则为安排到阊门外陈列所。从清末到民国,他有大量奏章和信函记录他为谋求学校发展所作之努力。

陈平原教授著《中国大学十讲》,特别将无锡国专列为一章,对唐文治以古文家、经学家之身份主持工科大学校政之称职胜任颇有质疑,也属常情。从目前看到的文献,唐似乎很清晰地划切学校发展定位与个人学术专长的关系。学校为国家位育人才,而国家最需要的是具备现代科学知识和专业技能的高端人才,他虽然掌控学校的各项资源,但并没有借以建立自己的学术基地。可以说白天处理校务,入民国后相信经常是西装革履;晚上勤于著述,治经作文,吟诵不辍,在主校政期间主要著作有《十三经读本》等数百万言。有没有利用学校资源施展个人所长呢?不是完全没有,但也实在微不足道。他到任次年,即设国文科,自任特班教员,专任职位另仅一人。现在能见实业学堂之课程,铁路、电机二科有古文释义一门,航海有人伦道德、中国文学、外国语三门,估计因航海专业毕业后要出航列国,人文素养要求更高一些。其余皆专业课,颇合今日素质教育之规定。此外,他还在附属中学开国学课,兼任教员。至于附属小学,虽不任教席,但也倾注精力。朱东润师在自传中回忆1909年秋,唐先生在校内开国文大会，亲自命题，大学和中学合办，小学单独办。一个星期天写两篇作文，其一为《关讥而不征论》，朱师作文写到理想时代设关以检验，但决不横征暴敛，专制君主必不如此，自述写得很流畅。小学老师认为优秀者选定十人，再交唐老师审定，朱师得到第一名，在校礼堂颁奖，发了四元奖金，用这笔钱买了一套《经史百家杂抄》。我读研时，朱师说到往事，还曾从书架上取出这套书给我们欣赏。小学毕业后，朱师因家境欠佳，拟中辍学业，唐先生让儿子庆诒给他写信，让他尽管来上学。及到校见面，拍着自己口袋说："学费在我这里，你不必担心。"朱师说唐老师还有一招，每星期天在大礼堂召集部分学生讲授古文，亲自从大学、中学每班选两名，讲授唐宋古文。讲授办法也很特别，从来不解释字句，只是先慷慨激昂或低回婉转地读几遍，然后让学生共同朗诵。高兴时则拉张凳子坐学生边上，拍着学生肩膀说："老弟，我们一道读啊！"朱师说在这一期间，他从唐老师那里领会到古文的喷薄之美与情韵之美。唐之热衷授课，当然存有传续学术之意，也可能更多是技痒，或者说藉此以自遣兴，毕竟他是此方面出类拔萃的人物。

五四运动发生，激荡到上海，唐文治多次电请北洋当局"谅其爱国热忱，勿加苛责"，但也深忧学运造成教学不靖，加上他目疾加剧，两年间六度请辞，全校学生投票表决，五度挽留，1920年10月，"知其确有不得已之苦衷"，方允去职。唐文治虽辞校职，但终其一生都心念交大，未曾或忘。古稀以后，虽双目全盲，仍多年坚持每周到交大讲演一次，以道德文章勖勉诸生，可见拳拳之诚。而交大在三四十年代所建礼堂，分别命名为文治堂、新文治堂，悬他所拟联："人生惟以廉节重，世界全靠骨气撑。"孤岛时期为避免陷逆，曾拟改国立为私立，以文治大学为校名，皆学校感念其贡献之巨大。

为传续国学做最踏实的工作

唐文治坚辞南洋大学校职，更深层的原因当然是无锡乡绅施肇曾等出资创办国学专修馆，延请唐出任馆长。而唐退职后思讲学家居，一展平生之志，即在南洋的一切努力都是为国家造就人才，而他更坚信自己有责任保存学术，将自己之平生所学发扬光大。在《国学专修学校十五周年纪念刊序》中，他说："横览东西洋诸国，靡不自爱其文化，且力谋以己之文化，括而充之，深入于他国之人心。而吾国人于本国之文化，孔孟之道德礼仪，修己治人之大原，转略而不讲，或且推去而任人以挽之。悲乎哉！文化侵略，瞬若疾风，岂仅武力哉！吾为此惧，深恐抱残守阙，终就湮沦。"东西洋诸国之举措，他在《英轺日记》中有详尽记录，惊叹诸国不遗余力保存本国文明学术之时，不能不对"打倒孔家店""《文选》妖孽，桐城谬种"之类过激提法引起警惕，武力摧残和文化侵略都是他所亲历的现实，不加挽救，本国文化势将湮沦灭亡。他感到自己不可推卸的历史责任。他大声疾呼："欲拯民命，先救人心；欲救人心，先明正学。"他没有与新文化人物做任何针锋相对的论战，而是以办学实践作为"正人心、救民命之事业"，为延传学术做最踏实的工作。

无锡国专最初是按传统书院规制建立，"专以造就国学人才为惟一宗旨"，不讲学历，导师仅二三人，学生集体住宿，学校提供伙食书籍，并根据成绩给以膏火（奖学金）。第一年招生题目就有《为生民立命为万世开太平论》，可见胸襟抱负。唐文治亲自制定《无锡国学专修馆学规》，所列凡十项，一为躬行，"务以砥砺品诣、躬行实践为宗旨"；二为孝弟，倡导为学始于家门内之行为；三为辨义，要学生明晓公私义利，"以清勤耐苦四字"挽救颓风；四曰经学，倡礼义廉耻，实事求是；五为理学，以穷理为事业与学问；六为文学，要求通四部之学，知古文蹊径；七为政治学，参西学欲建立中国治国方略；八为主静，针对热心爱国之激动，重拾宋儒治心之法；九为维持人道，认为国家、人心之亡，皆"先亡于无是非"，有是非方能正人心；十曰挽救世风，认为"吾辈务宜独立不挠，力挽颓习，秉壁立万仞之概，不为风气所转移，乃能转移风气，有以觉世而救民"。这是国专成立之纲领，即不仅要传承旧学，而且以砥砺名节、挽救世风为责任，要求学生努力践行。今人或认为此篇学规具有"修道立教"的意味，也不为过。但其后学馆受限于经费筹措、教育部门备案、学生就业和课程规范等多方面压力，再三改易校名，修改章程，调整课程，一度办学宗旨曾从弘传国学改为替政府机关培养文书人才，但基本方向则始终没有大的变化。到1930年代，校园扩展，师资充沛，生员渐增，曾达到全盛局面。但靠乡绅及董事会筹款毕竟不是长久之计，欲政府拨款则必须迁就教育部的教学规范，而国专之办学目标毕竟与一般高校有很大不同。国府定都南京后，"文武衣冠异昔时"，政府主官与唐文治这样的前清耆宿之间再无任何瓜葛。大约1937年前，政府每月补助两千元（相当国立大学十位教师的薪水），但至战时物价腾踊，增拨很有限。今人曾从第二历史档案馆查到国专经费之专档，学校请求增拨经费之呈文，多数得到的是"碍难照准"的批复。1946年抗战胜利，曾有改建"国立国学院"的倡议，所得也仅"所请应毋庸议"的批示。唐文治曾叙述一路办学的感受，是"飘摇风雨，拮据卒瘏"，"忧虑无时可释"。在这样的境遇下，与国专师生坚持办学，弦歌讲诵，实在不易。

论学之余，唐文治始终关注国家的命运。1931年东北沦陷，他手书题词："世界龙战，我惧沦亡。卧薪尝胆，每饭不忘。"悬于国专食堂，勉励学生雪耻图强。1937年抗战军兴，上海、无锡、南京先后沦陷，平生以道德名节律己论学的唐文治，当然不能坐以降敌。他于是年10月7日宣布迁校广西，与国专师生走常州、镇江、芜湖、九江到汉口，复南行往湘桂，一路仍坚持为学生授课。这虽是当时全中国皆在上演的悲壮一幕，但对唐文治来说，则年已七十三，且双目皆盲，道途之艰辛可以想见。岁末在株洲，师生四散，仅得数人相随，天雨泥滑，疲惫至极，他于旷野中命学生席地而坐，朗诵《小雅·何草不黄》："匪兕匪虎，率彼旷野。哀我征夫，朝夕不暇。"声泪俱下，诸生为之动容。这样坚持了半年多，因他年老而水土不服，乃在桂林将校务交割给冯振，取道香港回上海。在上海孤岛复校六年，他始终坚持不向敌伪当局注册，保持了应有的气节。

1949年江山再度鼎革，唐文治得到新政权的礼遇，担任上海文史馆馆员。陈毅市长曾邀宴聚，他因病无法出席，只能让王蘧常代去。他的儿媳、著名社会教育家俞庆棠曾出任教育部社会教育司司长。但他提倡的国学实在距离新政权的要求太远了。上海档案馆存高等教育处对国专沪校的审查意见，认为唐文治"年老体弱，校长不过是挂名而已，但有些事情还要顾问，思想顽固"，"该校学生人数甚少而且落后，教学内容与方式都是非常封建"，校务"主要操纵在王蘧常一人手中"，不批准续办。先是沪校并入无锡。国专更名后，于1950年5月并入苏南文化教育学院，后复并入江苏师范学院（今苏州大学）。

无锡国专从成立到撤并，在极其艰难的环境中维持凡二十九年半，毕业学生曾有一千七八百人的说法，今人陆阳著《无锡国专》（凤凰出版社2011年）据逐届毕业生详尽统计，所知总人数应超过八百人，曾修读肄业者可能有近千人之多。在民国教育史上，这当然不是一个大数字，但如果看其历年毕业学生有唐兰、王蘧常、蒋天枢、吴其昌、钱仲联、王绍曾、魏建猷、江辛眉、汤志钧、杨廷福、许威汉、曹道衡、范敬宜、冯其庸等一流学者，曾肄业者则可以举到吴则虞、周振甫、姚奠中、吴孟复、马茂元、鲍正鹄、苏莹辉、陈旭麓等，可以说成才率很高。最重要的是为传统学术培养了传人。

唐文治于1954年4月9日辞世，得年虚岁九十。他的晚年心境是孤寂的。

国学大师的学术和精神追求

唐文治是一位曾周游世界、了解西方社会的学人，是一位知晓世界商业经济运作的实干型官员，一位立志为国家长远发展培养现代化人才的大学校长和坚定的教育家，一位坚守传统学术的儒学大师，一位写作并弘传文言古文的大文学家。他的一切作为都秉持坚定的信仰和开阔的眼光，绝不随波逐流，更不屑与世浮沉。他在交通大学的建树，功铭竹帛，毫无争议，但在五四运动次年以提倡国学为职志，当时似乎有些逆历史潮流而动，现在看来，无疑具有先知先觉的意义。他在学术上的成就和建树似乎也还没有得到应有的认识。新出的《中华民国史》没有为他立传，《辞海》到1979年版也没有收他，朱东润师曾专为此提出报告仍被否定。近年国学大热，提到他的仍然很少。

其实唐文治一生强学，著述不辍，存世专著有数十种之多，后结集为《茹经堂全书》，单篇文章则结集为《茹经堂文集》前后六编，他的全部遗著还有待整理，学术建树也有待研究。仅就大端来说，大约一为经学，二为理学，三为古文。

他治经学，希图剥除汉宋学者烦琐考据与率意发挥之迷障，追寻孔孟学术之本真。所著重要者如《十三经读本》，以汉魏古注为主，删繁就简，希望揭示儒学经典之真貌，提供世人简明之读本。所著《论语大义》二十卷、《孟子大义》七卷、《洪范大义》三卷以及《尚书大义》《诗经大义》等书，则发挥孔孟学术之初旨，结合当时中国实际阐发其淑世价值。他治理学，远绍紫阳（朱熹），近袭桴亭（陆世仪），尤重人格之养成与道德之淳蓄。所著有《性理学大义》十四卷、《紫阳学术发微》十二卷、《阳明学术发微》七卷等。从这些论著中，可以看到他希望追寻孔、孟、朱、王学术思想之真髓，揭示可以在民国社会条件下适合发扬光大的内容。用现在的话说，是剔除旧道德中过时落后的内容，如君臣大义，男尊女卑，包办婚姻，等等，重新建立社会转型以后的人际关系和道德原则。1912年撰《人格》五篇，分别论述子弟、学生、师友、社会、从政诸方面之人格归范。如《学生格》分诚、有恒、有耻、尚志、爱敬、尊师、公德、勤、俭、游息诸章，引先儒古训，对学生人格形成提出规范和期待。数年后又应约作《军人格》，再扩充为《军箴》四卷，专以胜残去杀，唤起军人爱国爱民之心为宗旨。

中国学术史大体可以追溯到春秋文化下移、私家讲学兴起，秦汉以后则形成汉学和宋学的不同取径。汉学严守师说，重视典籍文本的释读，数度转化为乾嘉考据之学，进入20世纪，比较容易地转型为分科明确、探究窄而深的各项专门之学。若清华国学院，若中研院史语所，皆源出乾嘉，得与西学融合转型成现当代学术之主流。宋学好谈义理，更多地关注天地万物形成的道理，关注学人的道德修养和个人对国家社会的责任。宋学的主要贡献，是改变了宋以后历代士人的精神追求和人格高度。唐文治论学渊源有自，坚定有守，而且密切结合国事安危提出见解。他认为："自古圣贤所以承继而不绝者，唯在精神而已。""以吾心中之精神，感动天地间之神明，即以感人心中之神明。汉学家之考据名物，宋学家之穷理尽性，罔非精神之所推衍。""纵览十三经、二十四史，无论治乱贤奸，所以彰善瘅恶。衷是去非者，皆前人精神之所寓。先圣先贤以精神传递于吾辈，吾辈即以精神传递于后人。"（《无锡国专校友会春季大会训辞》，1947年）这一精神其实就是民族精神，也是他一生努力实践，尽力传续者。他的论学大多发挥孔、孟、朱、王之旧说，特别强调现代化国家建设绝不能割断本国的固有文化，传统学术不仅是本国文化的根本，对于建立新文化、新道德也具有不可替代的价值。将近一百年后再来读他当年对世道人心的焦灼和忧虑，更有特别的意义。

唐文治长于古文，远接唐宋八家，近续桐城（方苞、姚鼐）、湘乡（曾国藩），尤重文章之气势声韵。朱东润师曾云："昔唐先生论文，言喷薄之美，情韵之美，虽不敢自负，亦不敢忘先生之教。"唐的完整论述见其1920年撰《国文大义》，凡分十二节，从气、情、才、理、繁简、奇正变化、声、色、味、神以及戒律等项展开论述。而核心的内容，则是要学生作文"必须辨阴阳刚柔性质之异"。所见渊源于曾国藩述姚鼐之论："文章之道，分阳刚之美，阴柔之美。大抵阳刚者气势浩瀚，阴柔者韵味深美，浩瀚者喷薄而出之，深美者吞吐而出之。"（《曾文正公日记》）二者之分与其浩瀚深美，则不经诵读，无从体会。夏承焘在1940年兼职国专授课，曾多次听唐读古文，《天风阁学词日记》载："唐蔚芝先生读《出师表》，能令人下泪。念中国文学不但诗歌有音乐性，古文品格尤高，其音乐性尤微妙。"可谓知音。1948年，他的学生发起为他灌制唱片，由大中华唱片厂制作，凡十五张，中英文对照。时称唐调，一时大卖，虽耄龄84岁，"年已衰迈，声亦疲苶，实不能尽其所长"（朱东润师《遗远集叙录》）。广陵遗响不绝，足令人追想。我1981年做学位论文谈欧阳修散文的成就，受朱师讲授和陈柱《中国散文史》的指示，分析《五代史伶官传序》的音节构成，程千帆先生著《两宋文学史》特予揭出，今知源头还在唐文治先生。

去年湖南岳麓书院国学奖典礼上，我曾接受采访，谈到唐文治先生清末"得缘考察列国，特别注意到现代西方国家繁荣的根本，一是保存本国文化，二是重视教育。在五四运动的第二年，他毅然开办无锡国学专修学校，坚持了三十年。在唐先生看来，国学可以传续文明，国学可以弘扬学术，国学可以砥砺士节，国学可以重建道德"。这就是他去世已经六十一年，仍然值得纪念的原因。

选自《文汇报》2015年11月20日

徘徊到纠结
——顾颉刚关于"中国"与"中华民族"的历史见解

/ 葛兆光

台北联经出版事业公司出版的《顾颉刚日记》，刚到手时曾匆匆翻过一遍，2007年10月在大阪关西大学遇见专程去接受名誉博士称号的余英时先生，他送我一册刚刚出版的《未尽的才情：从〈顾颉刚日记〉看顾颉刚的内心世界》（台北联经出版事业公司2007），看过之后，对顾颉刚的这部日记更有了浓厚兴趣。去年夏初，要在芝加哥大学的workshop上讲"20世纪上半叶中国历史学"，自不免又要涉及这个古史辨领袖，便从哈佛燕京图书馆借出《顾颉刚日记》来读，既作为20世纪上半叶学术史资料，也作为异域长夜消遣的读物。但日记太多，在美国没看完，8月回到上海后，在酷暑中仍然继续翻阅。

积习难改，虽是消遣却不想一无所获，习惯性地随手做一些摘录，也断断续续记下一些感想。余先生《未尽的才情》已经讲到顾颉刚与傅斯年、胡适的学术关系，讲到顾颉刚与国民党的纠葛，讲到他1949年后的心情，也讲到了他对谭慕愚的一生眷念。夫子撰书在前，我没有什么更多的议题可以发挥，只是近来关注"中国"的历史，于是一面阅读，一面随手写一些札记，主要摘录和讨论的，都是顾颉刚日记中有关"中国"和"中华民族"的见解。

一

我在一篇文章中说过，1920年代顾颉刚推动"古史辨"运动，从根本上说，是一场对传统历史学和文献学的现代性改造，这一点，王沉森兄的《古史辨运动的兴起》（台北允晨出版公司1987）已经论述得很清楚。简单地说，就是在科学、客观、中立的现代标准下，有关早期中国历史的古文献，在"有罪推定"的眼光下被重新审查，人们逐渐把传说（或神话）从历史中驱逐出去。以前在古史记中被视为"中国"共同渊源的五帝和"中华民族"历史象征的尧、舜、禹，以及作为中国神圣经典的种种古文献，真实性都遭严厉质疑。

1923年，顾颉刚在一封公开信里提出古史辨的纲领，一共包括四点，即"打破民族出于一元的观念""打破地域向来一统的观念""打破古史人化的观念"和"打破古代为黄金世界的观念"，因此而被丛涟珠、戴季陶等人惊呼为"动摇国本"。为什么会动摇"国本"？就是因为"民族出于一元"说明中国民族有共同祖先，"地域向来一统"表示中国疆域自古如此，古史传说人物象征着民族伟大系谱，而说古代为黄金时代，则暗示着文化应当回到传统。象征本身即有一种认同和凝聚的力量，对这些象征的任何质疑都是在质疑历史之根，在瓦解"中国"认同的基础。

这里长话短说。对于"中国"一统和"中华民族"同源的质疑，虽然轰动一时，但很快逆转，毕竟形势比人强。1931年"九一八事变"、1932年"满洲国"成立、1933年"东突厥斯坦伊斯兰共和国"成立，加上1935年"华北自治运动"的出现，使中国陷入国土割裂的空前危机，中国学界不能不重新调整有关"中国"和"中华民族"的论述，特别是从历史、地理和民族上，反驳日本学界对于满蒙回藏的论述，捍卫中国在民族、疆域和历史上的统一性。现实情势改变了中国学界，也暂时改变了顾颉刚的立场。1934年，顾颉刚与谭其骧创办《禹贡》半月刊，正如顾颉刚所说，在升平时代学者不妨"为学问而学问"，但在"国势陵夷，局天脊地"的时代，却只能"所学务求实用"。

在这一绝大背景下，1935年12月15日，傅斯年在《独立评论》第一八一号发表了《中华民族是整个的》，他强调中国自从春秋战国，"大一统思想深入人心",所以有秦汉统一,"我们中华民族,说一种话,写一种字,据同一的文化,行同一的伦理,俨然是一个家族"。顾颉刚也一样,原本他并不相信"中国汉族所居的十八省,从古以来就是这样一统的",他觉得"这实在是误用了秦汉以后的眼光来定秦汉以前的疆域",所谓"向来一统"只是一个"荒谬的历史见解",但是在这个时候,他却把历史论述从说明原本并不是一统的中国,变成了强调中国大一统疆域的合法性。在《禹贡》半月刊之后,1936年,顾颉刚与史念海合作编了《中国疆域沿革史》,在第一章《绪论》中,顾颉刚就说:"在昔皇古之日,汉族群居中原,异类环伺,先民洒尽心血,耗竭精力,辛勤经营,始得近日之情况(指现代中国)。"他罕见地用了"皇古"一词,说"疆域之区划,皇古之时似已肇其痕迹,自《禹贡》以下,九州、十二州、大九州之说,各盛于一时,皆可代表先民对于疆域制度之理想"。很显然,这与1920年代的疑古领袖形象已经相当不同,看上去,他好像逐渐放弃了古代中国人种不出于一源、疆域不应是一元的疑古立场,而开始转向论证一个"中国"和一个"(中华)民族"。

在这里说一个小插曲。1933年,日本人与内蒙古王公会谈,鼓动蒙古人脱离中国而独立。这时,顾颉刚一生仰慕的女性谭慕愚亲身进入内蒙,调查这一事件,并且于1933年12月底,应顾颉刚之约在燕京大学连续演讲,讲述"百灵庙会议经过及内蒙印象",揭发内蒙独立与日本阴谋之关系。余先生《未尽的才情》一书已经注意到,顾颉刚在日记中一连好几天记载这件事情,我曾向余先生请教,我们都怀疑,1933年谭慕愚女士的调查与演讲,在某种程度上对顾颉刚的史学转向产生了很大影响,甚至有可能在一定程度上,刺激了第二年他与谭其骧合办《禹贡》半月刊。

二

《顾颉刚日记》中留下很多这一观念转变的痕迹。

1937年"七七事变"之后,国府南迁,各大学与学者纷纷南下。1938年底,顾颉刚去了一趟西北,据日记说,他在途中开始看伯希和的《支那考》及各种有关边疆的文献,包括国内学者的民族史、疆域研究著作。显然,这种学术兴趣与政局变化有关。顾潮《历劫终教志不灰》(华东师大出版社）引述顾颉刚自传，说他1938年在西北考察的时候，曾经偶然看到一幅传教士绘制的 The Map of Great Tibet，心情大受刺激。他认为，满洲"自决"还不足畏，因为那里汉人很多，倒是西藏非常麻烦，"这个大西藏国如果真的建立起来，称为民族自决，是绝无疑义的，因为他们有自己的血统、语言、宗教、文化和一大块整齐的疆土，再加上帝国主义做后盾，行见唐代的吐蕃国复见于今日，我国的西部就更没有安宁的日子了"。

学术与政治，在这种危机刺激下，找到了一个结合点。1938年12月19日顾颉刚在《益世报》创办"边疆周刊"，并且为它撰写"发刊词"，呼吁人们不要忘记"民族史和边疆史"，来"抵御野心国家的侵略"。

紧接着，在1939年1月1日，顾颉刚特别在《益世报》的新年一期上发表《"中国本部"一名亟应放弃》一文，他说（中国本部）这个词，"是日人伪造、曲解历史来作窃取我国领土的凭证"。2月份，他又连日撰写《中华民族是一个》，明确提出"凡是中国人都是中华民族"，并且郑重宣布，今后不再从中华民族之内，另外分出什么民族，也就是汉、满、蒙、回、藏、苗等等。

这篇文章2月13日起在《益世报》发表后，引起了中国学界的巨大反响，不仅各地报刊加以转载，张维华、白寿彝、马毅等学者也纷纷加入讨论。前些年与他渐生嫌隙的傅斯年，尽管主张在国家危机之时，写信劝他不要轻易地谈"民族、边疆等等在此有刺激性的名词"，不要在《益世报》上办"边疆周刊"，但也对顾颉刚关于"中华民族是一个"的观念表示赞同，觉得他"立意甚为正大，实是今日政治上对民族一问题唯一之立场"。在一封致朱家骅、杭立武的信件中，傅斯年痛斥一些民族学家，主要是吴文藻和费孝通等人，是拿了帝国主义的科学当令箭，"此地正在同化中，来了此辈学者，不特以此等议论对同化进行打击，而且专刺激国族分化"。

从《顾颉刚日记》中可以看到，顾颉刚对自己这一系列表现相当满意，他一向很在意别人对他的反应。1939年3月4日，顾颉刚在日记中记载说：有人告诉他，《益世报》上《中华民族是一个》的文章，有《中央日报》转载，"闻之甚喜，德不孤也"。22日的日记又记载：有人告诉他，"重庆方面谣传，政府禁止谈国内民族问题，即因予文而发。此真牛头不对马嘴，予是欲团结国内各族者，论文中彰明较著如此，造谣者何其不惮烦乎'。到了4月15日，他又在日记中说：方神父告诉他，这篇文章"转载者极多，如《中央日报》、《东南日报》、安徽屯溪某报、湖南衡阳某报、贵州某报，皆是。日前得李梦瑛书，悉《西京平报》亦转载，想不到此二文（指《益世报》所发表）乃如此引人注意。又得万章信，悉广东某报亦载"。

三

来自学界的争论风波与舆论压力，也影响到政党与政府，此后，国民政府不仅成立了有关西南的各种委员会，国共两党也都对西南苗彝发表看法，连教育部史地教育委员会、边疆教育委员会也特别要确认教材的"民族立场"和"历史表述"。这种观念得到政界和学界的一致赞同。傅斯年还说要把"三民主义、中国史地、边疆史地、中国与邻封之关系等编为浅说，译成上列各组语言（指藏缅语、掸语、苗徭语、越语、蒲语）"，顾颉刚和马毅也建议重新书写历史教材，"作成新的历史脉络'，"批判清末以来由于帝国主义污染，而导致的学界支离灭裂"。可见抗战中的顾颉刚，似乎暂时放弃了"古史辨"时期对古代中国"黄金时代"传说的强烈质疑和对"自古以来一统帝国"想象的批判，而对"中国大一统"和"中华民族是一个"比谁都重视，1940年6月25日，他为边疆服务团作团歌，其中就写道："莫分中原与边疆，整个中华本一邦"，"天下一家，中国一人"。

在这个时候，原本有嫌隙的傅斯年和顾颉刚，在这一问题上倒颇能彼此互通声气。据顾颉刚的日记记载，1939年5月2日，当他开始写"答费孝通"一文时，傅斯年曾"开来意见"，而顾颉刚则据此"想本文结构"，第二天，他写好"答（费）孝通书三千余字"，同时把稿子送给傅斯年，第三天，"孟真派人送昨稿来"。显然两人互相商量，而且傅斯年还提供了一些可以批判民族学家们的材料。又过了十几天，他"抄孟真写给之材料，讫，预备作答孝通书"。从《日记》中我们知道，是在傅斯年的鼓励下，顾颉刚接连好多天奋笔"作答孝通书"，并"将答费孝通书修改一过"。

可见在回应吴文藻、费孝通等有关"民族识别"的问题上，作为历史学家的顾、傅是协同并肩的，他们都不赞成过分区别国内的民族，觉得大敌当前，民族各自认同会导致国家分裂。顾颉刚似乎义无反顾，一向好作领袖的他，这次冲在最前面，把这种维护民族和国家统一的思想推到极端,以致后来对傅斯年也颇不假辞色。有一件事情很有意思,抗战刚刚胜利后的1945年8月31日,顾颉刚在日记中贴了一则剪报,便是8月27日重庆各报刊载的《傅斯年先生谈中苏新约的感想》。傅斯年在这里说道:中国需要二三十年的和平来建设国家。他提到中苏应当做朋友,又说到新统一的国家初期,需要对邻邦妥协。他还特别在谈到有关外蒙古和内蒙古的问题时,指出中苏关系中,外蒙古被分割的问题大家最注意,但相关历史却被忽略掉,因为外蒙古的四个汗国,即车臣汗、土谢尔汗、札萨克汗、三音诺颜汗,"照法律是外藩不是内藩",所以外蒙古与内蒙古、东北不同,与西藏也不一样。顾颉刚看到这篇报道之后勃然大怒,不仅瑜亮情结再一次被拨动,爱国情绪也再一次激发,他在日记中痛斥傅斯年:"此之谓御用学者!"并加以解释说:"这一段话,当是他帮王世杰说的。"下面,顾颉刚又写道:"闻人言,有一次为新疆问题开会,孟真说,'新疆本是我们侵略来的,现在该得放弃'。不晓得他究竟要把中国缩到怎样大,真觉得矢野仁一还没有如此痛快。割地即割地,独立即独立,偏要替它想出理由,何无耻也!"他也许忘记了,当年傅斯年挺身而出主持《东北史纲》的撰写,就是为了批驳矢野仁一,捍卫东北作为中国领土的。

这也许可以让人理解,作为历史学家的顾颉刚,何以在抗战之中,会去草拟"九鼎"铭文,赞颂那个时代的"一个国家""一个领袖"。

四

不过,顾颉刚毕竟是历史学家是"古史辨"的领袖。超越传统建立现代史学的观念根深蒂固,没有那么轻易去除。在心底里,顾颉刚对于古代中国的看法,终究还是"古史辨"时代奠定的。只是在特定时代和特定背景下,有些话不便直接说就是了。1943年10月30日,他在日记里说有人向他回忆"古史辨"当年在上海大出风头。关于这点,顾颉刚一方面很得意,一方面又很清楚:"在重庆空气中,则以疑古为戒,我竟不能在此发表意见。孟真且疑我变节,谓我曰:君在学业上自有千秋,何必屈服。然我何尝屈服,只是一时不说话耳。"这是他的自我安慰,也是他的顺时之策,因为在那个太需要国家认同的时代,再强调瓦解同一历史的古史辨思想,就有些不合时宜。

历史学家常常受时代和政治影响，这也许谁都无法避免，但一旦现实情势有所改观，原本的历史意识就会卷土重来，特别是在私下里，不免故态复萌，也会说些真心话。顾颉刚日记1966年1月8日有一则记载，很值得注意，他说："（赵）朴初作文，有'自女真族统治中国以来'一语，有青年批判，谓女真族即满族前身，而满族为中华民族构成一分子，不当挑拨民族感情。奇哉此语，真欲改造历史！去年闻有创为'中国自古以来就是一个的大国'之说，已甚骇诧，今竟演变为'中国自古以来就是一个统一的大族'，直欲一脚踢翻二十四史，何其勇也？"这是一段很有意思的资料。顾颉刚虽然在抗战时就提出"中华民族是一个"，但骨子里却仍然相信民族的历史变迁，并不以为"中国"自古以来就是"一个"。

这种想法常常在他脑海里浮现。1964年1月8日，他在日记中记载："（黄）少荃谈北京史学界近况，知某方作中国历史，竟欲抹杀少数民族建国，谓中国少数民族无建国事，此之谓主观唯心论！"这是一个历史学家的直觉判断。不过，形势比人强，何况家里还有一个时时令他看风向不要说错话的夫人在。我在日记中看到，1964年8月13日，他对来华跟他学习古代史的朝鲜学者李址麟有些戒备，为了让自己免于犯错，他先走一步，给中华书局写信，说李的《古朝鲜史》很有问题："朝鲜史学家以古朝鲜曾居东北，受自尊心之驱使，作'收复失地'的企图，李址麟则系执行此任务之一人。其目的欲将古代东北各族（肃慎、猿貊、扶余、沃沮等）悉置于古朝鲜族之下，因认我东北全部尽为朝鲜旧疆。今更在东北作考古发掘，欲以地下实物证之。而我政府加以优容，甚至考古亦不派人参加，一切任其所为。予迫于爱国心，既知其事，只得揭发。"

差不多半年以后，他与张政烺谈朝鲜史问题，当张政烺告诉他，历史所同仁奉命收集朝鲜史资料的时候，他才松了一口气，很得意自己有先见之明，在日记中说，"此当系予将李址麟《古朝鲜史》送至上级，及予于今年八月中旬写信与中华书局之故。"

五

读《顾颉刚日记》，断断续续用了我一个多月的闲暇时间。看完这十几册日记后，记下的竟然是一些颇为悲观的感受。历史学家能抵抗情势变迁的压力吗？历史学家能承受多大的政治压力呢？读《顾颉刚日记》，想起当年傅斯年从国外给他写信，不无嫉妒却是真心赞扬，说顾颉刚在史学上可以"称王"了，但是，就算他真的是中国20世纪上半叶历史学的"无冕之王"，这个历史学的无冕之王，能摆脱民族、国家的情势变化，保持学术之客观吗？他能遗世独立，凭借学术与政治上的有冕之王抗衡吗？

2014年7至8月摘录

2015年1月写于上海

选自《书城》2015年第5期

第六辑

王国维旧藏西方哲学书十种

/ 高山杉

王国维（1877—1927）早年攻读西方哲学的经历，一直是学术界关注的重要问题。然而就我所知，似乎很少有人亲眼见到并记录过王国维的外文西方哲学藏书，只有日本学者新村出（1876—1967）是个例外。我抄一段新村出写的《海宁的王静安君》（原刊日本《艺文》杂志第拾八年第九号，昭和二年九月）：

> 大正初年罗振玉翁的藏书在京都大学图书馆寄托了一段时间，王君与此事颇有关系，在罗君与馆员交涉时他尽了相当多的力，那时我们认识了，屡屡在书库和事务室相见，有少许谈话的机会。寄存在图书馆的书取走之后，罗王两君在京都期间，我还偶尔见到王君，两君归国后，我自然就没有他们的消息了。在图书馆三楼的一隅，罗氏寄托的图书堆边上，数十册洋书并排而立，其中有康德、叔本华等西洋哲学家的名著，我见了很奇怪，有人说这是王君所藏，那时我才知道王君是了解西哲思想的学者。（滨田麻矢译文，转引自《追忆王国维》，陈平原、王枫编，中国广播电视出版社，1996年12月第1版，第316页）

新村出亲眼见到的这批包括"康德、叔本华等西洋哲学家的名著"的

"数十册洋书",应该就是王国维从辛丑、壬寅之间(1901—1902)开始研究哲学,经过癸卯(1903)春始读康德《纯粹理性批评》不可解而中辍,再从癸卯夏至甲辰(1904)冬与叔本华之书相伴,到乙巳(1905)春再返回来重读康德期间所研读过的那些西方哲学著作。这"数十册洋书"曾经在中国学术史上发挥过非常重要的作用,按理说应该受到国人高度重视,为其设立专藏予以保护才是。然而现实的情况却是,似乎从来没有人关心过这些书的下落,更没有人能够说清楚它们的下落。

今年6月28日,友人周运因考证某个问题,在中国国家图书馆调出一本德国学者蒂勒(Alexander Tille,1866—1912)英译的《查拉图斯特拉如是说》(*Thus Spake Zarathustra——A Book for All and None,* London: T. Fisher Unwin, 1899;索书号:B3313.Z23/E6T),在译者导言第一页的下面意外发现钤有一小方阴文朱印,印文居然是"王国维"。我当时正好也在场,虽然此前已经多次见证过周运的"图书馆考古",但这一次的经历非比寻常,因为摆在我们眼前的可是王国维的西方哲学藏书啊!蒂勒的这个译本,是《查拉图斯特拉如是说》的第一个英译本,初版于1896年。王国维藏的是蒂勒后来主编的《尼采著作集》(*The Works of Friedrich Nietzsche*)第二卷所收的本子。

因为发现了王国维藏书,周运和我马上放弃原来的提书计划,决定调阅有可能是王国维藏书的康德、叔本华和尼采著作的英译本。非常幸运,我们当天又发现了三种钤有"王国维"印的王氏藏书,分别是米克尔约翰(J. M. D. Meiklejohn, 1836—1902)译康德《纯粹理性批判》(*Critique of Pure Reason,* London: George Bell and Sons, 1901;索书号:B2778.E5/M51),伯纳德(J. H. Bernard, 1860—1927)译《判断力批判》(*Kant's Kritik of Judgment,* London: Macmillan and Co., 1892;索书号:B2783.E5/B5),以及布洛克(Arthur Brodrick Bullock, 1860—卒年不详)译叔本华《道德之基础》(*The Basis of Morality,* London: Swan Sonnenschein & Co., Limited, 1903;索书号:BJ1107/S4)。我们几乎已经摸到新村出当年见到的"数十册洋书"的边儿了。

两天之后,也就是6月30日(星期二),周运从国图给我发短信,说他找到了王国维藏英国哲学家米尔黑德(John Henry Muirhead, 1855—1940)

的《伦理学概论》(*The Elements of Ethics*, London: John Murray, 1901; 索书号: BJ1025/M8)。在罗振玉主编的《教育世界》第101—104、112—115号(1905年6月—7月, 11月—12月)上,曾刊有"译英国模阿海特所著书"《伦理学概论》,但未署译者名。据佛雏(1919—1997)在《王国维哲学译稿研究》(北京: 社会科学文献出版社, 2006年10月第一版, 第190页至206页)中的分析,此书译者应该就是王国维,所谓"模阿海特"的《伦理学概论》,就是米尔黑德的《伦理学概论》(日本学者须川照一在《王国维与田冈岭云》[国际王国维学术研讨会论文,油印本,华东师大,1987年6月]曾指出此书有桑木严翼的译补本,并提示其与1902年"哲学馆事件"的关系)。现在周运发现了王国维藏的《伦理学概论》,可以为佛雏的研究添一佐证。《伦理学概论》初版于1892年,王国维藏的是增订版。

7月5日(星期日)上午,周运在国图找到了王国维藏文德尔班(Wilhelm Windelband, 1848—1915)《哲学史》英译本(*A History of Philosophy with Especial Reference to the Formation and Development of its Problems and Conceptions*, tr. by James H. Tufts, New York: The Macmillan Company, 1901; 索书号: B82/W6),是增订第二版(1893年初版)。这本书应该就是《静庵文集续编·自序一》里面提到的"文特尔彭之《哲学史》"。周运很快又找到一本王国维藏策勒(Eduard Zeller, 1814—1908)《柏拉图与早期学园》英译本(*Plato and the older Academy*, tr. by Sarah Frances Alleyne and Alfred Goodwin, London: Longmans, Green, and Co., 1888; 索书号: B341/Z6),这本书的出现多少有些出乎意料。我当天下午再接再厉,发现了王国维藏冯·哈特曼(Eduard von Hartmann, 1842—1906)《无意识哲学》英译本三卷(*Philosophy of the Unconsciousness*, tr. by William Chatterton Coupland, London: Kegan Paul, Trench, Trübner, & Co. Ltd., 1893; 索书号: B3273/.P53E7),是第二版。冯·哈特曼就是《静庵文集续编自序二》"今日之哲学界,自赫尔德曼以后,未有敢立一家系统者也"中的赫尔德曼。

第二天,7月5日,我自己不甘心,又跑了一趟国图,结果瞎打误撞地找到了王国维藏埃德曼(Johann Eduard Erdmann, 1805—1892)《哲学史》英译本三卷(*History of Philosophy*, tr. by Williston S. Hough, London: Swan Sonnenschein & Co., Lim.; New York: The Macmillan Co., 1897—1899; 索书

号：B82/E7）。第一卷是1898年第三版（1890年初版），第二卷是1897年第四版（1889年初版），第三卷是1899年第四版（1889年初版）。根据书后的借书卡，这三卷书曾被向达（1900—1966）借阅过。7月12日（星期日），周运和我又发现了王国维藏斯宾塞（Herbert Spencer, 1820—1903）《第一原理》（*First Principles,* New York: D.Appleton and Company, 1892；索书号：B1653/F4）。斯宾塞曾被王国维评为"但搜集科学之结果，或古人之说而综合之、修正之耳"的"第二流之作者"。（《静庵文集续编自序二》）

到此为止，周运和我一共找到了康德二，叔本华一，埃德曼一（三册），策勒一，斯宾塞一，冯·哈特曼一（三册），尼采一，文德尔班一，米尔黑德一，总共十种十四册王国维所藏英文西方哲学书。这些书的前面多粘有丸善、大黑屋等书店的店标，可见是通过这些日本书店购置的。书的后面一般都有用铅笔写的"＄2.64王国维"（＄是双纵线，即旧式的美元符号）的字样，可能是国图的前身如北平北海图书馆或北平国立图书馆购入时给每本书标的价钱。《无意识哲学》前两本后面只写着"王国维"，直到第三本才写上"＄7.92王国维"，"7.92"显然是这三本书的总价（2.64×3=7.92）。这十种十四册书我都从头到尾翻检过一遍，没有发现王国维本人的批注。偶尔出现的一些铅笔批注和画线，应该都是后来的借阅者留下来的。有些书借阅者人数相当多，其中最有名的就属向达了，但是从未见人在研究王国维时披露和使用过这些书。

国图现有的王国维外文西方哲学藏书，肯定不止这十种十四册。像网上目录显示的收藏于文津街旧馆普通古籍阅览室的英译叔本华《意志及观念之世界》三卷（*The World as Will and Idea;* 索书号：B3138.E5/H3）、《文集》（*Selected Essays of Arthur Schopenhauer with Biographical Introduction and Sketch of his Philosophy;* 索书号：B3105A5/B2）和《充足理由之原则论和自然中之意志论》（*On the Fourfold Root of the Principle of Sufficient Reason and on the Will in Nature*——Two Essays by Arthur Schopenhauer; 索书号：B3123.E5/H6），以及收藏于主馆的巴尔善（Friedrich Paulsen, 1846—1908）的《伦理学系统》（*A System of Ethics;* 索书号：BJ1111/P3）和阿薄德（Thomas Kingsmill Abbott, 1829—1913）译康德《实践理性批判及其他伦理学上之著作》（*Kant's Critique of Practical Reason and other Works on the Theory of Ethics;*

索书号：B2773.E5/A2），极有可能也是王国维的藏书。只是这些书不是注着"无法提供，敬请谅解"，就是标着"破损""正在清理"，所以暂时还无法验其究竟。

另外有件事值得提一下。2010年7月24日，中国书店第五十二期大众收藏书刊资料拍卖会曾上拍钤有"王国维"印的德国新康德派哲学家郎格（Friedrich AlbertLange, 1825—1879）《唯物论史》英译本三卷（*History of Materialism and Criticism of its Present Importance*, tr. by Ernest Chester Thomas, London: Kegan Paul, Trench, Trübner, & Co. Ltd.,1892）。此书最后以1008元成交，我想它很可能也是散出来的王国维藏书。可惜我没能看到书上所钤"王国维"印章，无法将其与国图藏书上的印章做一比较。

王国维的外文西方哲学藏书是怎么到国图来的，是他生前亲自出让的，还是在他死后由家属移交的，这些问题一时半会儿不易得到确定的答案，暂且留给熟悉国图历史和档案的学者去考索罢。本文披露的这十种十四册王国维西方哲学藏书，可以说是任何严肃而彻底的王国维研究的起点和基础。我想它们也许很快就会被人划入善本专藏，不再和普通的西文书混在一起。如果真是这样的话，对于王国维研究者乃至普通读者来说，周运的"图书馆考古"不一定是件好事呀！

选自《南方都市报》2015年7月19日

王国维西方哲学藏书拾遗

/高山杉

在7月19日的《阅读周刊》上，我介绍了友人周运和我在国家图书馆基藏外文书中找到的十种十四册王国维旧藏英文西方哲学书。国图的王国维西方哲学藏书实际上不止于此，就在文章发表的当天，周运又找到了两种十册盖有"王国维"章的书。这些书都属于伦敦"George Bell and Sons"出版社刊行的伯恩古典文库（Bohn´s Classical Library）。

第一种是《柏拉图作品集》英译本（*The Works of Plato*）六卷全套，其中包括：

第一卷《申辩篇·克里托篇·斐多篇·高尔吉亚篇·普罗泰戈拉篇·斐德罗篇·泰阿泰德篇·欧绪弗洛篇·吕西斯篇》（*The Apology of Socrates, Crito, Phaedo, Gorgias, Protagoras, Phaedrus, Theaetetus, Euthyphron, Lysis*, tr. by Henry Cary, 1901；索书号：B358/C3）

第二卷《理想国·蒂迈欧篇·克里底亚篇》（*The Republic, Timaeus, and Critias*, tr. by Henry Davis, 1900; 索书号同）

第三卷《美诺篇·欧绪德谟篇·辩士篇·政治家篇·克拉底鲁篇·巴门尼德篇·会饮篇》（*Meno, Euthydemus, The Sophist, The Statesman, Cratylus, Parmenides, and The Banquet*, tr. by George Burges. 1901；索书号同）

第四卷《斐莱布篇·小希庇亚篇·情敌篇·卡尔米德篇·伊安篇·喜帕恰斯篇·拉凯斯篇·亚西比德一篇·米诺篇·美涅克塞努篇·亚西比德二篇·克利托

芬篇·大希庇亚篇·泰戈斯篇·书信》（*Philebus, Hippias Minor, The Rivals, Charmides, Ion, Hipparchus, Laches, First Alcibiades, Minos, Menexenus, Second Alcibiades, Clitopho, Hippias Major, Theages, The Epistles*, tr.by George Burges, 1903；索书号同）

第五卷《法律篇》（*The Laws*, tr. by George Burges, 1902；索书号同）

第六卷《疑似作品及传记等》（*The Doubtful Works with Lives of Plato, by Diogenes Laertius, Hesychius, and Olympiodorus, Gray's Notes, etc.*, etc. and A General Indexto the Six Volumes, tr. by George Burges, 1902；索书号同）

第六卷后面有铅笔写的"＄15.84王国维"，是整套书被图书馆收购时定的总价。按王国维外文藏书每本2.64美元的收购价格计算，六本书正好是15.84美元。

第二种是《亚里士多德作品集》（*The Works of Aristotle*）英译本四卷，分别是：

《工具论》二卷（*The organon or Logical Treatises of Aristotle*, tr. Octavius Freire Owen, in Two Volumes, 1900—1901；索书号：B437/.A508）

《形而上学》（*The Metaphysics of Aristotle*, tr. by the Rev. John H. M'Mahon, 1904；索书号：B434/.A4 E57）

《尼各马可伦理学》（*The Nicomachean Ethics of Aristotle*, tr.by R.W. Browne, 1905；索书号：B430/.A5 B7）

《亚里士多德作品集》一共是六种七册，除以上三种四册外，剩余的三种三册分别是《政治学与经济学》《动物志》和《修辞学与诗学》。从《尼各马可伦理学》后面用铅笔写的"＄13.20王国维"来看，13.20除以2.64等于5，可见王国维本来收有这套书里的五本，除以上四本外，应该还有一本。可惜周运和我暂时没能找到。

到此为止，周运和我在国图找到的王国维西方哲学藏书已经增加到十二种二十四册，距离新村出看到的"数十册洋书"的数量已经越来越接近了。

选自《南方都市报》2015年7月26日

对科学来说,理解世界远比寻找答案重要

/ 卢昌海

温伯格这本书用职业科学史的规范来衡量,还有一个颇具争议性的特点,那就是毫不避讳用现代科学来衡量科学史上的观点,这在很多科学史学家眼里乃是"兵家大忌"。

我们不是通过为研究科学设定法则,而是从研究科学的经验之中,被对我们的方法成功解释现象时的愉悦的渴求驱使着,才学会如何研究科学的。

——史蒂文·温伯格

今年初,著名美国物理学家温伯格出版了一本新书,书名为《解释世界:现代科学的发现》。这是一本关于科学史的书,主要评述了从泰勒斯到牛顿长达两千多年的科学征程(以天文和物理为主)。温伯格是我素来欣赏的作者,我有他从专著到科普和随笔的几乎所有书,且读过大部分,他的书几乎每本都是佳作。

如果用一句话来概括温伯格这本书的风格,那就是:没有职业科学史著作的"八股"味——当然,这并不是说温伯格这本书写得比职业科学史著作更好,后者的扎实考辨不仅绝非温伯格的书所能取代,而且也是其信

息来源之一。只不过读多了职业科学史著作后，套用一句电影台词来说，"确实有点审美疲劳"——因为那个领域有自己的套路，比如对人物和事件的评价往往四平八稳，且不无随大流处。这当然也谈不上是缺点，四平八稳自有它的周详，随大流也多是以前人的研究为依托，但偶尔读读套路以外的书，还是有一种耳目一新的感觉。此外，职业科学史著作通常会避免掺入作者自己对历史的评论，以示客观，温伯格却时常做出自己的评论，从这个角度讲，他这本书具有随笔风格。

温伯格这本书用职业科学史的规范来衡量，还有一个颇具争议性的特点，那就是毫不避讳用现代科学来衡量科学史上的观点，这在很多科学史学家眼里乃是"兵家大忌"。这一特点温伯格自己也很清楚，他在序言中就表示这本书是从一位"战斗在科研第一线"的现代科学家的视角来看待科学的征程。这种视角容易陷入的一个广为人知的弊端，就是低估历史，低估历史观点的重要性或难度。但话说回来，一个弊端既然已被意识到，那么足够小心的话，就未必不可避免。而弊端若是避免了，则这种视角也并非毫无优势，温伯格表示，通过用现代科学来衡量科学史上的观点，可以显示那些睿智的先贤与现代科学的观念或精神相距有多遥远，以及现代科学已多么远离想当然的思辨。他不止一次提到，现代科学相较于历史虽已取得了巨大进展，却仍需注意避免重蹈历史上曾经犯过的错误。这是温伯格这本书的一种内在逻辑，也是一种与低估历史恰好相反的自省的视角。另外，同样是用现代科学来衡量科学史上的观点，不同的人做起来效果是不同的。科学史学家视之为"兵家大忌"，与他们对现代科学不够熟悉，难以真正采用现代科学的视角恐怕也不无关系，而温伯格作为当代最杰出的物理学家之一，采用这一视角可以说是最能发挥背景优势的，而且温伯格本人就是一位注定会进入科学史的人物，他所采用的视角和做出的评论无论恰当与否，本身就具有科学史价值。

此外，温伯格用现代科学来衡量科学史上的观点还有一个重要作用，那就是鲜明地显示出现代科学是在研究自然的漫长征程中，经过不断尝试才"发现"的一种最适合自然的探索方式。这也是温伯格将书的副标题取名为"现代科学的发现"而非"现代科学的发明"的主要原因。"发现"与"发明"的一词之别在科学哲学上是颇有争议的，比如爱因斯坦在著名演讲

"关于理论物理学的方法"中就主张科学理论是"发明"。

总之,温伯格这本书作为传统科学史的补充而非替代,在我看来是一次很有价值、并且很精彩的尝试。现在就让我们言归正传,以他的这次尝试为线索来回顾一下科学的征程吧。

在古代,科学与哲学是不分家的,因此科学的起源跟哲学的起源一样,都被追溯到了以泰勒斯、阿那克西米尼、色诺芬尼、恩培多克勒等为代表的所谓前苏格拉底哲学家。介绍这些哲学家的观点时,温伯格着重提到,他们往往将人类的情感或价值引入关于物质本性的理论中,比如阿那克西米尼引入了"正义",恩培多克勒引入了"爱"。温伯格将这种做法视为显示这一时期与现代科学精神相距遥远的一个重要特征。

温伯格对这一时期及稍后的苏格拉底和柏拉图等古希腊先贤还有一个很有意思的评价,那就是要想理解那些人,最好不要将他们视为物理学家或科学家,甚至不要视为哲学家,而应该当作诗人——因为他们只表述了自己对世界的直观想法,而完全没有试图证明或给出证据的意思。古希腊先贤的某些文字有诗歌韵味,当然不是温伯格的独得之见,但将他们整体定位为诗人倒是我前所未闻的。仔细想想也并非全无道理,起码像泰勒斯这种如今对其生平已几乎一无所知的人,他究竟是意在抒情的诗人,还是意在思辨的哲学家,确实是不易区分的,更何况像他的"万物起源于水"那样从科学视角看来很奇特的观点,确实有点像诗人的遐想。事实上,如果挑几首当代诗人咏及自然的诗歌,像咀嚼泰勒斯那样细细琢磨,恐怕也能琢磨出一些水平不亚于"万物起源于水"的哲理来。

不过,把柏拉图那样的人也仅仅定位为诗人似乎有些勉强。温伯格特意引述了柏拉图的一段话作为定位依据,那是《蒂迈欧篇》中的话,阐述的是用特定的三角形来拼接出对应于四种基本元素的正多面体。柏拉图表示自己不准备给出理由,因为那将是一个"太长的故事",但假如有批评者能给出更好的选择或反证,他是欢迎的。温伯格幽默地评论说,假如自己在物理论文中以这种理由回避证明,结果是可想而知的。不过在我看来,虽然柏拉图跟现代学者相比确实漠视证明,但他对提供证明或否证表示欢迎,以及为不提供证明给出理由——无论多么的不充分——本身就已大大超出了诗人的作为。从这个意义上讲,温伯格所引的话其实恰恰应该作为柏拉图不仅仅是诗人的证据,而不是相反。因此,我个人觉得,将某些古希腊先贤视为诗人或许不无道理,但将柏拉图那样的人也涵盖在内则有些勉强。

对亚里士多德这位对后世产生了巨大影响的先贤,温伯格做了较多的介绍。跟"前苏格拉底"哲学家将人类的情感或价值引入到关于物质本性的理论中相类似,亚里士多德在理论中频繁引进了"目的论"概念,把自然界的各种变化归因于不同的目的。至于这种特色的由来,温伯格将之归结为亚里士多德对生物学的情有独钟。这种情有独钟还在别的方面影响了亚里士多德,使他特别热衷于分类,包括将现象分为自然和人为两类,且只对前者感兴趣。他的这一偏好对后世有长期的负面影响,使他的追随者注重观测而轻视实验,因为前者针对的是自然现象,而后者是人为安排的。

与被他归为诗人的柏拉图相比,温伯格表示亚里士多德的文字常让他觉得冗长乏味,不过"虽常常犯错,但亚里士多德不像柏拉图那样有时愚蠢"。由于采用现代科学来衡量科学史上的观点,温伯格明显不像某些传记作者或史学家那样对先贤投以仰视目光,这种随性得略带冒犯的文字就是一个例子。不过这比将先贤神圣化,乃至为尊者讳还是好得多,最低限度也是对传统评论的一种有新意和价值的平衡。

在评论先贤之余,温伯格也穿插评论了一些科学史学家的观点。比如美国科学史学家林德伯格在《西方科学的起源》一书中提出:对历史上的哲学体系或科学理论的恰当评价不应依据现代观念,而是要看它是否成功回答了当时人们感兴趣的问题。很明显,这是对史学界将"用现代科学来衡量科学史上的观点"视为"兵家大忌"的理由的一种阐释,而温伯格当然是不认同的。温伯格表示哲学且不论,起码对科学来说,重要的不是为某个时代所流行的问题寻找答案,而是试图理解这个世界,是发现什么样的问题值得问。我想,温伯格这本书若能产生较大影响的话,他这个观点是有可能在史学界引发讨论的。

亚里士多德之后持续约三百年的所谓"希腊化时期"被温伯格称为古代科学的黄金时期,"不仅让古典时期的科学成就相形见绌,而且直到16和17世纪的科学革命为止都是无与伦比的"。

这一时期的著名人物包括了欧几里得、阿基米德、阿波罗尼奥斯、希帕霍斯等,他们的很多工作直到今天都屹立不倒。关于这一时期与之前所谓"古典时期"的主要区别,温伯格在参考了当代科学史学家科恩的观点之后概括为:古典时期的科学侧重于探讨有关世界本原的宏大问题,而希腊化时期的侧重点转向了具体现象,从而取得了更多、更具体的进展。

温伯格提到的这两个时期的另一个重要区别是:古典时期侧重于对纯粹知识的探讨而轻视应用,希腊化时期则不再对两者作截然区分。这一区别不仅有助于扭转柏拉图漠视证明的观念对后世的影响(因为应用势必会触及实证),而且也有助于引向实验,从而也为扭转亚里士多德轻视实验的观念埋下了伏笔。总体上讲,温伯格认为希腊科学让人们看到了自然界有些东西是可以被理解的,这要比具体的理解和知识更重要。

此外,温伯格还评论了这两个时期在看待宗教方面的区别,那就是古典时期比希腊时期具有更浓厚的宗教色彩。比如柏拉图把神希望一切尽可能是"好"的,没有"恶",作为分析运动的基础,并且认为研究天文学能使人变得更好。古典时期的一些其他先贤也热衷于把各种神与世界联系起来。不过,希腊的神话体系是多神的,这比后来兴起的像基督教那样的一神教更容易导向宗教怀疑论——比如色诺芬尼就曾嘲讽说假如牛能够想象神,它的神一定长得像牛。虽然色诺芬尼讽刺多神观念的目的只是为了主张一神教,但这种嘲讽显然也可以针对一神教,尤其是像基督教那样把神想象成人类模样的一神教。到了希腊化时期,温伯格表示,他在主要科学人物的作品中已看不到对宗教的兴趣了。谈到这个,温伯格也顺便批驳了某些科学史学家和现代科学家的观点,比如法国科学史学家柯瓦雷提出的科学与哲学分家是一场"灾难",以及著名物理学家薛定谔主张的向科学与人类价值挂钩的古代精神回归。温伯格表示,我们从科学征程中学到的恰恰是:人类价值及哲学都不能作为科学的可靠指导,科学家必须摆脱这些东西。在这方面,我是比较赞同温伯格的。

希腊化时期之后的所谓"罗马时期"大体维持了多神的宗教环境,在罗马的神以外,其他地方的神也可以被膜拜——不过有一条,那就是不能排斥罗马的神。这一时期的科学不复希腊化时期的兴盛,但仍有一定的发展,出现了像托勒密那样对天文学进行细致研究的人物。这一时期也是基督教谋求生存和壮大的时期,并出现了基督徒被处决的事件——在当时信基督并不犯禁，但基督徒坚持只信基督，公开排斥罗马的神，从而违反了"游戏规则"。这段基督徒受迫害的历史除了显示罗马宗教在相对宽松之中所具有的严苛性外，也显示了基督教的高度排他性。当这种高度排他的基督教"千年媳妇熬成婆"，终于爬上了权力巅峰后，"意识形态"迅速单一化，多神变为一神，断断续续传承近千年——比欧洲任何一所现代大学的历史更悠久的柏拉图学院被关闭，科学领域中不仅再无堪比前辈的重要人物出现，连对古典科学著作的点评研究也基本消失了。宗教虽是古代人们普遍信仰的，但它是有组织还是无组织，组织是严密还是松散，差别是很大的。随着基督教这种有严密组织的宗教兴起，欧洲的很大一部分进入了漫长的"中世纪"。

在中世纪，接过希腊科学"火种"的是阿拉伯人。当时伊斯兰教——另一种有严密组织的宗教——尚未兴盛，阿拉伯人吸纳了很多希腊学者及希腊科学，并且从事了一些新的研究。沿用至今的许多源自阿拉伯的科学术语记录了这段渊源，比如"代数""算法""碱""酒精"等等。不过到了11世纪左右，阿拉伯科学开始受到来自伊斯兰教的敌意。虽然当时的科学家大都信教，但受科学的怀疑精神影响，其中有些人的观念与正统宗教是有出入的。伊斯兰教与科学冲突的另一个方面来自具有偶因论色彩的极端宗教思想，这种思想认为一切现象都完全出自神的旨意，不存在规律，这跟以寻找规律为主旨的科学是完全相反的。在接下来的几个世纪里，冲突逐渐转向暴力，比如12世纪末，伊斯兰激进分子在巴格达焚烧了科学书籍；15世纪中叶，位于古城撒马尔罕的天文观测台被伊斯兰激进分子捣毁。最终，当欧洲走出中世纪，迎来科学革命时，对科学传承立下过汗马功劳的阿拉伯科学已完全衰落，直至今天也未能重新崛起。温伯格在讲述这段历史的末尾评论了20世纪极端伊斯兰主义的代表人物库特布。这位对包括基地组织在内的当代极端伊斯兰组织有过重要影响的人物曾主张构筑一个更纯粹的伊斯兰，并且探索伊斯兰科学。温伯格表示这种主张是颇具讽刺意味的，因为在阿拉伯科学最巅峰的时候，阿拉伯科学家们探索的不是什么"伊斯兰科学"，而是科学。

介绍完阿拉伯科学，温伯格将视线转回欧洲，介绍了始于13世纪、终于14世纪的基督教当局对亚里士多德学说的谴责。亚里士多德学说此前曾在经院哲学家的调和下融入了基督教"大家庭",甚至一度被视为正统。温伯格表示,这种历时不太久的谴责对欧洲走出中世纪也许起到了积极作用,因为一方面,谴责削弱了亚里士多德学说的地位,使科学免受其教条笼罩;另一方面,谴责的撤销又在一定程度上将科学从基督教的教条之下解放了出来。

接下来是发生于16世纪和17世纪著名的科学革命。对这种革命的存在与否,史学界其实有一定的争议。有些人认为那期间的科学只是阿拉伯科学乃至希腊科学的自然延续,算不上革命,持这类见解的人并且举出了伽利略研究占星术及牛顿研究《圣经》那样的例子(大概是想显示其"革命情怀"不够)。温伯格承认这些看法不无道理,但他认为科学革命是存在的,是科学史上的一种不连续变化,他的理由是:16世纪之前的科学弥漫着宗教和哲学色彩,与数学的关系也未定型,17世纪之后的科学却使他有一种回归家园的熟悉感,看到了自己这个时代——即现代——科学的许多特征。比如以数学形式表述的、非个人的,并且能解释广泛现象的定律,以观测和实验来检验理论及其推论,等等。除了极个别例外,这种特征在16世纪之前的科学中是看不到的,因此温伯格以全书最确定的语气写道:"科学革命是发生过的,本书余下的部分就是关于科学革命的。"

在介绍科学革命期间的科学成就时,温伯格的有好几处评论在我看来是亮点,并且是像他这样"战斗在科研第一线"的现代科学家比科学史学家更有经验的地方——当然,科学史文献浩如烟海,我不敢断言这些观点一定是他首先提出的(要读多少书才能断言这种事)。比如在介绍哥白尼的日心说时,温伯格评论说,假如哥白尼对他模型中的某些误差能忽略不计,不添加本轮的话,他的理论反而会更接近正确。这个评论无疑是有道理的,哥白尼模型的真正误差来自圆轨道模型本身的误差,添加本轮从理论结构上讲确实是更远离了正确。跟这一评论一脉相承的是,温伯格反复指出了历史上的一种常见错误,那就是在观测或计算中保留了比精度所许可的多得多的有效数字。这些在我看来是单纯的科学史学家不易有的视角。当然,对于历史上的当事人来说,超越观测误差或许是错误,超越理论误差却不一定,因为理论误差——比如圆轨道模型的误差——在新理论出现之前往往是难以预先知晓的,以添加本轮等方式竭力推进圆轨道模型,哪怕从暴露其局限性的角度讲,也该是无可厚非的研究手段。从这个意义上讲,温伯格的评论虽有道理,却不能用来苛责哥白尼,这大概是用现代科学来衡量科学史上的观点时最需注意的地方——当然,温伯格这一评论针对的只是哥白尼的模型,而非研究手段。

又比如开普勒早年提出的用五种正多面体构筑六个行星轨道的模型,以现代眼光看是很荒谬的,因为太阳系行星的数目以及它们的轨道在很大程度上是由偶然条件决定的,根本不该用模型来给出数值。对这种做法,温伯格做了一条发人深思地评论,他表示,今天的理论物理学家也许在做着类似的努力,比如很多人希望从理论上推出基本物理常数的数值,就有可能是与开普勒模型相类似的努力,因为那些数值有可能是偶然的。他以前些年问世的"多宇宙"理论为例,表示那样的理论假如成立,则我们这个宇宙中的基本物理常数就是完全偶然的,不该用理论来给出数值。这类可能是错误的努力大概就是前面介绍过的,他不止一次地提到现代科学仍需注意避免重蹈历史错误的原因吧。当然,"人择原理"之类的考虑不在其列,对此温伯格很幽默地表示,当生命"进化成天文学家"时,他们自然会发现自己处于基本物理常数适合自己存在的宇宙中。

温伯格看待历史人物的眼界是比较苛刻的,对夸奖的使用比较吝啬,批评则时而有之。不过温伯格的批评都是言之有物的,这一点有时会让我想起《倚天屠龙记》中谢逊在冰火岛上对武林人物的"点评",虽然苛刻,但"于每家每派的缺点所在却也确有真知灼见""往往一针见血"。只不过与谢逊的一味贬斥不同,温伯格的评价要中肯得多,而且在伽利略这里开始出现例外,不再吝啬赞美之词地写道:"在伽利略这里,我们遇到了与牛顿、达尔文及爱因斯坦同一级别的历史上最伟大的科学家之一。"温伯格对伽利略在观测天文学上的革命性影响,以及为现代实验物理开启范例的运动学研究等均给予了极高评价。

温伯格对哲学一向不以为然,在《终极理论之梦》一书中有一章的标题就叫作"反对哲学"。在评述科学革命时,他对两位被广泛认为提倡了科学新方法的哲学家痛下了"杀手"。这两位"冤大头"是英国哲学家培根和法国哲学家笛卡尔。温伯格称他们是"最被高估"的人物。两个人之中,他对培根尤其不客气,称其为"既不是科学家也不是数学家",称其观点为

"有关科学的极端经验主义观点"，其历史作用则被概括为是用来反制柏拉图和亚里士多德蔑视经验的观点——让我想起他在《终极理论之梦》一书中的一个观点，那就是当哲学偶尔对科学家有帮助时，往往是帮助他们摆脱其他哲学家的影响。也许觉得这仍是高估，温伯格又补充说培根的哲学即便对那些用它来反制柏拉图和亚里士多德的人也并无实质指导作用，就像"美国政客也许会引用杰弗逊的话，却不受杰弗逊说过或做过的任何事情影响"。

对笛卡尔，温伯格客气了点，表示他跟培根不同（不带这么损培根的），在数学和科学上都有过重要贡献，但对其哲学仍毫不手软，表示哪怕在笛卡尔自己的研究中，也看不到他的哲学起了任何促进作用。笛卡尔在名著《哲学原理》中曾经表示，基本的科学原理可以通过"纯粹思维"这一上帝赋予我们的智慧来得到，因为对上帝来说，赋予我们这种智慧又欺骗我们"是完全自相矛盾的"。对此，温伯格毫不客气地讽刺道："认为一个允许地震和瘟疫的上帝不会让哲学家被欺骗，真是奇怪。"温伯格对笛卡尔哲学的总评是：对一个宣称找到了探寻可靠知识之途径的人来说，笛卡尔在这么多方面错得这么厉害，是引人注目的。温伯格举出的笛卡尔的错误包括了对地球形状的错误推断、否认真空的存在、认为光速无限，以及他的漩涡理论等等。温伯格表示，这种错误出现在一个宣称找到了探寻可靠知识之途径的人身上，只能让人怀疑他的哲学判断，同时也再次显示出科学不能凭借纯粹思维来研究。我很赞赏这种一针见血的评价，历史上自以为发现了探寻真理的途径、唯一途径，甚至直接宣称找到真理或终结了一个领域的哲学家不在少数，最终却总是大谬不然，确实是引人注目。后人怀着历史的宽容给予理解乃至敬意是可以的，但也需要有人冒大不韪去戳破这种凭借纯粹思维来理解世界的皇帝新装。温伯格并且还指出了笛卡尔哲学的一个很负面的影响，那就是对他的同胞法国人接受牛顿理论造成了迟滞。

有意思的是，培根和笛卡尔恰恰是美国物理学家戴森在《反叛的科学家》一书中给予过很高评价的两位哲学家。戴森曾对温伯格在名著《最初三分钟》中表示的"宇宙越是看上去可以理解，也就越显得无目的"这一观点给出过"差评"，因为戴森喜欢在自然现象中寻找目的（在这点上颇有亚里士多德之风），甚至不排斥宗教式的目的。从八卦的角度看，温伯格拿这两人"开刀"似乎有跟戴森针锋相对的意味。当然，也可能纯属偶然——毕竟，除温伯格外，其他很多人都对培根和笛卡尔做出过很高评价。在结束对培根和笛卡尔的介绍时，温伯格写下了被本文引为题记的那句话："我们不是通过为研究科学设定法则，而是从研究科学的经验之中，被对我们的方法成功解释现象时的愉悦的渴求驱使着，才学会如何研究科学的。"培根和笛卡尔都想为科学研究设定法则，在温伯格看来都失败了。

牛顿是温伯格这本书最后一位重点介绍的人物，温伯格对他做出了极高的评价，不仅表示"在牛顿这里，我们来到了科学革命的巅峰"，而且在评述了牛顿《原理》一书的诸多成就后意犹未尽地表示，仅仅指出《原理》确立了运动定律和万有引力原理仍是对其重要性的低估，因为牛顿还用《原理》给后世树立了一个模范，告诉人们物理理论应该是什么样子的，那就是用一组简单的数学原理，以明确的方式，描述大量不同的现象。在《原理》发表之后曾有神学家批评说，像《原理》这种充满数学（几何）的书是数学书而非物理书（这当然是用现代术语重新表述了）。对此温伯格说了一句堪称是对牛顿的最高赞誉的话，他表示那位神学家心目中的物理显然是亚里士多德时代那种没有数学的物理，"他没有意识到的是，牛顿这一例子已经修改了物理学的定义"。

这让我想起美国著名科幻兼科普作家阿西莫夫在自传中记述过的一件事情：那是在阿西莫夫已长久不写科幻后的某一年，一位朋友的妻子问他为什么不再写科幻，阿西莫夫表示这么多年不写，这一领域改变了许多，自己已落伍了。那位女士回答说："你疯了，艾萨克，当你写作时，你就是领域。"阿西莫夫说这句话深深打动了他，对他后来重新写科幻起到了帮助。一个人的行为能直接改变整个领域的定义，还有什么人比这更配称为牛人呢？对牛顿的这种高度评价出自普通人也许不过是盲目崇拜或人云亦云，但出自温伯格这位眼界苛刻的第一流现代物理学家，给我留下的是"英雄惜英雄、好汉重好汉"的印象——当然，温伯格也并未避讳牛顿的错误，比如他对当时已有一些观测证据的光的波动说的排斥等。

温伯格介绍牛顿的开场白就很有意思，他说对潮汐如此感兴趣的牛顿一生却从未看过大海。牛顿与海的"精神缘分"其实还不限于研究潮汐，他那句脍炙人口的名言——"我不知道我在别人眼里是怎样的,但对我自己来说我只不过像是一个在海边玩耍的男孩,因为时不时地找到一块比通常更光滑的卵石或更漂亮的贝壳而兴奋,却全然没有发现展现在我面前的伟大的真理海洋"——也是跟海有关的。对于牛顿《原理》一书的风格,温伯格表示现代读者可能会诧异于此书与现代物理著作的巨大差别,因为牛顿用了大量的几何图片,却很少用方程式,仿佛已忘记了自己发明的微积分,但仔细分辨的话,在几何图片中,包含了一些应被视为无穷小或无限多的东西。

说到微积分,温伯格也介绍了德国数学家兼哲学家莱布尼茨。与对笛卡尔的评价相似,温伯格对莱布尼茨的数学贡献表示了敬意,但对他那广受敬意的哲学则不以为然。对于牛顿与莱布尼茨的微积分优先权之争,温伯格认同史学界的公认结论,那就是两人彼此独立,牛顿研究得更早,莱布尼茨则发表得更早。但是跟许多著作只是人云亦云地提到莱布尼茨的符号更优越并被现代所采用,从而给人一个莱布尼茨的微积分更"摩登"的感觉不同,温伯格指出了一个相对少为人知的细节,那就是在《原理》第一卷第一节的末尾,牛顿表示他已不再将像速度那样的"流数"视为两个无穷小量的比值,而是当成两个连续而无限变小的量的比值之极限,他并且明确指出:这种比值接近极限的程度可以小于任意给定的量。学过现代微积分的读者想必看出来了,这其实正是直到19世纪才经由法国数学家柯西等人的工作逐渐形成的极限现代定义的思想。从这个意义上讲,牛顿对微积分的理解其实远比莱布尼茨更"摩登"。

温伯格的书到这里就基本结束了,与被本文引为题记的那句话相呼应的,他表示世界就像一台教学机器,以理解的愉悦为奖励,教会了人们什么样的理解是可能的,以及如何去追寻那样的理解,教会了人们做实验,也教会了人们放弃往科学里面塞进目的,并放弃斩钉截铁般的确定性。他用篇幅很短的最后一章简略介绍了牛顿之后的科学发展,在这里,一直不吝以最坦率的口气臧否人物的温伯格谨慎(狡猾?)了起来,表示不再指名道姓了,因为现代科学研究的参与者太多,且很多人还健在,万一提了某一个忘了另一个就不妥了。不过,他对现代物理的一句很有"温伯格特色"的评价我很欣赏,他表示现代的粒子物理标准模型可能不会让昔日的自然哲学家高兴，因为它是完全非个人的，没有亚里士多德所热衷的目的，找不到"爱"和"正义"那样的人类价值，研究它也不能像柏拉图所希望的那样使人变得更好。除这句话外，正文中还有另一句风格相近的话也很值得玩味，那就是："无论自然界的终极定律是什么样子的，都没有理由认为它们是为了让物理学家高兴而被设计出来的。"温伯格用这些话干脆利落地批评了那些将人类情感抬得太高、四处渗透的做法。不过，联系到他那句被本文引为题记的话，以及刚刚提到过的世界就像一台教学机器，以理解的愉悦为奖励云云，其实倒也不妨说"无论自然界的终极定律是什么样子的，它们都能让物理学家高兴"——只不过，无论哪一种理解，都没法超越逻辑和证据，把这种"高兴"当成理论取舍的凭据。

　　温伯格这本书在不到三百页的正文之后还附了约一百页的"技术注解"，对正文涉及的许多内容做了数学推导，其中不少是用现代的术语、记号乃至逻辑复现原始论文的内容，对要深度了解科学史的读者很有帮助。温伯格在书的序言中曾引述过英国小说家哈特利的一句话："历史是一个不同的国家，人们以不同的方式做事情。"这些技术笔记就相当于将那个"国家"做事情的方式翻译成读者的"母语"，是这本书又一个引人入胜的地方。当然，科学史并不是一个毫无争议的领域，温伯格的某些观点更不是毫无争议的，对宗教和哲学的观点甚至有可能使某些读者血压升高。不过，对于喜爱科学或科学史的读者来说，温伯格以毕生从事科学研究的经验为依托的视角，在很大程度上是纯粹科学史学家永远不会有的，本着兼听则明的宗旨，也值得看看他的观点。温伯格率直而简练的文字、独到而深入的评论，使这本书很适合作为对科学史快速却不肤浅的鸟瞰，并且是不折不扣的阅读享受。

选自《上海书评》2015年10月18日

浪漫时代：科学之美丽与恐怖

/马慧元

一

英国传记家赫尔姆斯（Richard Holmes）的主项本是英国浪漫时期的诗人研究，比如雪莱和柯勒律治。他写这些人的传记，竟然写出了个OBE（帝国勋章）。不过，六十岁左右，准备了七八年之后写出《奇迹时代——浪漫时代，科学之美丽与恐怖》，真正让他出了大名。主题是"科学的美丽和恐怖"，内容是19世纪英国的人物群像，有皇家学会主席班克斯（Joseph Banks, 1743—1820）、天文学家赫舍尔（William Herchel, 1738—1822）、化学家戴维（Humphry Davy, 1778—1829）、冒险家帕克（Mongo Park, 1771—1806），还有一群为热气球着迷的疯子。

先从戴维说起。1778年，戴维出生于海边小镇彭赞斯（Penzance），这里是偏僻的英国乡下，连剧院都没有，只有一所小小的学校和小小的图书馆。戴维的家庭很普通，不过幸运的是妈妈的教父托金一直资助他们。十六岁的时候，父亲去世了，他们就像其他类似命运的家庭，立刻陷入了债务，妈妈做小生意勉强为生，戴维被迫退了学。戴维常常跑到父亲的墓地里，躺在石头上冥想，写悲伤的诗——他也是从这时候开始成为一个不可救药的"文艺青年"的。托金觉得这样下去这个孩子会被耽误，就给他找了个外科学校读书，还把他接到家里住。戴维迷上了读书，从荷马到牛顿无所不及，也像一个小小的文艺青年那么自负，在自己的诗集上标注"天才之子"。

二十来岁的时候，戴维的兴趣从写诗转向了化学，他做了许多实验，也因为一些机缘吸引了当时化学家们的注意，得到引荐，渐渐进入了研究世界。这正是古老的炼金术完全让位给化学、精确量化在科学活动中占上风的时代，从亚里士多德那里流传下来的"四素说"——水、气、火、土这种粗糙的知识土崩瓦解，人们发现连水这么简单的物质也是复杂的化合物，牛顿也告诉人们，白光有着复杂的成分。这也是著名的化学家拉瓦锡的时代，虽然他在法国大革命中被处死，但化学的影响力在不断增大，并被迅速运用到医学中，人们期待对物质的了解能带来医学上的突破。1798年，戴维加入了医生贝多斯（Thomas Beddoes）的气疗研究所。

这段时间，戴维写了很多文章，提到所有的精神活动都来自物质（比如体内的液体和气体），精神方面的疾病应该由物质来治疗。这在当时，是石破天惊的想法。气疗所当时正打算研究气体对人体的作用，比如让患有肺结核、哮喘的病人呼吸某些气体，观察效果。戴维领导了当时最好的化学实验室，也有着令人嫉妒的社交圈子。他跟发明蒸汽机的瓦特之子是密友，并曾经写信请求瓦特帮助设计更好的"吸气设备"。

各种吸气实验他都先在自己身上试验，这个过程中他差点死于一氧化碳。"每天都有新发现。"他兴奋地说。实验之余常常写诗，有一首诗是发现笑气（一氧化二氮）之后写的，也许因为被麻醉，也许因为太兴奋，句子颠三倒四，语法不通。一氧化二氮并不是新鲜发现，但当时的科学家普遍认为它是致命的气体，戴维还是去尝试——别说呼吸，加热硝酸铵获取它的过程就很危险，随时可能爆炸。呼吸过程中，他先是感到"狂喜""梦幻"，身体发热、脸颊变红，忍不住笑、想跺脚。他急忙记录下感觉之后，便渐渐失去了知觉，后来完全无法回忆起过程，唯一的见证就是过程中的笔录。后来，他又吸了很多次，反复观察气体量和身体反应的关系，早期的化学实验，就这样盲目和危险。第二年，他开始给病人试用一氧化二氮，并且开创了真正的"盲试"，跟正常情况反复对比，排除心理作用的干扰。又过了一段时间，他设想用于外科手术，先在自己拔智齿时试用，效果不错，虽然笑气本身不能治疗什么，但它可以降低痛苦。

科学的成就越来越明显，但他并未丢掉写诗的爱好，此时还认识了诗人骚塞、柯勒律治和兰姆。戴维和骚塞之间有许多关于科学和艺术的争论。柯勒律治虽然没受过什么科学训练，但迅速接受了许多科学思想，他说过，科学和诗歌一样，"不仅仅是进步的，它还以一种道德能量和充满想象的渴望，指向未来。"戴维的诗作发表在骚塞编的诗歌年鉴上，他自豪地给妈妈寄了一份，还特意在信中说，"别担心我会变成诗人，科学和医学才是我的职业……"

实验引来越来越多的注意，当时的皇家学会会长班克斯来找戴维谈话了，想把他挖到皇家学会。起初，班克斯是反对气体研究的，因为用人体当实验品，确实会招来不少麻烦。急于获得更多成就的戴维却没有在笑气的推广上更进一步，而是去寻求新方向了，而因为公众不够了解，这个重大发现被公众当成了笑话。就这样，麻药的真正应用，是在两代人以后了——不知多少人在这耽搁中遭受了难以记录的痛苦。其中有几个名人的手术，比如英国学者、音乐史家伯尼（Charles Bumey）的女儿范妮要切除乳房，结果是在没有麻药的情况下，由一个军人手术师做的。她极为勇敢，神志清醒地透过脸上蒙的布眼看着刀子，手术也惊人地成功，但这个惨叫不断的过程实在太恐怖。直到今天，人们仍然在讨论，当时戴维和贝多斯为何错过了推行麻药的良机，不少人认为这并非是技术，而是文化的局限。那个时代，不少人认为疼痛是自然的，人不应该去干预它。

虽然没有把笑气的应用坚持到底，他那时已经是公众人物了（据说还是科学院中的美男），在伦敦举行过多次演讲和实验演示，并且宣布化学时代的到来——化学将影响生物、医药及一切与生命相关的研究。柯勒律治也是热情观众之一（当时他正受鸦片瘾的折磨，婚姻也不快乐），尤其是种种关于生命的新鲜思想，"我去听戴维讲课，可以增添比喻的'库存'……各种活泼的想法在他脚边疯狂地绽放"。

1804年，戴维加入了皇家学会，继续举办化学讲座，同时也继续做实验。各种荣耀加身，但他并没有满足，不断探寻新东西，开拓了电解领域。这种频频曝光外加紧张研究的节奏，把他活活累病。他的健康成了公众话题，皇家科学院每天都报道他的病情。

二

1809年左右，戴维正在热恋。珍妮（Jane Apreece）是个富家女子——有人说她就是斯达尔夫人某部小说的人物原型，聪明、热烈、独立，跟许多诗人有交往，也仰慕科学家。戴维送她讲稿，她以诗回赠，并且来听讲课。班克斯看好这一对才子佳人，觉得"科学和文学"的联姻会给皇家学会增光。两人很快成婚。

1812年，英国北部发生了一起矿难，九十二名矿工全部遇难。此矿井一向还算安全，突如其来的灾难震惊了英国。事故的原因是甲烷气被引爆。英国成立了安全委员会，还未取得什么进展，当地就又发生了一起类似的事故。

此时戴维夫妇正在欧陆旅行，一路受到热烈追捧。法拉第也同行。这个日后改变物理学进程的年轻人，当时是个订书工。戴维需要一个助手，法拉第来面试，交给戴维一本自己订的书，算是"简历"。他被接受了，在皇家科学院有了住的地方——阁楼，还有取暖用的炭、蜡烛和每日一顿晚饭，外加一份小小的工资。法拉第害羞、不好看、社交笨拙、不会聊政治，但努力想让别人高兴。法拉第感觉到珍妮对他的嫌恶，在夫妇俩居高临下的态度面前不知所措。这些都是法拉第在日记中记载的。不过他在后来给朋友的信中也称赞"戴维爵士的头脑简直是永不枯竭的源泉"。

两年以后，在一次旅行途中，戴维听说某种天然气从岩石中泄漏出来，立刻赶去看。那天下大雨，戴维和法拉第淋着雨水，观看在雨中不灭的神秘火焰，"苍白，像酒的灵魂。"戴维这样分析它：无臭，不像源自火山，很可能来自地下。他们把这种气体装在瓶中带回，戴维一头扎进实验室，发现它跟引起矿难的气体很相似——今人当然知道，这就是甲烷。

当时，矿工作业极为危险，"那种黑暗和孤独，让人用尽全部勇气才能进入"。记者这样写道。人们认为防止矿难要改进矿井通道，或者引入另一种气体来"中和"危险气体。戴维跟别人不一样，他认为根本问题是安全矿灯。每个矿工下井都要带灯，某些场合下灯会引燃甲烷。不过他没有直接从灯着手，而是先分析气体，让人千里迢迢地把气体样品送到伦敦。果然"磨刀不误砍柴工"，想出了一些办法。比如用细管子把空气引进灯体，因为管子细，不会引起爆炸。这个主意来得很快，迅速成型。他立刻把样品和文件秘送到皇家学会。报纸还是知道了一些消息，公众开始沸腾。不料，事实证明戴维的发明仅仅改进了一点现状。此时，戴维的想象力、野心以及发表成就的急切展现得淋漓尽致，他自己不休息，也不让法拉第休息，圣诞节也持续工作。1816年，他做出这样的模型——用金属网把灯火罩住，甲烷气进入网中就燃烧起来，但火焰不会溢出网外，引爆外面的甲烷。人们看到甲烷在灯中尽情燃烧，却像笼中之鸟，无法飞出。说来简单，但这个聪明的设计从未有人想到过。戴维事后回忆："我的每一点进展都有清晰的推理和类比"——擅长舞文弄墨的戴维，后来把过程写得如侦探故事。的确，这个思维过程够传奇，再次让柯勒律治等文人惊叹。

矿灯很快在全英、全欧洲投入使用。那一年，他收到矿工集体签名的感谢信，这也许是某个粉丝组织的活动，但矿工们确实是真心的。签名的人当中有一半不识字，用X代表名字。

怎么奖励戴维呢？他居然谢绝了专利的建议。荣誉滚滚而来的时候，却出了个岔子——纽卡斯尔市一个叫斯蒂文森（George Stephenson）的工程师说矿灯是他发明的，戴维抄袭了他。他展示了自己早先做的模型，的确，跟戴维的早期版本看上去很像。舆论大哗，作为名人的戴维，受指责也是最快的，公众不分青红皂白，齐声指责他欺世盗名。难得的是，当地的一个哲学和文学学会并没有一味力挺自己人斯蒂文森，而是客观地审视了俩人的作品，指出它们仅仅是外形类似而已，工作原理完全不同。公众没耐心听解释，仍然不分青红皂白，戴维名声大损。斯蒂文森其人还很坦荡，冷静分析之后，宣布两者确实不同，自己的灯没有化学反应，只是加了保护隔层而已——再说他也没有戴维爵士那种奢侈的实验条件。不过，他的灯确实已经被本地矿工使用，评价也不错。本地人以他为自豪，他在工程史上留下了名字。不用说，戴维十分生气，私下不断攻击斯蒂文森。

戴维对金钱并不贪婪，但极爱虚名。他和柯勒律治的友谊渐渐冷却，柯勒律治抱怨他越来越虚荣。他雄心勃勃，不怕困难（做实验多次受伤都没有退却）。年纪轻轻，他已经是全欧洲最著名的科学家之一，还封了骑士。他一心盼望被当作"人类救星"写进历史。也许真的做到了，"戴维安全灯"尽管早已被LED灯替代，但人们不会忘记他。他的成就还包括笑气、电解制取金属等等。可惜，虚荣的本性在声名之中越来越凸显，他在日后当上了皇家学会会长，其间对法拉第的压制、陷害是英国科学史上的著名丑闻。他跟珍妮的感情也逐渐破裂得不可收拾，但没有离婚，而是在一所大房子里分居。

三

在今天，热气球虽未绝迹，但已经不是一种活的文化，热气球的历史也已经跟今天的航空活动脱节。但热气球升天本身，曾经是一种科学探险——19世纪初，英国虽然还没有科学、科学家这类确定的称呼，种种格物致知却是文化时尚。热气球的参与者不一定是大科学家，但都是好奇勇敢之士。

本书作者赫尔姆斯对热气球情有独钟，他甚至自己参与了几次，还谈到一次"格外浪漫"的飞行，夜间降落在乡下的田地里，挤到一群叽叽咕咕不高兴的猪当中。他不仅在这本书里专用一章来讲这些"气球人群像"，后来还写了一个大部头《向上降落》（*Falling Upwards*），是19世纪欧洲人热气球升天的"通史"。话说这书名，我猜可能来自《圣经》中这句约伯的话：Man is born to trouble as Sparks fly up ward。

1776年，英国科学家凯文迪许发现了氢气的性质之后，很快就有人提出氢气球也许能助人飞天，但并没有立即应用。最早的做法是，气球下面挂一个篮子烧着火，热空气让球体膨胀，气球就可以上升，能带两公斤重量。1783年，法国的蒙戈费耶尔兄弟第一次把一只羊、一只鸭子和一只鸡送入空中，三个"小伙伴"平安返回。

一个更大的飞行计划正在法国筹备，路易十六让死囚犯试飞。但物理教师德·罗西埃（de Rozzier）自愿带同伴飞上天空——他辗转托熟人，请王后说情，国王才答应。在几千人伸着脖子的目睹之下，气球飘移八公里后成功降落。两年后，他尝试飞越海峡，气球是"混合式"，装备上吸收氢气球和热气球的特点。一般来说，气球无法控制航向，罗西埃打算解决这个致命缺陷，让操作者能够顺风控制航向。此时，他欠赞助商不少钱，被要求带上"法国之荣耀"的旗子，在一个明知不合适的坏天气，出发了。在上升前的最后时刻，他劝说一个同行者放弃。未婚妻苏珊死死劝他别去，他回答说:"看在上帝的分上别再说了。已经太晚。哪怕死亡,我也得出发。"气球上升,迅速达到五千英尺,向大海飞去,可是因为风向,又飘回海岸。它在降落,看上去不祥。拿着望远镜的人们看见罗西埃仍在镇静地操作气阀。不知为什么,气球正在喷射火星。一团小小的黄色火焰蹿出来,氢气泄漏了,气球看上去像一朵绽开的云,不断下落。人们听见罗西埃大呼地面上的农民闪开,自己跳下去——为减轻重量。两人都摔死了,尸体破碎不堪。怀孕的苏珊晕倒在地,几天后自杀。

这是有史以来第一例丧命的气球事故,公众震惊了。有人去调查原因,发现很可能是因为气球受热膨胀太快,罗西埃极力去按阀门的时候,静电引起了火苗。

当时典型的热气球,球体是由丝绸和橡胶制成(易燃,可是没有更好的替代品),靠吊篮内的燃料燃烧保持一定量的热空气,本身就有失火的危险,不过回报也是无可替代的。最早使用氢气球的查尔斯博士回忆道:"那种上升时的快乐,没有任何体验能与之相比。飞离地球,把一切烦恼甩在身后,那不仅仅是愉悦,而是狂喜。""我是唯一一个在一天中看见两次日落的人。""空气很冷,耳朵和下巴都冻得痛楚,但我坚持记录,直到手冷得不能握笔。"另一个飞行者杰夫里斯回忆道,"那种鸟一般的视角太美了。"天堂般的宁静之下,山丘变平,大地则变成一幅彩色地图或者地毯。

气球升天渐渐成了时髦之事,让公众尖叫,让某些人出大名,漫画书上还出现了女人们拖着男人上气球的形象,也出现了这么个词语——ballomania(气球狂)。

英国人坐不住了——当时英国境内著名的飞行者都是外国人。此时本杰明·富兰克林等人已经预感英法的气球竞争会变成一场"军备竞赛",法国人会组成气球部队,从空中入侵英国的日子不远矣。1794年,法国人确实用气球观察过奥地利军队,化学家拉瓦锡为军队解决了廉价获取氢气的问题,但因为种种原因,拿破仑的军用气球从未成真。直到多年后的美国内战,气球才用于军事。英国国王乔治三世写信给皇家学会,考虑是正式支持一下气球呢,还是让人自己去折腾。班克斯犹豫不决,不确定这东西有什么用。民间的气球狂热,还是在英国悄悄掀起了,小型气球蘑菇般四处盛开。还有人搞出"气球学校",提供气球娱乐,让小提琴家飞上去在空中拉琴，还有杂技演员在空中表演。不过罗西埃的事故，让英国更保守了。

第一个飞天的英国人是萨德勒（James Sadler）。1784年，他的气球上升到三千六百英尺，成功降落。之后他出过事故，受过伤，但还是完成了几次重要的飞行。萨德勒的粉丝，包括年轻的诗人雪莱。他把气球视为自由的象征，还让妻子缝了个小小的丝绸气球，带着他的《权利宣言》小册子，飞到空中。柯勒律治、华兹华斯都在诗中提到气球升天的景象。萨德勒的儿子继承父业，却在事故中摔死。心碎的父亲再也没碰过气球。气球让有的人名利双收，但也有人因为投入过多或者受伤，或者下半生贫病而悲惨。

19世纪的气球探险，基本就终结于此。因为无法控制航向，很难有技术上的价值，只能供人娱乐和冒险。不过，能够抵达的高度极限也是有价值的，比如一个法国人飞达两万三千英尺，这在当时是人类能够保持呼吸的极限高度。一路对云雾、风向的观察，都是宝贵的气象学资料。自此，人们对"大地"有了新鲜的视角——有趣的是，并没有让人立即认识"天堂"，而是把大地看得更清楚：道路与河流，自然与人，森林与田野，露出空前清晰的脉络。气球还渐渐成为文化中希望和奇迹的象征，雪莱写道："为什么我们至今对非洲如此无知？那第一个升天的气球，垂直地映下影子，笼罩在这片不快乐的土地上。它终将映照每个奴隶，并永远地消灭奴隶制。"

四

19世纪，法国的医药是最先进的，英国人正努力获取一席之地。皇家学会会长、以挖掘贤能著称的班克斯一直期待医药界的年轻才俊，不久他发现了一个合适人选，劳伦斯（William Lawrence）。此人日后将引起对"生命力论"的大挑战。所谓生命力论，如今已经是个历史词汇，它认为生命体有一种"特殊"的物质，跟非生命体有本质区别，它有自己的"生命能量"和"生命活力"。生命力论活跃的时间很长，不仅因为符合人们的观察，更符合社会期待，比如它背后的"灵魂"说，正能体现社会中的等级认识，"植物渴望成为动物"，"动物渴望成为人"，"人渴望成为'时代灵魂'（Zeitgeist）等等"。

拥趸之一，就是当时著名的外科医生阿伯纳什（John Abernethy）。此人治好过柯勒律治的鸦片瘾，也是劳伦斯的恩师。巧的是，阿伯纳什为柯勒律治治病的时候，劳伦斯正为另一著名诗人、年轻的雪莱治病，同样很有成效。劳伦斯等到机会，在讲座中抛出了大胆的想法：生命体也是物质，神经过程是大脑的一种进程，生命体不过是一个复杂的物质组织罢了，"在这一点上人和牡蛎没有区别"。这在当时几乎是一颗炸弹，让人"三观"尽毁。阿伯纳什等人都抨击他的"物质主义"会毁掉人类社会的道德，不过也有支持者将他跟伽利略并论。论战升级，也和任何论战一样，渐渐转向人与人之间的敌意，师生撕破脸皮不说，学生也纷纷站队，两个人各自的讲座成了战场。对生命的基本认识，这可不是小事，无论在当时还是现今，都会牵扯到社会、政治、神学等根本问题。这对浪漫时代的人，尤其是孜孜寻求人生意义的作家，实在太难接受——人类拥有弥尔顿、牛顿那种想象力，怎么可能跟牡蛎没有区别！一时间，诗人、画家们代表的"想象力"和牛顿代表的"分析"站成两派，前者认为科学必将导向无神、无趣、简化世界。柯勒律治对科学很有兴趣，专门去了解彩虹的形成，但他仍然牢牢抓住"生命力论"，同时渴望寻求科学和艺术的和解。

在这场文人和科学家之争中，倒诞生了一部可以说真正体现"时代精神"的作品——诗人雪莱的太太玛丽的《弗兰肯斯坦》贵族弗兰肯斯坦创造了怪物，给了他生命，而他惹了太多麻烦，又有太多要求，弗兰肯斯坦也没办法摆弄他了。在今天，这只是个一般的神话故事，在当时的英国，却不小心承载了太多的科学隐喻。人弄出了科学，它越来越强大也越来越丑陋，人怎么驾驭它？它出生时粗糙而野蛮，但竟然学会了读书和做饭，更可怕的是，学会了同情，有了孤独感和对伴侣的渴望。

医生劳伦斯的一些名言出现在小说中，事实上，小说的不少想法也正符合劳伦斯的意思：大脑是生理性的存在，世上并无凌空的"心灵"。故事出名了，劳伦斯医生却已经无法承受社会压力。他在1819年就撤回了自己充满"邪说"的手稿——《人的自然历史》，但默许书商查理（Richard Charlie）"盗版"发行，书迅速风行，查理鼓励他不要放弃思想自由，去世前同意将尸体供给劳伦斯解剖。然而到1829年，劳伦斯却站到了保守派一边，他收回了自己叛逆的言论，去跟老对手恩师阿伯纳什求和。医学生涯的尽头，劳伦斯获得了各种荣耀和尊重，可是——他真的失去了自己的"灵魂"。

当然，灵魂、精神之论，从来没有非黑即白的定论。先人的困惑，同样在追索我们的回答。

五

1817年12月28日的寒冷冬夜，画家海顿（Benjamin Haydon）在自己家里请济慈、华兹华斯和兰姆吃晚饭。背景是，当时不少人都认为，被称为"湖畔诗人"的几位，柯勒律治、骚塞和华兹华斯，后来又加上兰姆等人，强烈反对一切科学的进步，尤其猛烈炮轰劳伦斯的"无灵魂论"——这当然并不完全是实情，应该说更可能是脸谱化的公众舆论。

话说海顿，专项是历史人物画。济慈、华兹华斯和兰姆这三位来访，本是祝贺海顿的油画《基督进入耶路撒冷》即将完工。海顿是个原教旨的教徒，本人确实有这样的态度：渴望展现宗教对艺术和科学的征服。画大概是这样的：耶稣进入耶路撒冷，被热情的信徒簇拥，远处角落里坐着略被丑化的华兹华斯、牛顿和伏尔泰，这样说来，画作代表了海顿对怀疑论者的宣战。晚餐的餐桌上，作家们八卦了一下别的作家，各自踱步朗读自己的诗，然后开始尽情嘲笑科学，来了个缺席审判。济慈又说牛顿把彩虹简化到棱镜里，破坏了它的诗意。按《奇迹时代》作者赫尔姆斯的意思，济慈未必不理解牛顿的发现其实完全可以激发新鲜的诗意，只是谁也不愿承认。这些醉醺醺的玩笑以作家们的皆大欢喜告终，细节都被海顿写到日记里。食物的细节没有记录，不过《不朽的晚餐》的作者按当时的绅士晚餐习俗和几位客人的口味帮我们构想了这样一顿晚餐：第一道菜包括海龟汤和鱼；第二道菜有"甜面包"（实际是小牛胸腺）、蘑菇和小肉饼；然后是甜食，比如浮岛（蛋白浇头的蛋糕）、牛奶冻等等。饭后，三人倚靠在炉火前，海顿以画家的敏感直觉捕捉到这个瞬间：三个文学天才正好坐在他画作的"基督"俯视之下，被轻轻跳跃的火苗映照。

本来是一次普通的友人小聚，也许是因为客人的体面和对画作的自豪，海顿把它称为"不朽的晚餐"。碰巧，这个事件被后人视为浪漫时代文化风气的缩影，所以海顿这个被遗忘的画家也一再出镜。此人后半生其实很不幸，潦倒、欠债，自杀而终。

那么，科学家怎么想呢？柯勒律治说过"五百个牛顿才能抵得上一个莎士比亚"，上下文是他坚信人的灵魂。戴维激烈地反对，"阿基米德、培根和伽利略都把人类文明推进了一步，比政治家、宗教领袖和艺术家都更有力量"。戴维还认为培根对人类的贡献超过莎士比亚，牛顿则远超弥尔顿。"科学家让人类的头脑在依赖事实的过程中学会了精确的习惯，也扩展了类比的能力。""化学研究始于快乐，中途获取知识，最终指向真理和用途。"这些文字是他在不久于人世时写下的自传——有史以来第一部科学家自传。此时他离家远行，跟太太珍妮因为分别而关系缓和。最后的日子，他恳求珍妮来陪伴一下，珍妮来了，竟然带来一本精心印制的小书——戴维为自己终生的爱好飞蝇钓所写的书——给了他巨大的安慰。他在最后的日子里未减对科学的热情和勇气，也没忘记写诗的爱好。不久后，戴维死于中风。

这是1829年。科学和艺术，仍在寻求和解。这个时代的科学家还有办法略缓焦虑：他们相信这一切都是神的设计。所以，宗教和科学并没有尖锐对立，不是吗？这个信念支持了探险家帕克、科学家法拉第，还有许多人，可另一方面，科学家们又不断遭遇宇宙之辽阔，也就意味着神的遥远。世界一边变大（人的认识增加），一边变小（神秘不确之物简约为科学发现带来的一般性）。在一个"星际旅行"的时代，我们又该用什么说服自己？

选自《书城》2015年第5期

现代版蜜蜂的故事

/ 熊秉元

2014年10月15日，退休而靠养蜂为生的张某，神色烦躁气愤地到杭州建德的三都派出所，举报另一位养蜂人。后者所养的意大利蜂，不仅偷了两箱他的蜂蜜，还咬死了不少他所养的中华蜂。意大利蜂体形较大，蜂蜜产量较高。张某赖以为生的蜜蜂和蜂蜜，受到不法的侵害，他报警处理。报纸上的报道，用的是"蜜蜂是小偷""土蜂洋蜂大战"。大千世界里的社会万象，这又是浓淡之间的一笔。然而，在学术上，蜜蜂的意义却要重要得多。

在经济学里，《蜜蜂的神话》（The Fable of the Bees）有一席之地，是张五常（Steve N.S. Cheung, 1973）的成名作之一。他所戳破的神话，更早由米德（Meade, 1952）埋下伏笔。经济学里，一直有种看法，认为"私人"和"社会"（公共）之间，是彼此对立的。米德福至心灵，以蜜蜂为例：如果有更多的蜜蜂传播花粉，种苹果的果农当然也愿意付出更多的人力物力，希望增加苹果的产量。可是，没有蜜蜂的市场，这是不折不扣的市场失灵！1972年前后，张五常刚好在美国的华盛顿州，当地盛产苹果。他收集了当地养蜂人和果农之间的契约，让证据来说话。表明了不辨菽麦的经济学者，在思想上想当然尔的论述，徒然是想当然尔、自愚娱人。

对于经济学者，蜜蜂的神话和反神话，当然很有教育意义。然而，当代版的"蜜蜂的故事",要求的对象不再是经济学者,而是法律学者。具体而言,公安听了养蜂人张某(中华蜂)的诉苦之后,直接认定另外一位养蜂人(意大利蜂)行为不当。另一位养蜂人也认错道歉,答应移往他处。在这个摩擦里,中华蜂和意大利蜂之争,似乎就此落幕。然而,对法律学者而言,以小见大,至少有几个问题值得思索:首先,意大利蜂入侵中华蜂,是犯了错吗?其次,判断对错是非的尺度,到底为何?再其次,土洋之争所涉及的法律问题,是不是适用于其他类似的冲突(新旧之争)?还有,在法学方法论的层次上,琢磨价值冲突本来就是常态,那么,哪种论述方式最平实而有说服力?

因此,现代版"蜜蜂的故事"所引申的问题,旨趣和焦点所在,不再是经济问题/经济学者,而是法学问题/法律学者。本文将以中华蜂和意大利蜂之争为缘起,以小见大,处理不同层次的法学问题。希望现代版的"蜜蜂的故事",能对法学论述添增一些新意。

三个故事

第一个故事,和爱斯基摩人有关。美国人类学家布吉丝(Briggs, 1971),前后花了十八个月,和北极地区的爱斯基摩人相处。实地调查后,完成她的博士论文,以书出版,名为《绝不动怒》(*Never in Anger*)。全书有四百余页,但书中的内容可以由书名一语道尽。作者发现,这一群爱斯基摩人,约二十人上下,三四个家庭,一起生活,共同行动。他们之间,也有亲疏远近。家庭之内,也有扞格摩擦。可是,他们之间,绝不口角动气,更遑论肢体冲突。即使小朋友哭闹,大人也绝不厉言动手,而是以缓和婉转的方式,转移小朋友的不豫。这种现象表示,抽象来看,这群人相处的游戏规则是彼此不生气。

第二个故事,是经济学里的经典之一,也和爱斯基摩人有关。戴姆赛兹(Demsetz, 1967)的论文《走向产权理论》(*Toward a Theory of Property Rights*),描述了财产权的发轫。在北美接近美加边境的地区,印第安人自古以捕捉水狸为常。水狸的皮毛,可以制作皮衣、皮靴等等。印第安人往往逐水草而居、捕猎游牧,并不是定居某地。所以,对于狩猎区域,一向没有明确的划分,部落之间彼此也相安无事。然而,自从欧美航道开辟之后，北美的毛皮在欧洲大受欢迎。因此，印第安人大肆捕捉水狸，部落之间利益直接冲突，往往大动干戈。这时候，部落之间才慢慢发展出游戏规则：对特定地区，哪个部落在哪个季节，享有捕捉水狸的权利做出规定。

　　第三个故事，和日本的温泉有关。作者芮赛耳（Ramseyer, 2008）是赫赫有名的日本通。城崎地区是一个位于海边的小区，以温泉著名。20世纪初，居民有两千三百人，有六座天然温泉，都开放给公众使用。该地区有六十家旅社，接待游客。1910年，铁路网及于城崎，游客人数大增。都会区来的人偏好保护隐私，而为了满足他们的偏好，新的旅馆就开凿管线，把温泉直接引入客房。六座公共温泉里的水慢慢减少，原来那六十家老式旅社，仰赖公共温泉，生意当然大受影响，因此控告新旅馆私引温泉是违法。官司结果，新旅馆胜诉。因此，新的旅馆继续兴建，也继续把温泉引入客房里。城崎愈来愈繁荣，到1960年为止，每年游客已经高达五十万人。

　　由上面三个真实世界里的"故事"，理论上可以提炼出两点重要的体会，分别涉及权利的由来以及权利的性质。首先，三个故事都隐含了人际互动时，彼此的权益（interests）发生了重叠和冲突。正因彼此的利益重叠和冲突，才有界定权利的必要。如果只是重叠，但是没有冲突，就无须耗费精神/资源，去界定权利。

　　其次，财产权，通常涉及有形的土地、房舍、皮毛、温泉等等；权利，则往往范围更广泛，包含行为上的取舍空间。然而，抽象来看，财产权只是权利的一种。戴姆赛兹的论文，如果把英文标题中的"property"拿掉，论述一样成立。也就是，他所尝试提供的，是关于"权利"的一种理论（"Towards a Theory of Right"）。他以生动的实例，描绘了权利的来源。它不是来自哲王圣贤的教诲，更不是来自上苍的赋予。平实而言，权利是当彼此的权益发生重叠和冲突时，人们所发展出的游戏规则。是为了解决问题，所采取的一种工具性的措施。

　　换一种说法，权利的来源，不是"天赋人权"，而是"人赋人权"。彼此利害与共的人们，摸索出一种游戏规则，界定了彼此的权利。目的不是为了荣耀上苍，而是自求多福。追根究底，在面对大自然的考验时，能增加存活和繁衍的概率——在北极地区，以小群体活动，本身就是降低行动和存活的成本。小群体内若彼此动怒，必增加决裂的风险。

外部性和社会价值

用最晓白的文字来表示,"外部性"(externality)指的是:一个人的行为,对其他人造成的影响。二手烟/二手香水、广场舞的音乐、炸鱼薯条店搬进住宅区、上游工厂排放的污水等等,都是俯首可拾的例子。造成外部性的主体,不一定是"人",也可能是其他的行为者;受影响的也不一定是"人",也可能是其他的载体。关于外部性的概念,有两点值得阐明。第一,情人眼中出西施,仇人眼中长刺猬。外部性本身是一个中性的概念,可正可负,或美或丑。价值是主观的,外部性产生的效果,也是主观的。第二,人际互动中,外部性无所不在。法律所处理的,通常是较大的、负的外部性。譬如,餐厅里大声喧嚣,法律可能不处理;夜深人静时,大声放热门音乐等,法律就会介入。

第二个经济分析的概念,是社会价值(socialvalue)。个人和社会,家庭和国家,都是对立的概念,隐含个人和整体、微观和宏观的差别和对比。在分析公共政策时,经济学者常援用"社会福利函数"(social welfare function)的概念:由决策者的角度考虑,采取哪种措施,可以增添社会整体的福祉。社会福利的概念,其实就呼应科斯(Coase, 1960)所提的"社会产值极大"(maximize the value of social production);而且,也呼应波斯纳(Posner, 1985)惊世骇俗、令人侧目的"财富极大"。对一般人而言,可能不容易理解或认可;对于经济学者而言,这些概念只是工具,用来分析超越个人、整体层次上的问题。

对于处理法学问题,外部性和社会价值这两个概念都有很大的帮助。具体而言,外部性提供了一个清晰的概念,描述法律出现的缘由:当一个人的行为给其他人带来大的负外部性时,法律通常会介入。法律介入,通常就隐含着对权利的界定,谁有没有某种权利、采取某种行为。因此,外部性的概念,呼应了前面对权利的解释。等于是为权利的出现,提供了第二种、平行的描述方式。也就是,当彼此权利发生重叠和冲突时,就意味着有负的外部性。对于外部性的分析,经济学的文献里,有丰富而完整的材料,包括各种数据。因此,利用一个简洁的概念(外部性)及其背后所累积的智慧结晶,法学研究可以利用这个可观的数据库(data bank)。

另一方面，分析法学问题时，社会价值的思维，也提供了一个不同，但明确有效的参考坐标（bench mark）。因为，传统法学思维，通常是在"基本人权"的基础上，针对当事人的权益比较权衡。抽象来看，这是一种由下而上（bottom up）的分析方式：在基础已定的前提下，探讨权益冲突。然而，工业革命和都市化之后，现代社会所面临的问题，往往不再是个人与个人间的权益冲突，而是涉及群体和社会等等。这时候，援用基本人权为基础，可能捉襟见肘。

相反的，如果采取由上而下（top down）的方式，站在社会整体的角度斟酌，反而可能一目了然，豁然开朗。譬如，对于林业和自然资源、农地开放、区域开发等等，在思维上不容易和个人权益联结；由社会福利、财富极大等角度着眼，可能有较清楚的脉络。至少，和"基本人权"相比，"社会价值"提供了另一个参考坐标。而且，抽象来看，经济里宏观经济学的丰富内容，就是由社会整体的角度，处理资源运用（价值冲突）的问题。无论在分析工具和实质内容上，都有太多可以为法学研究所援引和运用。

土洋蜜蜂之争

关于中华蜂和意大利蜂的倾轧，可以从很多方面来考虑。首先，土蜂（中华蜂）已经饲养多年，经过长时间实质的占有，本身即有存活的正当性。一旦面临入侵，包括被意大利蜂螫咬致死和盗走蜂蜜——如果能有效证明，因果关系确实成立——饲主有权要求赔偿，也值得要求意大利蜂的饲养者离开（事实上，这也正是派出所警察做出的处置）。

在这起个案之外，还可以由"物种入侵"的角度，评估土蜂洋蜂之争。根据研究，意大利蜂一旦取代土蜂之后，会给生态带来不利的影响。乔木等植物，生长速度减缓。而且，土蜂繁衍不易，逐渐消失，不利于物种的多样性。当然，如果再稍作渲染，中华蜂和意大利蜂之争，可以上升到土洋之争，可以涉及民族自尊、救亡图存等等价值。

然而，相对于这些言之成理的考虑，蜜蜂的故事可以有不同的解读。天平的两边，分别是土蜂和洋蜂；两边砝码的增减，都值得仔细斟酌。首先，科斯1960年的经典论文里，明确地指出：一件事的双方，往往互为因果（reciprocal）。意大利蜂入侵，使中华蜂灭绝，意大利蜂入侵是"因"，中华蜂覆灭是"果",这是一种描述方式。另一种描述方式,是中华蜂体质较弱,因此被意大利蜂所取代,中华蜂弱是"因",被意大利蜂取代是"果"。对于土洋之争的是非,单单是以"原先就存在"(中华蜂),本身并没有太强的说服力。

既然双方的行为是互为因果,就需要援引其他的参考坐标作为评估判断的尺度。两个相关的概念,自然浮现:首先,是"自由竞争"。在开放平等的环境里,大家自由竞争,谁能通过考验,存活下来,谁就自然而然地取得存在的权利,对人类而言如此,对大自然界(蜜蜂)也是如此。意大利蜂透过竞争而逐渐成为主流,本身并没有可议之处。

第二个相关的概念,是"社会价值(产值)"。社会价值和自由竞争相关,经过自由竞争,能存活下来的,必然是人们觉得较好的,也就是人们愿意从口袋里多掏点钱的东西。日本城崎温泉的例子,很有参考价值。日本法院当然可以判决:维持传统,只能在公共温泉里泡澡,不能把温泉引入旅馆、在房间里使用。然而,法院所选择的,是另外一种游戏规则。结果,传统旅店式微乃至消失,新式旅馆大量扩充,观光客也大幅增加,当地经济迥异于过去。同样的道理,社会也可以选择维持传统,保护人力车/三轮车、代客摄影、禁止方便面,等等。进展与停滞,不是一线之隔,而是一念之间。

当然,在蜜蜂的事例里,除了土洋之争外,也涉及更广泛的生态问题。意大利蜂对乔木等植物的生长,有不利的影响。由生态保护的观点,意大利蜂入侵可能有很不利的后果。然而,这种观点,是把问题的焦点扩大,在较广泛的范围、较高的层次上,评估土蜂洋蜂之争,本身当然值得肯定。可是,这也正反映了在养蜂户之间论证义务权利(由下而上),并不足以处理问题的全貌。由社会价值(产值)的观点(由上而下),才能做完整适切的取舍。而这种援用社会整体指标的分析方式,可以说正是传统教义法学的软肋之一。

延伸讨论

由意大利蜂和土蜂这个新闻事件,除了关于案件本身的斟酌之外,还可以引发进一步的讨论。

针对土蜂洋蜂之争，至少有三点值得再做阐释。第一，如果这个官司在法院里出现，再如果法院裁决意大利蜂有合法生存竞争的权利——其实主要是养蜂人的权利——那么，有两个显而易见的问题：一方面，中华蜂（土蜂）的养蜂人，立刻面对无以为继、被淘汰出局的命运；这和法院无关，但是公共政策可能就要接手。借着各种辅导措施（驯养意大利蜂或转业等），让产业转型的阵痛愈小愈好。另一方面，如果"物种多样化"本身是值得追求的目标，那么政策上，可以有双轨制：一般环境里，容许意大利蜂自由竞争，适者生存。但是，在自然保育区，借着分隔的方式，让中华蜂也有存活的空间。前者，权利是透过市场的自由竞争；后者，则必须依赖公共部门以政策预算来支持。

第二，由土蜂洋蜂之争以小见大，社会所容许的竞争界限到底何在？无论答案如何，更重要的是：思维和分析问题的方式为何？现代社会里，外部性无所不在，每个人的行为对别人直接间接都产生影响。哪些是法律（社会）可堪容忍和负荷的，哪些又是被游戏规则所排除在外的？传统法学，动辄援引"请求权"的概念。然而，追根究底，这是一种"锯箭式"的论述方式：先设定某种先验存在的权利，然后再检验手中的案例。可是，更为根本、更为有挑战性、对法学教育更为重要的问题是："请求权"又是由何而来？如果没有一套好的分析工具，如何自圆其说，又如何面对变动不居、日新月异的后网络时代？

第三，把问题的抽象程度再往上提升一个刻度，就涉及人（和动物、植物）的基本权利。请求权的基础，传统法学几乎必然溯及天赋人权和自然法学说。然而，听起来庄严神圣，说起来虎虎生风，一旦落实到具体问题上，却往往捉襟见肘、窘态毕露。例如，为了限制车辆数增长，很多大城市采取"抽签买车"的做法。抽中了签，才能去买车，申请牌照。然而，这种做法如何由天赋人权或自然法来合理化？如果有人宣称，为什么抽中签才能买车？为什么不能买辆车放在院子里欣赏？如何处理？

显然，不由基本权利、天赋人权和自然法的角度，而由外部性和社会价值的角度，更能体会和解释现代社会的诸多现象。而且，经济分析包含各种实际数据，可以评估权益冲突（外部性）所涉及的范围和规模，足以提供公共政策和设计法律所需的依恃。舍此不取，高举天赋人权和自然法的大纛,能解决实际问题吗?能抓老鼠的,才是好猫;天赋人权和自然法学说,能抓得住老鼠吗?

虽然没有一再强调,但文中也点明:本文的论述方式,是实证(positive)而不是规范(normative)。而且,从头至尾,都是直接间接地援用成本效益分析。只不过,成本和效益的概念,是以隐晦或间接的方式出现。由此,也可以顺便澄清一个常有的误解:经济分析(特别是成本效益分析),只能适用在立法阶段,而不适用司法阶段。在司法阶段,法律条文已定,只有解释的问题,而没有成本效益考虑和取舍的空间。其实,即使法律条文已定,解释时是往左或往右、是宽还是松、是适用或不适用,每一个环节,不都要斟酌取舍?而对利弊得失的思量,不就是不折不扣的成本效益分析?

最后,也是较抽象的一点:无论是天赋人权或自然法的传统,都不自觉地诉诸一种"正义"的理念。法律的主要功能,就是在实现正义。然而,追根究底,"正义"这个概念本身,又是由何而来?本文采取的实证论述方式,事实上揭橥了"正义"这个概念的来龙去脉。和权利的来源和演化一样,"正义"这个概念也是人类社会、实际生活经验的产物。正义的内涵,由许多因素充填而成。当环境里的条件改变时,正义就可能被缓慢地充填新的内涵。日本城崎地区温泉的水权,是生动鲜活的例子。土蜂洋蜂、传统相机和手机摄影、人力车/三轮车/出租车等等所涉及的问题,以及较好的取舍之道,也都有异曲同工之妙。因此,要了解社会,才能了解正义,也才能了解法律。

也许,蜜蜂的故事,不只对经济学者有所启示,对于法律学者也有参考的价值。

选自《读书》2015年第4期

朋友圈的邓巴数魔咒

/ 辉格

数一下你不断增长的微信朋友圈，看看到底有多少人？有些社交狂人的朋友数竟高达五六千。也许你会想，总有一些人会有特别好的记忆力，能照顾得了更庞大的社交圈，能与更多人保持密切交往。

但是，假如一个人在一天中不吃不喝不睡不工作，按照每联系一人消耗十分钟来计算，他最多也只能联系到144个朋友。还有可能比144更多吗？

邓巴数魔咒

144，恰与著名的邓巴数基本一致。邓巴数是人类学家罗宾·邓巴（Robin Dunbar）提出的一个著名理论：受智力所限，大多数人只能与147.8人建立并维持实质性关系。当一个熟人社会的人口一旦接近或超出邓巴数限制，该社会就会发生分支裂变。

从一些人类社会的组织结构和运作规律中，我们很容易观察到邓巴数的存在。

最典型的是狩猎采集社会。其组织单位——游团的规模一般不足百人，比如非洲西南部卡拉哈里沙漠的桑人（San），每个游团大约二十至六十人，邻近农耕区的游团则较大，一百至一百五十人。

从事游耕农业的半定居社会，规模会略大，比如缅甸克钦邦山区的一个五百人游耕群落。然而这五百人又分为九个村寨，其中最大的也只有三十一个家户一百多人，依然符合邓巴数规律。

即便是完全定居且人口密集的农耕社会，若缺乏较完善的政治结构，其规模也接近或略高于邓巴数，这种情况在交通不便的山区尤为普遍，比如菲律宾吕宋山区从事灌溉农业并建造了辉煌梯田的伊戈罗特人（Igorots），其村寨规模常有一两千人，粗看是个大社会，但其实里面分成了十几个相互独立、互不统辖、自行其是的单元，每个单元人数恰好接近邓巴数。

游牧社会则比较多样和多变，这取决于他们与邻近农耕者的关系以及该农耕社会的组织结构。通常，当远离农耕区，或者邻近的农耕者也缺乏大型社会时，游牧者的社会结构便与狩猎采集者相似，比如地处草原腹地的哈萨克和北部蒙古，正常情况下，一个典型的牧团规模大约五六帐，最多十几帐。

当他们频繁接触较大规模的农耕定居社会，与之发展出勒索、贡奉、庇护、军事雇佣等关系，并因大额贡奉的分配和劫掠行动的协调等问题而引发内部冲突时，才会发展出更大更复杂的社会结构。

在某些特殊地理条件下，游牧者即便与农耕社会长期频密接触，也难以发展出大型社会，比如青海河湟地区的羌人，其牧区被崇山峻岭分割成一条条难以相互通行的山谷，因而其社会结构也和在类似皱褶地带从事农业的族群一样，长期处于碎片化状态。

成熟发达的当代社会体系，也不乏能够印证邓巴数理论的事例。最典型的当属北美的胡特尔人（Hutterites）社区。胡特尔人是新教再洗礼派的一支，他们离群索居，拒斥现代生活，并在最大程度上实现了自我治理。每个胡特尔人的社区由若干扩展家庭组成，人数在六十至一百四十人之间，过着部落公社式的生活。由于生育率非常高，每过十几二十年，当人口接近上限时，就会安排一次分家，拆成两个社区。类似的情况，在再洗礼派的另一个分支阿米绪人（Amish）中也可观察到。

脑容量是硬伤

定居文明出现之前，不存在比熟人社会更大的社会结构。邓巴数告诉我们，这不是偶然现象，而是人类认知局限所造成的结果。

脑科学认为社会化行为、表情处理和语言能力等社会性动物特有的认知能力与他们的大脑新皮层容量有密切关系。而邓巴对社会化灵长类的群体规模和脑容量的统计研究，也支持了这一观点。他发现，这些群体的规模和它们的大脑新皮层容量之间，存在强相关性，从新皮层的尺寸可以粗略推测群体规模。

群体规模基本上与大脑新皮层容量成正比。对于号称最聪明灵长类的人类，147.8看起来并不是很大的数字，但两两关系的衍生数量却可以非常庞大，以致我们很难处理如此庞大的关系网络和交往历史。

受制于这样的认知局限，人类不得不以两种截然不同的方式对待他人：对熟知者，我们会把他当作有血有肉的特殊个体，会关注他的喜好和秉性，揣摩他的动机和意图，并以此决定与其的交往策略。

而对于半生不熟者或陌生人，我们会做类型化处理：归类、贴标签，凭借刻板印象迅速决定如何相待。

计算主义认为，人类认知系统中处理社会关系的模块，有着两套相互独立的算法，用于处理熟识关系的那套，会为每个交往对象单独建模，据此预测其行为。另一套则只对每种关系类型建模，具体运用时，将个体对象做类型识别后套入其中一个模型，得出判断。

果若如此，某些社会现象便可以得到合理解释：比如许多人持有种族偏见，这种偏见却常常并不妨碍他拥有该种族的朋友。再如，当一个人进入文化迥异的陌生社会，起初往往会遭遇刻板化的对待，但时间长了，那些和他建立起熟识关系的人，就会改变态度。

这两种交往模式，在我们的称谓方式中也留下了鲜明痕迹。名字标识个体，姓氏则是标识家族、宗族或更大世系群的。对于和自己较亲密的人，我们会以名字相称，连名带姓就显得见外，只称姓就更疏远。昵称则是更亲密的称谓，最亲密的关系中需要换用另一个特殊称谓，以便将之与其他关系区分开来。

类似的，当我们使用比较客气的称谓以刻意强调与对方的社会距离时，就会选择一些标签式称谓，这些标签用于标识对方的社会身份，比如职业、职务、爵位、军衔等等。

有时也会存在一些微妙情形，当既要表示客气或尊敬，又要表示亲密时，则会组合使用标签和个体名字，比如杰克叔叔，小波老师，泰迪上校，等等。

当我们想要表达对他人的轻蔑，或强调自己和他的差异，以示自己与他根本不是同类人，也不屑于将他当作特定个体对待时，便会倾向于选择类别化称谓，常见的类别涉及种族、民族、地域、阶层、宗教、政治派别和亚文化群体，还有身体残疾特征。

如何超越邓巴数

当然，对交往模式的这种二分法可能过于简化，多层次渐变模型或许更接近现实，单独建模和刻板化处理这两种评估和判断方法，会以不同比例混合使用。

对个人而言，其关系网将按交往密切程度而构成一组由亲及疏的同心圆结构，其中最内圈大概只有小几十人。

最能体现这一点的是我们使用最多的微信，它是一个非常便于统计人际交往的虚拟的熟人社会。在构成我们朋友圈的名单里，很容易观察到它由不同类别的社交对象构成，它很容易远远超过邓巴数。比如有的社交狂人微信朋友圈关注的人数竟然超过一千。

但你不要相信他们真的能比你记住更多人的信息，有更强大的社交能力。由于微信朋友圈的人数总是处于不断上升状态，所以清理朋友圈是普遍现象。相信你一定经常收到过这样的微信："清理朋友圈了，不用回！"

它其实反应的并不只是我们基于观念、趣味的原因而定期重塑自己的朋友圈——这是另外一个有趣的话题，更大程度上，和前述社会现象一样，可归结于邓巴数现象，而它竟然是由我们大脑先天的"硬件"设置决定的。

让我们回到邓巴数与人类组织结构的话题上来。

在人类漫长历史的绝大多数时期，小型熟人社会都是唯一可能的形态。然而，人类毕竟还是建立起了大型复杂社会。现代都市社会的规模，已超出邓巴数五个数量级，像大公司这样的机构，常拥有数十万成员，却仍可协调一致的行动，持续追求特定目标。

人类能够做到这一点，必定是找到了某些特别办法，创造出了与之相应的文化和制度元素，从而突破了邓巴数所揭示的认知局限。

选自《大学生》2015年第20期

美国KIPP：让穷孩子学会自控

/ 万维钢

现在有很多人认为教育是一种服务：你能出得起什么样的价钱，就配得上什么水平的教育。不过哪怕是在今天，也仍然有些理想主义者认为教育是一种社会责任——不管这个孩子有钱没钱，我们都有义务把他培养成一个优秀的人。这些人的理想真的能实现吗？

认为教育是服务的人可能都盯着美国私立高中。然而有点出乎意料的是，哪怕你是个理想主义者，认为优质教育也应该为穷人服务，甚至应该向穷人倾斜，你也可以向美国借鉴。

穷人与教育

美国四口之家的贫困线标准是年收入两万多美元，表面上比中国家庭收入中位数还高很多，但光看收入数字会被误导。事实上，美国穷人家庭孩子面临的挑战比普通的中国孩子大得多。

如果不幸生在美国的贫困家庭，你可能很难成为一个正常人。

想要做个正常人，你只需要满足三个条件：第一，先结婚后生孩子；第二，从高中毕业；第三，有份全职工作。有统计研究证明，在美国只要你能做到这三点，你就有98%的可能性不会陷入贫困。可是美国穷人恰恰做不到！

美国有超过三分之二的贫困儿童生活在单亲家庭之中，家长疲于奔命根本没时间管孩子。这使得他们很难得到足够的监督和管教，从而缺少自控能力。他们中的很多人没有从高中毕业——不是因为高中文凭很难拿，也不是因为生活所迫要挣钱养家，而是因为沉溺于毒品和聚会，连每天按时上学都做不到。

即便混到了高中毕业，贫困学生也很难考进大学，他们可能去社区学院，相当于中国的大专。而在社区学院，差不多有一半的学生曾经怀孕，或者曾经使别人怀孕。

如果你连个正经工作都没有，怀孕不是个好消息。可我以前看过一个报道，说有个黑人女高中生跟记者说她很自豪，因为她是她家族里第一个到了十六岁还既没有怀孕，也没有让别人怀孕的人！

想要不怀孕，需要一点自控力。自控，是一个非常基本和可贵的素质。一个中国学生在最差的情况下也只不过是指望用抄袭和作弊的方法混过考试，而一个美国"差生"，则可能直接忘了参加考试。他们连申请大学助学金的表格都懒得填。他们甚至可能会忘了约好的工作面试。如果他们真去面试了而且找到了工作，他们可能随时因为一点小事而辞职不干。

美国没有种族隔离制度，但"正常人"和穷人不会住同一个社区。一户贫困黑人的周围邻居，也都是贫困黑人。而作为黑人孩子，就算自己天生有自控能力，想上进，都没法上进——因为他的黑人朋友们会嘲笑他想当个白人！

所以美国穷人跟"正常人"之间最根本的，不是能力差异、不是经济差异，而是文化差异。黑人贫困儿童最应该抱怨的不是政府和学校，而是他们的父母、邻居和同学。这跟中国贫困儿童面临的局面完全不同。

现在有很多研究表明，贫困，其实是一个复杂系统中多种因素联合造成的结果，你很难简单地使用某个单一办法——帮助就业、直接发钱，或者让他去更好的学校读书——来让一个人摆脱贫困，你必须多管齐下才行。想要帮助一个贫困的黑人学生成为"正常人"，学校能做的非常有限，家庭和环境的影响实在太厉害了。

所以教育扶贫的难度，可能会超出一些理想主义者的想象。这就难怪有人抱怨说，现代社会干什么都需要资格认证，唯独当家长这个最需要资格的工作，不需要资格认证！

网上有种声音认为穷人就是垃圾人口，应该限制生育，或者干脆不要管，有多远躲多远。而大多数有点良知的人则认为社会亏欠穷人，应该给穷人补偿。

但事实证明美国针对少数族裔的"平权法案"和种种福利制度并没有真正帮助穷人消除贫困。而与此同时，贫困群体则心安理得地享受着社会福利，也不追求上进，他们唯一爱做的，就是要求更多的福利。

如此说来美国穷人还有没有希望了？希望不是很大，但美国的确有一股进步力量。这股力量既不指望用什么法案对穷人孩子降分录取，也不谋求给穷人直接发福利。他们试图使用科学方法来解决贫困问题。

他们搞教育创新。

宪章学校

1993年，青年教师Mike Feinberg和Dave Levin因为不满当时公立学校的落后局面，痛恨这个系统的官僚主义，决定利用刚刚通过的宪章学校法案创立自己的学校系统，这就是KIPP（Knowledge Is Power Program）。

所谓宪章学校，仍然算公立学校，仍然拿政府的教育经费，仍然对学生免收学费，但是其运营方式有非常大的自主性。你可以选择自己的教学大纲和教法，自己招聘老师，接受社会捐款，乃至在各地开分校。

KIPP最初以五年级到八年级的中学（相当于中国初中）为主，后来有了小学和高中，现在在遍布全国的几十个学校中有超过两万名学生。

这是给穷人准备的学校。KIPP专门在各地最差的学区办学。学生中90%是黑人和墨西哥裔，87%来自贫困家庭。

Feinberg和Levin借鉴了当时各学校最好的教学方法，招到一帮志同道合的老师，在KIPP尝试各种教学手段。他们要求学生家长必须配合参与教育活动，他们对老师有定期培训。他们判断这些手段好不好使的标准只有一个，那就是是否有利于让这些贫困家庭的孩子考上大学。

这些手段几乎从一开始就取得了显著的成功。被媒体广泛报道之后，KIPP获得了大笔私人捐款，这使得他们能够创办更多分校。

如果你想创办这么一个中学，用最好的条件给穷人机会，你会给哪些穷人机会呢？为公平起见，你是否应该像中国的重点中学那样搞一个入学考试，把机会留给那些原本学习成绩最好的孩子？但KIPP对公平的理解却不是优先录取好学生，而是给所有人平等机会。所以录取不看学生之前的成绩，而是采取抽签的形式。

这可能是那些学生一生中最重要的一次机会，能不能抽中简直是天壤之别。美国贫困家庭孩子能考上大学的只有8%。而KIPP的毕业生，则有80%的人上了大学。

正因为入学没有选拔，KIPP取得的成就才更令人敬畏。KIPP的学生们在五年级入学的时候，其数学和英文水平普遍比同龄人落后的不是一点半点，而是落后一到两个学年！而到他们八年级的时候，他们的成绩100%超过平均水平。KIPP在其所在的整个城市内，比如纽约市的所有学校中名列前茅。

使用什么样的教学法，才能取得这样的成就？

他们第一个办法非常简单：不是家庭和环境因素不好解决吗？那就干脆让学生每天在学校多待几小时！一般美国中小学都是早上八点多开始，下午三点结束，而KIPP则是早上七点二十五分开始，下午四点半结束。这意味着学生要在早上五六点钟起床，晚上五六点钟才能回到家里，累了一天，估计写完作业就得直接睡觉了。这样他们的确没有多少时间接受家长的文化熏陶，或者跟邻居家孩子一起出去混。不但如此，KIPP还在星期六上半天课。他们的暑假也比别人短。

但最重要的是，孩子们在KIPP所领教的，是一种完全不同的文化。

努力是可以学的

KIPP的理念，可以用"一个中心，两个基本点"来概括。

一个中心，就是一定要考上大学。"大学"，是KIPP学校里最常出现的词汇。老师跟学生说的话，跟家长说的话，学校里的各种口号，处处体现上大学这个中心目标——哪怕他们只不过是初中生。孩子们很小就被领着去大学访问，去接触从KIPP出来并成功考上大学的校友，树立自己有朝一日也要上大学的意识。KIPP的班级按照毕业上大学的年份命名，KIPP的教室用各个大学的名字命名。每一个KIPP的学生，都有自己心仪的大学。

两个基本点,叫作"work hard, be nice"——努力学习,好好做人。这两句听起来很俗的话绝对不是随便说着玩的,在KIPP看来,这是为考上大学所必备的两个手段。

除了更长的在学校时间,KIPP的学生每天还有两个小时的家庭作业。老师都得把自己的电话号码告诉学生,学生哪怕晚上在家里写作业遇到问题,也可以立即打电话问老师。在美国学校普遍鼓励合作和讨论的情况下,KIPP的学生每天早上做数学题的自习时间必须绝对安静。

前段时间有报道说英国首相卡梅伦不知道9乘以8等于多少,给人印象似乎西方国家的教育并不强调背诵乘法口诀表。而在KIPP,学生们必须大声背诵乘法口诀,而且是声情并茂地打着节拍背。

像某些中国中学一样,KIPP爱让学生喊各种励志口号,而且是在教室里由老师领着喊,比如一边拍桌子一边喊:"Read baby read!(读书啊宝宝读书!)"

其中有一句口号是"There are no shortcuts(没有捷径)。"KIPP不相信任何投机取巧的学习方法,他们让学生完全理解学习不是闹着玩的。在第一堂数学课上,KIPP老师会播放星球大战的音乐,告诉学生这将是一个非常困难的旅程。

提高学习强度,加强精神鼓励,这两条措施简直深得中国学校的真传。而KIPP对"努力学习"的理解还不止于此,他们还有一套物质奖励系统!

学生入学第一天是没有桌椅的,只能坐在地上,因为在KIPP,一切东西都必须是努力"挣"来的。谁表现好,谁才可以得到桌椅。

这似乎有点极端,但近年来有好几个经济学家做实验发现,如果根据学习成绩和平时表现给学生发奖金——真金白银直接发钱——的确可以在一定程度上提升成绩和毕业率,似乎相当好使。不过这种做法很有争议,远远没有大面积推广。然而KIPP早就有了一套非常成熟详尽的奖励制度。

这套奖励制度却不是按照学习成绩,给"好学生"发钱。它的核心思想在于让学生通过做好自己本来就应该能做好的事情去挣得奖励,以此来引导他们养成良好习惯,慢慢习惯成自然。比如一个学生如果能做到按时到校,他就可以据此"挣钱"——这些"钱"能用于在校内换得物品;能在课堂上积极参与发言讨论,可以挣钱;能保持正能量的态度,挣钱。学生在学校的一举一动,都是对他们的考验。

KIPP做了大量的实验去发现和总结哪些奖励好使,哪些不好使。其中一个重要发现是奖励跟惩罚一样,一定要给得快!这显然完全符合"刻意练习"的精神,得有即时的反馈:该表扬立即表扬,该批评立即批评……KIPP每周给学生结算一次"奖金"。另一项发现是不同年龄段学生对奖励的需求不同。五年级小学生用几支铅笔就能打发,而高中生更想要的则是自由——如果你表现好,你就可以获得在吃午饭的时候戴个耳机听音乐的特权——没错,KIPP连怎么吃午饭都管。

素质,怎么教育

如果这种奖励制度使你联想到监狱,我要说的就是KIPP没准真的借鉴了一些监狱的管理方法。这绝对不是一个崇尚自由的学校。

怎么走路,怎么坐,走路的时候怎么拿东西,甚至上厕所之后怎么洗手,洗手之后用几张纸擦手,都有严格规定。

课堂上别的同学发言的时候,全班同学按规定动作看着他。在教室里,学生必须学会使用两种统一的音量说话,根据具体情况决定使用哪种音量。如果哪个同学在课堂上有小动作,老师会立即停止上课,然后全班讨论怎么"帮助"他克服这个坏毛病。

这些规定,就是KIPP所谓的"be nice"。对KIPP来说,"好好做人"绝非是一句空洞的口号,而是一系列详尽的行为准则。而这套准则并非是领导层拍脑袋想出来的,其背后有科研结果的支持。

光把人培养到能考上大学的程度,作为一个简单的考试机器,似乎也不能叫成功的教育。KIPP的创始人之一,David Levin曾经对KIPP毕业生进行了跟踪分析,他想知道哪些学生最终不但能考上大学,而且能在大学成功完成学业。结果他获得了一条非常宝贵的经验。

Levin发现,那些最终在大学取得成功的学生,并非一定是KIPP学校里成绩最好的学生,而往往是那些拥有某些优良品格的人,比如说乐观、适应能力强、善于社交。他意识到自己此前犯了个错误!KIPP在学业上的教育非常成功,但是在品格方面的教育却不够好。

其实像这样的问题,要求学生德才兼备也好,呼吁素质教育也好,我们中国的教育工作者们每天都在强调，根本不新鲜。Levin 的独特之处在于，他不是坐在那里瞎说，而是用自己学校毕业生的数据证明了这一点。更关键的是，Levin 并没有停留在感叹和呼吁上，他直接采取了行动。

你要怎么做，才算把素质教育落到实处呢？

当时有两个宾夕法尼亚大学的心理学家，Martin Seligman 和 Christopher Peterson，搞了个理论，说人类有些品质是超越文化差异的，是全世界所有人都尊重的美德，比如说智慧、自控、幽默感等等。他们一共总结了二十四条这样的品质。

Levin 很喜欢这个理论，他决心让 KIPP 的学生拥有这些美德。Levin 直接找到 Seligman 和 Peterson，说你这二十四条实在太多不好操作，能不能给我们精简一下。于是心理学家最终给 KIPP 准备了七个目标品质：坚毅、自控、热忱、社交、感恩、乐观和好奇。这些品质跟上大学有什么关系？比如社交能力就跟能不能完成大学学业很有关系：有个研究说，能顺利从大学毕业的关键一条是，至少有一个教授能叫出你的名字。

这七个品质成了 KIPP 的"核心价值观"。就好像中国学校宣传自己的校训一样，KIPP 用铺天盖地的标语口号往学生的脑子里灌输这七个品质。不过 KIPP 的口号可能比中国式宣传稍微高级一点，其并不是生硬地要求学生记住这七个名词都是什么，而是采用更加灵活多变的方式去内化这些品质。

比如我们都听说过有个"斯坦福棉花糖实验"，说那些能坚持不吃第一块棉花糖，一直等到实验人员拿来第二块棉花糖再吃，表现出强烈自控能力的孩子，最后都有出息。显然 KIPP 的每个学生都知道这个典故，因为学校给他们的 T 恤衫上印的不是"自控"这个名词，而是"别吃那块棉花糖"！

KIPP 的品行教育还不仅仅停留在口头上。学校居然给每个学生发卡片，让学生随时记录身边同学做出的符合"核心价值观"的行为！比如其中一条记录是"Jasmine 发现 William 一个符合'热忱'的行为：他在数学课上对老师的每个提问都积极举手"。

更有甚者，KIPP 还搞了一个 CPA（Character Point Average，品格平均绩点），与一般学校常用的 GPA（Grade Point Average，成绩平均绩点）并列，就好像我们呼吁的"绿色GDP"一样。老师根据表现给学生在这七个品质方面打分，像评估足球运动员的技术特点一样评估每个学生的品行特点。一旦发现短板,就进行个别谈话,而且还会通知家长,共同研究怎么改进。

不光是思想灌输,而且用一系列制度去逼着你这么做——这背后的逻辑是,性格不是完全天生的,后天可以培养。而心理学家同意这一点。

KIPP水平的礼貌

很早就有人注意到,穷人家孩子和中产阶级家孩子的一个显著区别是平时的待人接物。得体的言谈举止和基本的礼貌对人的品格锻炼非常重要。对中产阶级家庭的孩子来说,基本社交礼仪通常都是跟着父母潜移默化地就会了,而穷人家孩子可能就不懂这些。所以KIPP就干脆连这些都教。

KIPP有非常严格的礼貌教育。如果一个姓Ali的老师跟你说"早上好",你的回答不能也是"早上好",而必须是"早上好,Ali老师!(Good morning, Ms.Ali.)"。如果老师在课堂上问全班同学"明白吗?(Is that clear?)",或者简单地说"Clear?"你既不能回答"yes",也不能回答"clear",而必须是"Crystal(水晶)"——意思是"crystal clear",非常明白。

KIPP的老师们在教学中摸索出来一套叫作SLANT的课堂规定。SLANT是要求学生必须执行五个规定动作的缩写:Sit up, Listen, Ask and Answer questions, Nod, Track the speaker。这五个动作的意思是。

——坐直。坐得笔直,才能体现一种良好的精神状态,同时也是尊重别人。不论是上课还是其他场合,KIPP都要求学生坐直。

——倾听。听是比读更重要的学习方法,不管是老师还是同学说话,你必须仔细听。只有这样才能促进更复杂的对话交流。

——提问与回答。学生必须敢于提问并且能回答问题。如果不敢提问,老师就不知道你掌握得如何——这对老师来说是最关键的信息。KIPP的中学生像中国的小学生一样热切地举手回答问题,每次提问都有如林的手臂高举起来。

——点头。你要是理解对方在说什么,你就要点头。这不是什么仪式,而是一种非语言的信息传递。

——眼睛盯着说话的人看。一方面是表示尊重,一方面是为了加强信息传递。

一般人如果到KIPP访问，有机会找个学生交谈的话，他可能会有一种受宠若惊的不适应感。这个学生会非常谦逊地注视你，用心地倾听你的话，一边听还一边点头。在这些彬彬有礼的学生中间，你可能会在一瞬间有一种自己突然变成了一个了不起的人物的感觉。

但真正了不起的是KIPP的师生。努力学习，做个好人——这两条其实说的都是自控力，前者是学习中的自控，后者是人际交往中的自控。

自控，是一种反人性的行为。它要求我们做"该做"的事，而不是"想做"的事。为什么KIPP最喜欢自控力？现在有句流行的话说"以一般人的努力程度之低，根本谈不上拼天赋"，其实是有道理的。一个有自控力的人生活再差也差不到哪去，自控力是比想象力更为基本和行之有效的个人素质，是摆脱贫困的关键一步。中国的教育基础比美国好，可能恰恰得益于中国文化中从小就强调自控。

当年我上小学，老师要求上课必须坐直并且还得把手背在身后。我稍微长大一点就对此嗤之以鼻。我认为人应该怎么舒服怎么坐，我的价值观是自由，而不是纪律。

可是我写这篇文章的时候，也不经意地坐直了一点。

选自《云南教育（视界综合版）》2015年第7期

致作者

本套《北岳年选系列丛书》,收录了本年度众多优秀文学作品。在编选过程中,我们及各选本主编已尽力与大多数作者取得了联系,然仍有部分作者无法取得联系,见此消息,烦请来电,以便奉送薄酬及样书。

联系人:史晋鸿
电 话:0351-5628695